失われざる十年の記憶

一九九〇年代の社会学

鈴木智之／西田善行 編著

青弓社

失われざる十年の記憶——一九九〇年代の社会学／目次

装丁——神田昇和

序章　失われざる十年の記憶
――「九〇年代」をつなぎとめるために

鈴木智之

一九九〇年代とはどのような時代だったのか。本書ではこれを、さまざまな表象の解読を通じて再検討していく。ただしそれは、一つの時代を総括する視点を獲得するためのものではない。むしろ個別のテクストや資料の読み直しを通じて、多義的な九〇年代像を浮かび上がらせることに力点を置きたいと思う。個々の表象や言説が立ち上がってくる文脈を確かめ、さかのぼり、それぞれのポイントでの現実の感触を呼び戻し、つなぎとめておくこと。これが以下の諸論考の課題である。

1　構造転換の時代としての九〇年代

一九九〇年代が、日本社会にとって大きな構造転換の時代だったことは、すでにさまざまな視点から論じられている。

ベルリンの壁が崩壊し、ルーマニアでチャウシェスク政権が打倒されたのが一九八九年、東西ドイツの統合が翌九〇年、エリツィンがロシア共和国の大統領に就任し、同共和国のソビエト連邦からの脱退を推し進めたことからソ連が崩壊したのが九一年のことだった。「東側」の国家体制の解体とともに始まる九〇年代は、国際社会の構造化の基軸が大きく移行する時期にあたっていた。冷戦の終結後、東西の対立図式（政治・経済体制とイデロギーに基づく対立）に代わり、アメリカを中心とする覇権主義的な動きとこれに抵抗する勢力との緊張関係が国際問題の主軸を形成するようになり、他方では、民族間の局地的な闘争が各地で噴出していった。国際紛争の動機づけは多元化し、エネルギー資源をめぐる争いや民族・宗教的な対立感情が複雑に入り組みながら、ときに新しい形での「戦争」を呼び起こしていく。「湾岸戦争」（一九九一年）や、「ボスニア・ヘルツェゴビナ紛争」（一九九二―九五年）は、それぞれに、私たちがかつて「戦争」という言葉でイメージしていたものとは異なる軍事的衝突の姿を示した。これに対して、「国際社会」が「協調的」に介入することが要請され、国連を中心とした国際機関の役割が改めて問い直されていく。しかしそれは、東西の勢力均衡に代わる新しい安全保障の枠組みが脆弱であること、「国際社会」なるものの地位がきわめて曖昧なものであることを知らせる結果になった。そのなかで日本政府は、「国際貢献」「平和維持」の名のもとに軍隊を海外に派遣することを求められ、進んでこれに応えていったのである（「ＰＫＯ法案」の成立は一九九二年だった）。

このように日本政府がアメリカを中心とする「安全保障」の枠組みのなかでプレゼンスを高めようとする動きを示していた時期、国内の政治・文化的言説のレベルでは、国際社会のなかでの「日本国」の地位を問い直し、自立した「主権国家」としての、あるいは「国民」としての誇りを回復せよという声が上がるようになった。盛田昭夫と石原慎太郎の『「ＮＯ」と言える日本』の刊行（一九八九年）から、小林よしのりの『ゴーマニズム宣言』（一九九三年―）を経て、「新しい歴史教科書をつくる会」の発足（一九九七年）まで、（敗）戦後に日本国民が押し付けられた体制の正統性を問い直し、アメリカへの従属から脱却せよというメッセージが発せられ、これが多元化するメディアを通じて大衆的な支持を集めていく。

これに連動して、九〇年代は、新しい多形的な「ナショナリズム」の動きが呼び起こされていく時代でもあった。ソフトなスタイルとしては「異文化間コミュニケーション」のためのマニュアルや「日本人論」の消費を通じて醸成される「文化ナショナリズム」（吉野耕作）や、「とりあえず自分はニッポン人だし」という感覚から気軽に「日の丸」の鉢巻きをまとう「ぷちナショナリスト」たちの「愛国ごっこ」（香山リカ）があった。さらには「アイロニカルな相対化の果て」に露出していく「シニカル」で「ロマン主義的」（北田暁大）な振る舞いとして、ナショナリスティックな言説や表象が流通していったのである。

しかし、それがどのような形をとるにせよ（また、厳密な歴史認識の欠落とともに浮上するものであるにせよ）、「国民」と「国家」の地位を再請求する動きは、同時に「歴史」と「記憶」をめぐる政治を惹起するものでもあった。太平洋戦争下の日本政府・日本軍・日本人の振る舞いを「悪」として断罪する視点を「東京裁判史観」として批判し、自国の歴史を「正史」として語る権利の回復を要求する修正主義的な運動が、まさに言説として活力を得て、これを批判する人々との間に論戦が繰り広げられた。戦争を実体験として語りうる人々が次第に姿を消していくなかで、過去をどのような枠組みで、どのような姿勢で語るべきであるのかをめぐって、（狭義の歴史学上の論争とは異なる）新しい言説局面（情報空間）での闘争が展開されていったのである。

こうした、「右」からの攻勢に対して、「左翼的なるもの」の再編成が進んでいったのも、九〇年代の出来事である。その動きは例えば、既成の政党や大学を拠点とする左翼知識人たちの陣営を離れ、新しいメディア空間とストリートを闘争の場に据える新しい運動形態の登場に見いだすことができる。「公共圏」が大学のような囲われた空間から「テレビやインターネット、ストリートへと移行する」ことによって、大学生や大学院生たち、野宿労働者、外国人たちといった主体が討議の場に登場し、映像や音楽を含めた多元的なコミュニケーションの回路が政治の場に呼び込まれていく。そこに、伝統的な「知識人」とは異なる「ストリートの思想家」（毛利嘉孝）とも言うべき新しいタイプのアクターが生まれていく。

あるいはまた、九〇年代は社会的な活動や運動の担い手としての「市民」の醸成が進んだ時代だったとも言われる。これは必ずしも狭義の政治的な運動に限定されない。ＮＰＯやＮＧＯという形を取って展開される社会活動や阪神・淡路大震災（一九九五年）を契機に注目を集めることになったボランティア活動も含めて、公共セクターでもなければ営利を目的とする民間セクターでもない活動の主体が、多様な姿を取って舞台の前面に躍り出てくる。それが、社会保障の不備を補完しようとする権力の側からの「動員」なのか、それとも、市民社会の自律化の印なのかについては議論がある。しかし、少なくともそこには、公共性の転換の表れを見ることができる。

経済的には、八〇年代後半のバブル経済の破綻とともに、戦後一貫して右肩上がりで成長してきた日本の産業システムが、一時的な不況ではなく、構造的な機能不全に陥っていることが露呈した時代だった。九〇年代には、市場（金融市場や労働市場を含む）のグローバル化（例えば、国家による保護主義的政策を撤廃する方向）のなかで、企業はよりいっそう厳しい経済環境へと投げ込まれ、経営組織全体の再構築（リストラ）を強いられることになる。山一証券や北海道拓殖銀行のような安定企業と見なされていた経営体が倒産に追い込まれたのは、直接にはバブル経済のなかで抱え込んだ負債を処理しきれなかったことに起因していたが、それは同時に海外に端を発する経済危機・金融不安の波を国内の企業がまともにかぶらざるをえないということ、国家はもはや強固な防波堤として企業を守ってくれないのだということ（「護送船団方式」の終焉）を印象づけるものだった。国や自治体は財政の健全化を要求され、財源の創出（増税）とともに支出の引き締めへと向かい、大規模な公共事業がしばしば見直しや中断の対象になっていった（例えば、一九九六年に東京で開催される予定だった「世界都市博覧会」の中止）。

そのなかで、企業はよりいっそうの経営の合理化を迫られ、日本型経営システムの特徴だった「終身雇用・年功序列」型の雇用慣行からの脱却の必要性が、九〇年代の初めから盛んに説かれるようになった。一九九五年、日経連は「新時代の「日本的経営」」を発表し、労働者を「長期蓄積能力活用型」「高度専門能力活用型」「雇用柔軟型」の三層に分けて活用するという指針を明確化した。この指針は例えば、派遣労働者の雇用に関する規制の大幅な緩和という形で政策的に支援されていく。橋本龍太郎政権（一九九六—九八年）から小泉純一郎政権（二〇〇一—〇六年）にまで引き継がれて精力的に進められた「規制緩和」の動きは、日本の経済システムを新自由主義的な体制に適応させるための枠組み作りだった。

こうした変動に呼応する形で、社会生活の基盤となる社会組織も、じわじわと変質していく。例えば家族は、晩婚化、非婚化、離婚率の上昇などによって、安定的で固定的なつながりの場ではなくなっていった。「一人暮らし世帯」の比率が漸進的に高まり、出生率の低下に歯止めがかからず、増大する高齢人口をどのように支えていくのかがよりいっそう厳しい問題として浮かび上がってきた（介護負担の「社会化」を掲げて介護保険制度が施行されたのは二〇〇〇年四月のことである）。

こうした一連の変化は、長期の雇用（特に、稼ぎ手である男性の雇用）と婚姻関係の安定（したがってまた、標準世帯を構成する核家族単位の安定）を前提に、企業と家族という二つの中間集団に人口を包摂し、それぞれの自助的な力を頼みとしながら全体としての生活保障を図ろうとする体制が、その基盤から崩れていくことでもある。これに代わる新たな生活保障の仕組み（セーフティーネット）を持たないまま、雇用の流動化と競争原理の強化が推し進められ、結果として、最小限の生活基盤の確保さえも危うい不安定な階層（「プレカリアート」）を拡大させることになった。「うっかり足を滑らせたら、どこにも引っかかることもなく、最後まで滑り落ちてしまう」ような「すべり台社会」（湯浅誠）への変質は、二〇〇〇年代に入って、「新しい貧困」という問題を浮上させることになる。

他方、九〇年代は新しい通信技術が急速に普及し、人々のコミュニケーションを支える環境が一変した時代でもあった。九〇年代初頭に、若者たちが「ポケベル（ポケットベル）」（一九八六年にサービスが開始された）を巧みな指さばきで操作していたのも、いまやすでに懐かしい風景に思える。携帯電話は、一九九四年にレンタル制から端末売り切り制に移行する頃から急速な広がりを見せ、二〇〇〇年にはＰＨＳと合わせた普及率が固定電話を追い越すことになる。家と家とをつなぐツールだった電話は、個人と個人とを結ぶ回路に変質し、社会空間の分節化の様式を一挙に変質させていく。また、九〇年代の後半から二〇〇〇年代は、パーソナル・コンピューターの普及が進み、インターネット利用が加速度的に拡大していく時期でもあり、インターネット・サービスの利用者は、一九九九年に人口普及率で二五パーセントに迫り、二〇〇九年には七八パーセントに達している（総務庁「通信利用動向調査」)。こうしたメディア環境の変容に連動して、テレビの視聴時間は漸進的に下がり、新聞の購読者は減少を続けている。一極的な(または少数の限定された)発信源から多数の受け手にメッセージが送られるような「マスメディア」型のコミュニケーションから、双方向・多極的な「ウェブメディア」型のそれへと、重心が移行していくのである。

こうしたコミュニケーション環境の多元化に応じて、人々の文化的な行動にも変化が生じる。例えば、高い視聴率を保ち続けるような「国民的テレビ番組」は成立しづらくなり、誰もが共有するような文化的消費の対象が見えなくなっていく。文化的消費の場は、小さく仕切られた、それぞれに高密度の空間に分節化され、参入障壁が高い「シマ宇宙」(宮台真司)を構成する。こうした傾向は、八〇年代の「記号的な差異」をめぐるリテラシーの高度化(つり上げ)によってすでに準備されていたものだが、「新人類」たちが築いた「卓越化志向」の若者文化のなかでは、その「卓越性」の評価視点を共有しうるだけの通底的な情報空間がまだ確保されていた。しかし、九〇年代以降の情報流通回路の多元化は、文化的記号の意味を了解し合うことができるテリトリーそのものを、相互に分断していった。その結果として、二〇〇〇年代には、一つ領域をはずれるともう何がはやっているのかもわからないし、何を格好いいと言っていいのかもわからないような、小さく仕切られた世界が立ち現れる。例えば、いま、大学生たちと「音楽」の話をするのはかなり難しいことである。一人ひとりがまったく異なるジャンルを聴いていて、それについて語るための共通の情報や語彙が存在しない。誰かが「僕はこんなミュージシャンが好きです」と言っても、ほかのみんなは、「あ、それ知らない」としか答えられないので、それきり話が続かない。その光景は、大学生がカラオケボックスに集い、少なくともそこではみんなで盛り上がって歌えるようなアイテムを持っていた九〇年代前半のそれとは、明らかに異なっている。「趣味」を通じてみんながつながることがなかなか難しい時代になったのである。しかし、九〇年代の後半にはまだ「J-POP」というアイテムがかろうじて共通のアリーナを保っていたようにも見える。そのつながりがどのような仕掛けのうえに可能になっていたのかを考えることも、一つの重要な課題である。

「趣味」の細分化、あるいは情報—記号空間の分節化の過剰は、わかりやすい形でのグルーピングを困難にする。例えば、「ストリート系」と「ひきこもり系」というような識別は意味をなさなくなり、一括りに「おたく」と呼ばれていた集団はそれぞれが固有のスタイルを持つ多様な「トライブ」に細分化していく。そのありようを、東浩紀は宮台真司との対談で、「九〇年代にはトライブの細分化と融合があまりに複雑になったため、誰を見てもおたくっぽいところがあり、逆に言えば、ぱっと見て誰がおたくなのかわからないような状況になった」と振り返り、それは「おたくという共同体が分解して、いろいろなトライブと融合してしまった」と捉えることもできると論じている。これを受けて宮台は、それは「標準的な人間のモデル」を産出する「社会化のモデル」が消失してしまったためであり、「標準」からの差異で表象されていた「おたく」という項が失効してしまったためだと持論を展開している。いずれにしてもそこに広がるのは、単純な分類学的な理解を受け付けない「ずぶずぶの差異」の空間であり、過剰な不透明性のせいで、相互の関連性を読み取りにくくなってしまった空間なのである。

空間の分節性の変容に関連して、「郊外化」という文脈にもふれておかなければならない。もちろん、都市の人口が増大し、その居住区域が周辺部に拡張していくという現象は、この時期に始まったものではなく、すでに明治時代から見られる。しかし、九〇年代は、郊外という場所が新たな視角のもとに主題化され、問題として浮上するようになった時期である。

これにはおそらくいくつかの理由がある。例えば、戦後（五〇年代から六〇年代）に建設が始められた郊外の住宅、とりわけ集合住宅（団地）が老朽化し、同時にその住民たちが高齢化していくのに伴って、それまで常に新しい生活様式を体現する場所だった郊外が、むしろ古くさい、ともすれば惨めな居住空間として目に映るようになったこと。あるいは、七〇年代、八〇年代以降に開かれたニュータウン型の空間が、その土地の伝統的な生活様式や生産の営みのにおいを一掃し、ゼロからきれいにデザインされた、きわめて人工的な空間として現出していったこと。あわせて、それ以前にはそれぞれの土地ごとに個性を備えていた空間が、ロードサイドビジネスの進展とあいまって、どこに行っても同じような画一的な風景を見せるようになったこと。さらには、戦後のいずれかの段階で郊外に居を構えた家族のなかに生まれ、その地域に育った、いわば「郊外しか知らない子供たち」が、相当の厚みを持って産出されていったこと。

こうした構造的条件のなかで、郊外は「モダンな生活」への夢を託された場所としてではなく、生活の歴史と記憶を持たない薄っぺらで虚像的な空間として語られるようになり、若者や子供の逸脱的行動や家族のなかで起きる犯罪事件などが、この空間そのものの危うさ（病理性）に結び付けて解釈されるようになった。ハンバーガーショップやファミリーレストランのチェーン店のように、全国一律の均質な生活環境が広がっていく「ファスト風土化」した郊外の「貧しさ」（三浦展）が指摘され、地域共同体の崩壊によって、学校と家族との間に広がっていたはずの空間が消失し、子供たちの「居場所」、とりわけ常に一定量の「悪」を抱え込んでおかなければならない「ダークサイド」（宮台真司）が喪失したのだと論じられる。郊外はもはや、そこでどう生き延びるのかだけが問題となる「フラットな戦場」と化してしまったのである。

「少年」による犯罪や逸脱などの問題を捉えるフレーミングのあり方としては、他方で、「心理主義化」（森真一）や「心理学化」（樫村愛子）と呼ばれる傾向にも言及しておく必要があるだろう。「心理主義化」とは「心理学や精神医学の知や技法」が浸透していくことで、人々が問題や現象を「個人の内面に結びつけて」理解しようとする傾向を指し、「心理学化」は、教育・福祉・家庭などの領域で、「心理療法の技術が多く使用される」ようになり、「心理療法的言説」が人々の行動に大きな影響を及ぼすようになる過程を言う。こうした流れもまた、九〇年代に始まるものではない。例えば、教育の世界で「カウンセリングマインド」の重要性が叫ばれるようになるのは八〇年代初頭からのことであり、それは校内暴力が社会問題化したことが大きな契機となっていた。心理臨床学会による臨床心理士の資格認定も八八年からすでにスタートしている。しかし、この臨床心理士という職業が広く認知され、「心の教育」や「心のケア」という言葉の流通が顕著なものとなるのは、九〇年代半ばからの現象である。その直接のきっかけとしては、阪神・淡路大震災後の「ケア」に対する関心の高まりや、動機が不可解に見えるような少年犯罪の頻発がある。子供たちの「心の闇」を解明せよという言表が報道言説に頻出するようになったのは、九七年の「酒鬼薔薇事件」以降のことだった。しかし、「心理主義化」の流れを、個別の事件との表面的な因果関係だけで語ることはできないだろう。例えば、子供の「心」に照準を定めた教育実践の台頭の背景には、「個性重視」や「生涯学習体系への移行」を打ち出し、自ら学び続け、自己実現を図る主体の育成を目的とした教育改革の流れがある。これを、さらに大きな構造の次元に置き直せば、自己コントロールの能力を持った自律的主体像を前提とする新しい統治技法の浸透を見ることができるだろう。

これにあわせて注記しておくべきことは、こうした「心」の問題への照準化が、現在の苦しみの根を過去の経験の内に求め、記憶との関係の結び直しによって問題の克服を図るという枠組みの浮上と表裏一体のものとして進んできたということである。「トラウマ的記憶」や「解離性人格障害」といった言葉が「心」の病理を語る言説のなかで頻繁に用いられるようになり、「アダルトチルドレン」といった使い勝手のいい概念が浸透することで、いま現在の「生きづらさ」の原因を機能不全家族のなかで育った過去に求めるという解釈図式が作動するようになる。こうした個人レベルでの「記憶の読み換え」「物語の語り直し」の実践が、先にもふれたような、社会的・国民的なレベルでの「歴史の語り直し」や「集合的記憶の再構築」の欲望とどのように連動しているのかもまた、九〇年代を考えるうえで興味深い問題である。

2　胎動する、複数の九〇年代

ともあれ、このように大きな流れのなかで九〇年代を捉え返してみると、そこにはあまりポジティブなイメージは浮かび上がってこない。メディア環境の変貌についてはさまざまな評価がありうるだろうし、これに伴う

「知の転換」を前向きに捉える視点はあるものの、総じて言えば、経済的にも政治的にもまた文化的にも、この十年間は「停滞」や「喪失」の時代として語られることが多い。

「失われた十年」という言い方が、そのネガティブイメージを集約していると言っていいだろう。この言葉は、主に経済的な状況について、バブル崩壊後の長期的不況(平成不況)の局面を指すものだが、これに付随した日本人の自信喪失や、雇用の流動化などに伴う不安の蔓延や閉塞感、確かな生き方の指針が見失われた状況までをも示す包括的な概念として使用されている。例えば、作家・村上龍は、二〇〇〇年の時点で「失われた十年を問う」というテレビ番組に関わり、その書籍版の冒頭で次のように記している。

今、ほとんどの日本人が言葉にならない不安を持っているのではないだろうか。外の世界が変化していると感じながら、その変化の正体がわからない。未来をイメージできない。不安が発生する源、つまり不安の原因もわからない。だから不安にどう対応すればいいのかわからない。もちろんどういう戦略を立てればいいのかわからない。

驚異的な戦後復興と経済成長を経て世界第二位の経済大国に上りつめ、自国の経済システムと国民の力に自信を持っていたはずの日本人が、何をどう捉え、どう対処していいのかもわからない状況にまで、瞬く間に零落する期間としての九〇年代。「失われた十年」という言葉は、そのようなイメージとともに流通してきた。

もちろん、こうした意味での喪失と凋落の物語を単純に否定することはできない。しかし、「ろくでもない現在」に至る「ネガティブターン」の時代としての「九〇年代」というナラティブに違和感を覚える人も少なくないはずである。私自身、ときにはこの凋落のストーリーを口にしながら、どこか腑に落ちない感覚を抱き続けている。それは、当時自分が感じていた時代の空気、あるいは時代の手触りといったものが、これとは別の語りを促すように感じられるからである。

「失われた十年」という言葉には、その間に人々が経験してきたことをひとしく無効化する響きがある。しかし、景気が悪かろうと就職が難しかろうと、その時代のなかに投げ込まれている者たちは、それぞれの文脈で生き方を模索し、何かを夢見て、どこかにたどりつこうとしてきた。そうした無数の経験を一括りに「失われた」と語るような言説こそ、警戒すべきものではないのか。そのような総括的な語りに抗して、九〇年代を生き延びてきた者たちのさまざまな物語を想起することが必要なのではないのか。本書は、そんな漠然とした違和感に端を発して企画されている。

だが、九〇年代を語り直すことは、実際にどのような形で可能になるのだろうか。ここで二つの点に意識を向ける必要があるように思える。

一つは、出来事の流れを滑らかな曲線の上に描き直してしまわないことである。ある時代をのちの視点から振り返って見るときには、どうしても、結果として実現されたものだけが目にとまり、それだけが必然的な流れのなかにあったかのように捉えられやすい。そのため、過去を顧みるという営みは、達成されたものや実現されたものの起源をたどって、これを線形的に配置する作業になってしまう。しかしそれは、それぞれの時点では実現の可能性を持ちながら、結果的に実現しなかったものを切り捨てることになる。歴史的な時間をその時点で生きている段階では、まだ答えが出ていない問いが開かれていて、いまだ実現されざるものへの予感や希望が感受されている。そこに思い描かれていた未来は「起こりうるかもしれない出来事」「ありうるかもしれない世界」として、いわば仮定法上の時間軸に広がる現実として受け止められていたはずである。

九〇年代が転換の時代だったとすれば、それは、既成の秩序が解体し、それまでの常識が通用しなくなっていく過程を人々が経験していたということでもある。私たちは確かに、古い世界が壊れ始めていることを感じていたし、だからこそ過去の規範を一掃しようとして闘い、新しい世の中が到来するのではないかという期待感も抱いていた。その多くは、願ったような姿では実現されなかったが、そうしたなけなしの儚い希望も含めて、私たちはあの時代を生きていたように思う。

ノスタルジックに「あの頃はよかった」と語りたいのではない。ただ、既存のシステムが破綻を見せる時代には、混乱のなかに潜在的な可能性の発露を読み取ろうとする感受性もまた立ち上がってくるものであり、そこに育まれる夢や期待とともに危機は経験されるのである。ついえてしまった夢のかけらを含めて想起しなければ、一つの時代に対してフェアではない。私たちが本書で、表象や物語の解読を通じて、一つの時代を回想しようとする理由の一つはそこにある。虚構や夢想の物語は、現実のなかに生じる亀裂や緊張に端を発し、その現実を乗り越え改変しようとする欲望に駆動されて立ち上がる。それが破綻に終わるシナリオだったとしても、それぞれの時点で、それぞれの物語が「語られた」ということが一つの歴史的文脈を指し示している。その語りのなかには、実現されたものだけを事後的にたどっていくときには掻き消されてしまうような期待や予感の痕跡がとどめられている。

もう一つは、一つの時代（時間的な区分）を、単一の文脈としてあらかじめ想定してしまわないことである。すべての出来事（あるいはテクスト）は、常に何らかの文脈（コンテクスト）との関係で意味を発する。私たちはその文脈を「九〇年代」と名づけて共有しようとしているのだが、個々の出来事が関与する文脈は、同一の時点においてさえ一つのものではない。例えば、一九九五年時点でのある経験は、阪神・淡路大震災以後という文脈に引き付けて意味があるかもしれないし、地下鉄サリン事件や沖縄でのアメリカ兵による少女暴行事件との関わりで強い時代性を持つかもしれない。しかし、そのいずれとも有意な関係を持たない無数の出来事もまた同時にあったことだろう。私たちは、「時代」という名の共通文脈を均質なものとして生きているわけではない。極端な言い方をすれば、その時代を生きた人の数だけ（あるいはそれ以上の）「複数の九〇年代」が存在したはずなのである。個別の文脈をさかのぼり、具体的なテクストに寄り添って語るということは、時代的な文脈の多層性を浮かび上がらせるための手立てでもある。それぞれに語られる「九〇年代」は、相互に間テクスト的な関連を呼び起こし、モザイク状に時代の像を浮かび上がらせるかもしれない。しかしそれは、私たちが共有された一つの物語を生きていたということを意味しない。一人ひとりが自らの水脈に竿をさしながらたどっていった、それぞれの航跡（小さな物語）を交わらせることではじめて、時代の像は形成されていくのではないだろうか。

3　九〇年代はいつ始まり、いつ終わるのか

文脈の複数性ということにも関連して、「九〇年代とはいつ始まり、いつ終わるのか」を考えておかなければならない。

西暦に基づく十年単位の時代区分が慣用化しているが、それがそのまま時代の節目を示すわけではない。九〇年代という括りが意味を持つには、その時代が前の時代（一八〇年代）とは異なる様相を見せ、のちの時代（ゼロ年代一）でさらなる変容を示すことが確認されなければならない。「〇〇年代論」とは、時間の流れを区分し、一つの時代が終わり新しい何かが始まったと語る言説上の作業にほかならないのである。その意味で、「九〇年代」は「八〇年代」との差別化によって始まる。

例えば、「別冊宝島」は、一九九〇年に「八〇年代の正体！」と題する特集を組み、資本主義的生産と消費の相乗効果のなかで、現実が記号的差異と情報の束であるかのように語られたこの時代を、一括りに「スカだった」と言い切った。そのように「八〇年代という時代の包括的な再認識」を試みることによって、来るべき「九〇年代のへの視座を提示しよう」としていたのである。

これに対して、ひとまとめに葬られようとするものを拾い上げて評価し直そうとする動きものちに出てくる。大塚英志が『「おたく」の精神史――一九八〇年代論』（二〇〇四年）で試みたのは、編集者や評論家としての自らの立ち位置を振り返りながら、八〇年代のおたく文化がどのようにその後の現象（例えば『新世紀エヴァンゲリオン』や「酒鬼薔薇聖斗」）を準備したのかを示すこと、言い換えれば九〇年代の起源としての八〇年代史を描くことだったと言えるだろう。

同様に、「ラジカル・ガジベリビンバ・システム」の仕掛け人として八〇年代の文化的シーンの担い手でもあった宮沢章夫は、二〇〇六年に東京大学でおこなわれた講義「八〇年代地下文化論」で、「スカ」と呼ばれた時代の文化状況のなかにいた立場から、「かっこいい」としか言いようのない何かを立ち上げようとした八〇年代の感性を、そのディテールに即してつなぎとめようとしている。宮沢のこうした語りは、単にその時代をよく知る者の昔話ではなく、現時点で彼が演劇の場で実現しようとしているものを読み解くための最良の手がかりにもなっている点で興味深い。

いずれにせよ、九〇年代を語るためには（断絶を強調するにせよ、連続性を語るにせよ）それに先立つ時代との分節化の条件を思考しなければならない。それは、のちに続く時代との関係でも同様である。「ゼロ年代」をめぐる語りは、必然的に九〇年代との断絶・変節をとおして、新しい時代のフェーズを浮き彫りにしようとする。例えば、雑誌「大航海」は二〇〇〇年に「一九九〇年代」を特集し、その冒頭に宮台真司・東浩紀の対談を「新しい若者のモデル」と題して掲載している。そこには、急速な時代の変容を俯瞰的に捉え返すことで、新しい世紀への「指針」を見いだそうとする意図が明らかである。

また、宇野常寛は『ゼロ年代の想像力』（二〇〇八年）で、『新世紀エヴァンゲリオン』に代表される九〇年代の「心理主義・ひきこもり」型の想像力が世紀の転換点頃を境に失効し、『バトル・ロワイアル』（一九九九年）をはじめとする「決断主義」的な物語の時代へと移行すると論じている。それは、東が擁護した「セカイ系」の想像力を「もはや通り過ぎられたもの」として葬り、物語表象の進化の道筋を探り当てようとする試みだった。

だが、繰り返せば、九〇年代やゼロ年代という単一の時間が均質に広がっているわけではないし、ある時点を境にすべてが一挙に変質していくわけでもない。それぞれの言説・テクストが関わる「文脈」をどのように想定するのかに応じて、時代の分節化の把握は異なる。この序章では、教科書的に冷戦体制の終焉とバブル経済の崩壊から書き起こしてみたのだが、そこに始まりがあることが確かなわけではない。「九〇年代」はすでに宮崎勤の事件（一九八九年）とともに始まるのかもしれないし、地下鉄サリン事件（一九九五年）によってようやくその変節を示し始めるのかもしれない。あるいは、視点の取り方によっては、「九〇年代など存在しない」のかもしれないし、「まだ九〇年代は終わっていない」のかもしれない。それを出発点として、「九〇年代はいつどのような意味において始まり、また終わるのか」が、個々の文脈で問われなければならないだろう。

4 想起の文脈としての現在

過去を振り返り記述するという営みは、言うまでもなく、その想起の主体が置かれている現在の文脈に対して中立的なものではない。どこに視点を置いて「九〇年代」を語るのかを選択することは、いま自分が立っている場所を思考する作業となる。しかし、想起の文脈としての現在もまた決して一様のものではない。

私たちは本書に収められる論考を二〇一一年の時点で執筆している。では、それはどのような現在なのか。もちろん、三月十一日の地震と津波、そして「フクシマ」での原子力発電所の破局的事故は無視しがたいものとしてある。実際、以下に示す論考のいくつかは、そのような文脈を何らかの形で意識しながら過去を振り返っている。しかし、「現在」は同時に、あいかわらずリーマンショック以降の経済局面と、政権交代の成果が問われ続けている状況にあり、そのなかで「普天間基地移設問題」や「TPPへの参加・不参加」が重大な議案となっている時期でもある。他方で二〇一一年はスティーブ・ジョブズが逝去した年として記憶されるかもしれないし、「AKB48」の全盛期として語られることになるかもしれない。複数の文脈は相互に絡み合って「現在」を構成しているのだが、決して単一の空間に回収されるわけではない。私たちが心がけているのは、それぞれの想起の文脈を意識しながら、しかしそれを一元化しないことにある。

本書は、幅広い年代の執筆者の論考を収めている（最年長から最年少まで、二十歳以上の開きがある）。それは、それぞれが異なる年齢で九〇年代を通過してきたということでもある。中学生・高校生として十代で経験した九〇年代と、すでに三十歳を過ぎて、例えば教員の立場で過ごした九〇年代はもちろん互いに異質なものだろうし、したがってその時代を想起するという作業の意味も別様のものになる。どのポジションから、どのポイントに照準化して振り返るのか。それに応じて多様な像が浮かび上がることになるだろう。本書が提示するそれぞれの「九〇年代像」をとおして、読者の「いまここ」を見つめ直すための手がかりが得られることを願っている。

参考文献

橋元良明『メディアと日本人——変わりゆく日常』(岩波新書)、岩波書店、二〇一一年
樫村愛子『「心理学化する社会」の臨床社会学』(愛知大学文學会叢書)、世織書房、二〇〇三年
香山リカ『ぷちナショナリズム症候群——若者たちのニッポン主義』(中公新書ラクレ)、中央公論新社、二〇〇二年
北田暁大『嗤う日本の「ナショナリズム」』(NHKブックス)、日本放送出版協会、二〇〇五年
小田光雄『〈郊外〉の誕生と死』青弓社、一九九七年
三浦展『「家族と郊外」の社会学——「第四山の手」型ライフスタイルの研究』PHP研究所、一九九五年
三浦展『ファスト風土化する日本——郊外化とその病理』(新書y)、洋泉社、二〇〇四年
宮台真司『まぼろしの郊外——成熟社会を生きる若者たちの行方』朝日新聞社、一九九七年
宮台真司/東浩紀「対談 新しい若者のモデル」、「特集 一九九〇年代」「大航海」二〇〇〇年八月号、新書館
宮沢章夫『東京大学「八〇年代地下文化論」講義』白夜書房、二〇〇六年
村上龍編著『村上龍〝失われた十年〟を問う』(NHKスペシャル)、日本放送出版協会、二〇〇〇年
森真一『自己コントロールの檻——感情マネジメント社会の現実』(講談社選書メチエ)、講談社、二〇〇〇年
毛利嘉孝『ストリートの思想——転換期としての一九九〇年代』(NHKブックス)、日本放送出版協会、二〇〇九年
日本社会臨床学会編『心理主義化する社会』(シリーズ「社会臨床の視界」第四巻)、現代書館、二〇〇八年
大沢真理『現代日本の生活保障システム——座標とゆくえ』(シリーズ・現代経済の課題)、岩波書店、二〇〇七年
大塚英志『「おたく」の精神史——一九八〇年代論』(講談社現代新書)、講談社、二〇〇四年

小沢牧子『「心の専門家」はいらない』(新書y)、洋泉社、二〇〇二年
斎藤環『心理学化する社会——癒したいのは「トラウマ」か「脳」か』PHPエディターズ・グループ、二〇〇三年(「河出文庫」)、河出書房新社、二〇〇九年)
槌木野衣『平坦な戦場でぼくらが生き延びること——岡崎京子論』筑摩書房、二〇〇〇年
下川浩一『「失われた十年」は乗り越えられたか——日本的経営の再検証』(中公新書)、中央公論新社、二〇〇六年
宇野常寛『ゼロ年代の想像力』早川書房、二〇〇八年
若林幹夫『郊外の社会学——現代を生きる形』(ちくま新書)、筑摩書房、二〇〇七年
山田昌弘『希望格差社会——「負け組」の絶望感が日本を引き裂く』筑摩書房、二〇〇四年
吉野耕作『文化ナショナリズムの社会学——現代日本のアイデンティティの行方』名古屋大学出版会、一九九七年
湯浅誠『反貧困——「すべり台社会」からの脱出』(岩波新書)、岩波書店、二〇〇八年
『八〇年代の正体!——それはどんな時代だったのか　ハッキリ言って「スカ」だった!』(「別冊宝島」第百十号)、JICC出版局、一九九〇年
「特集 一九九〇年代」「大航海」二〇〇〇年八月号、新書館

第1章　郊外空間の反転した世界
――『空中庭園』と住空間の経験

佐幸信介

ともかく、一刻も早く、この団地を出ることだ！　せめて空間の自由が保証されている場所に、逃げ出さなければいけない。安部公房『燃えつきた地図』

1　表象としての住宅

住宅あるいは住空間という視角から一九九〇年代の社会を問い直すことが、ここでの課題である。ただし、九〇年代に登場した建築としての住宅について考えるのではない。ここで試みたいのは、住宅が、どのように九〇年代という社会を経験したか、そしてその経験をとおして見えてくる社会の姿とはどのようなものなのかを捉えることである。

住宅は社会を捉えるための指標として用いられることが多い。例えば、住宅着工数は景気動向の経済的な指標となるし、住宅の形態や立地（持ち家、賃貸、戸建て、集合住宅など）は社会階層を測定する変数の一つとなる。あるいは、言い古された言い方ではあるが、マイホームを買うといった表現にあるように、わたしたちの生活の位相では、社会の持ち家率の別の表現として、生活の豊かさの証しの一つとなる。こうした捉え方は、住宅が持っている弁別的な機能を利用して、社会の豊かさを測定するような方法である。この方法からは、前後の時代との豊かさを比較するような年代論は可能だろう。しかし、これらは、住宅を一つの変数として用いるものであり、住宅そのものと向かい合おうとするものではない。

住宅は、建築学や住居学といった住宅そのものを対象とする領域はもとより、社会学や隣接する人類学、民俗学などにとっても、重要な対象になってきた。(1)社会学では、家族社会学や都市社会学、地域社会学、メディア研究などの領域で、家族論、階層論、コミュニティ論、ジェンダー論、権力論などの観点から論じられてきた。ただし、こうした議論においても、住宅そのものではなく、何らかの主題を議論するために、主題と不可分ではあるが、あくまでも分析のための補助線か操作的な変数とされることが多かった。

住宅が経験する社会という言い方は、本来おかしな表現である。住宅はあくまでもモノであり、経験するのは、人間のほうだからだ。だが、住宅は単なるモノであると同時に、人々によって生きられる空間でもある。住宅を原初的に考えるならば、結界とか被膜、要塞といった言葉で意味論的に空間に対して形を与えることができる。あるいは、そこまでさかのぼらなくとも、わたしたちの日常生活を考えたときに、住宅はわたしたちの生活そのものとなっている。住宅は生活を構成するだけでなく、生活によって生きられる空間になる。それは、集合住宅のような同じ間取りであっても、生活の数だけ住空間の姿が異なることからも明らかだろう。

例えば、家族を考えたとき、住宅はまさに家族の表象となる。(2)それは、住宅が、たとえ単身世帯であっても家族と切り離しては設計・供給されないからだけでなく、家族が家族自身を考える際に、住宅が媒介項たりうるからだ。だからこそ、家族と住宅とを結び付ける言説は、資本やテクノロジーのトポスともなってきたのである。家族と住宅との結び付きは、文化的・社会的な恣意性を伴っているが、それが恣意的な関係であるからこそ、大規模な資本とテクノロジーが投下され、近代的な産業社会が形成され、さらにそれに適合するような住宅が供給されてきたのである。

交渉過程としての住む行為

ただし、ここで注意が必要なのは、住宅と家族とを考える際に、わたしたちはしばしば技術決定論的な見方をしてしまうことである。子供にとっての個室の是非はいまだによく議論されるし、家族関係を住宅の間取りや空間の構成に還元して説明することも多い。住宅が家族関係を決定する、あるいは変えるという技術決定論に対して、認識論的に対峙することは言うまでもなく重要な課題である。しかし、さらに反転して、技術決定論的な見方もまた、住宅とそれをめぐるわたしたちの経験を構成していることも事実なのである。つまり、住宅を操作することで、家族関係を何とかよくしようとしたり、しかしときとしてその思惑が住宅によって裏切られることも、住宅の生きられた経験の一角を形成している。

このことは、住宅は家族と不可欠に結び付いてはいても、決して一体ではないことを示している。住宅とそこに住む者との間には、何らかのズレや不一致が存在する。両者の間には、交渉過程（negotiation）がある。建て替える、増改築する、室内にさまざまな調度を据える、模様替えをする、囲い込む、あるいは引きこもる……といった行為は、この交渉の表現だが、意識や感覚の次元でも、狭い、心地いい、窮屈、逃げ出したいといった感情が住宅に対する違和感としていだくこともある。(3)

わたしたちの住むという行為は、近代産業社会に特有な職住分離に対応して、プライベートな領域で「食べる」「寝る」「休息する」「性交する」「育てる」「介護する」といった基本的な要素を中心に形成されるが、こうした行為は、住宅との具体的な関係のなかで営まれる。つまり、住宅とは感情や身体的な交渉過程が織り込まれた空間でもあるのだ。

住宅がどのように九〇年代を経験したのか、その社会的経験を捉えようとする際に、本章では「郊外」に焦点を当てる。九〇年代の前半と後半とでは、住宅が置かれる社会的布置、とりわけ資本の作用の仕方が様変わりをするが、郊外は九〇年代の前半頃までは、住宅にとってもバブルを経験する場でもあった。

そして住宅と郊外の経験を考えていくにあたって、角田光代の小説『空中庭園』に注目する。この小説は、「ダンチ」に住む家族の郊外——より正確には、「部屋」と「風景」——を舞台にした物語である。『空中庭園』が著されたのは二〇〇二年だが、描かれる世界は九〇年代から継続するものと見なしていいだろう。しかしあとで述べるように、『空中庭園』は舞台として実際に存在する郊外を扱っているのではなく、物語空間が郊外空間そのものである。安部公房の『燃えつきた地図』（一九六七年）とその点で似ているが、ここではあえて『燃えつきた地図』とほぼ同じ頃刊行された小島信夫の『抱擁家族』（一九六五年）を対比させたい。それは、『空中庭園』も『抱擁家族』も東京郊外を舞台にした家族の物語というだけでなく、住空間の構成に同型性を見ることができるからである。四十年弱のへだたりのある家族と住宅をめぐる二つの小説の異同に、九〇年代の住宅の歴史的位相を確認することができるだろう。

2 郊外と「住まわせる論理」

一九九〇年代は、住宅、あるいは住むという営みにとって、「戦後」の終焉が始まった年代だとも言える。この終わりの始まりは、制度論的にはしばしば「住宅五五年体制」と呼ばれる戦後の住宅システムの転換を指している。(4)

住宅という商品

住宅五五年体制とは、住宅政策の三本柱、すなわち一九五〇年の住宅金融公庫、五一年の公営住宅法、五五年の日本住宅公団の設立によって整備された戦後の住宅政策・供給の制度的なシステムを指している。住宅金融公庫は、持ち家政策を推進させる金融の仕組みを作ることであり、日本住宅公団は都市開発を含めた住宅供給主体そのものである。また、六六年には「住宅建設計画法」が制定され、五年ごとに「住宅建設五カ年計画」が策定され、社会的目標値が提示されていく。それは、住宅の量的な供給と同時に、標準的に達成されるべき居住水準と今後達成されるべき誘導居住水準の両方を設定していた。

塩崎賢明によれば、戦後の日本の住宅政策は大きく四つの時期に区分できるとする。①戦後復興期（一九四五―五五年）、②成長期（一九五六―七三年）、③変動期（一九七四―九〇年）、④転換期（一九九一年―）だが、これらは政策的な転換だけでなく、住宅市場の変容の時期区分としても捉えることができる。(5)

とりわけ変動期にあたる一九七〇年代の中頃は住宅供給の比重が量から質へシフトする時期だが、そこにはいくつかの変化が現れる。まず量的な側面では、全国の住戸数が世帯数を上回り、空き家率も同時に高まっていく。その意味では、戦後の重要課題だった住宅不足という量的な問題が一定程度解決を見ることになる。しかし、量から住宅の質や水準へと重点がシフトしていく一方で、住宅建設数はいくつかの波はあるものの依然として拡大し続けることになる。この質の重視と量の拡大とは背反するものではなく、例えば七五年の「勤労者財産形成促進法」や、七九年の住宅金融公庫の「ステップ償還制度」などに代表されるように、住宅金融システムを活用した「持ち家政策」はむしろ推進されていく。つまり、七〇年代の半ば以降、住宅の質を商品化の指標として市場へと吸収しながら、住宅市場それ自体は自己準拠的に拡大していくことになったのである。(6)

転換期にあたる七〇年代には、もう一つ特徴的な変化があった、戦後の住宅政策の一角を担っていた公営住宅の着工数が、同年代半ばから急速に減少していったのである。この現象は、住宅市場に本格的な民活（民間活力）と市場原理が導入されたことを意味しているが、その政策的含意は「政府の住宅政策は持ち家建設を経済成長のエンジンとして位置づけ、住宅所有の拡張を主導した」ことであった。(7)

公営住宅より持ち家を優先することの意味は、住むという行為が住宅を所有することとして住宅市場のなかで布置されていくことだろう。つまり、わたしたちの住むという営みが、持ち家政策へ偏重した住宅市場のなかで構造化されたのである。

住宅を所有することは資産を形成することであり、住宅所有率が社会的に上昇することは社会的資産の増加を意味している。これは確かに社会的豊かさを示しているが、生活構造の次元では相対的に貧しさを伴わせる。具体的には、家計で住居関連費がどのくらいの割合を占めるのかという形で現れるが、住宅ローンのような場面を考えてみればよい。住宅取得は資産形成を可能にする一方で、その資産価値が徐々に低下していく期間、例えば三十年間が住宅ローンの期間として組まれることになる。(8) 直截的な言い方をすれば、住むことは住宅ローンを支払い続けることであり、住宅はローンに縛られることになる。なるほど、これはわたしたちが住宅を購入する際の当たり前の仕組みであり、取り立てて取り上げるべきことではないようにも思える。だが問題は、住むことと住宅を所有することが折り重なったとき、他の自動車や家電などの耐久消費財とは異なって、自らの選択で住宅を購入・取得したにもかかわらず、その住宅に逃れがたく捕らわれるという、住むことをめぐる自己選択の非対称性である。

集合住宅という画一化

住宅建設が拡大していく過程で見落としてはならないのは、建築的な技術と空間開発による画一化という問題である。

住宅を大量に供給するためには、工業化される必要がある。このとき、しばしば注目されるのがｎＬＤＫ＝家族モデルである。(9) 一九五一年に公営住宅を大量に提供するための住宅モデルとして、51Ｃ型が開発された。これは居住のための最小単位を空間の間取りとして析出し、効率的な供給のための標準化を意図したものだった。この標準設計をひな形にして、２ＤＫ、２ＬＤＫ、３ＤＫ、３ＬＤＫといったモデルが登場してきた。

これらのモデルは、食寝分離や性別就寝などの空間的な分節の原理によって間取りとして平面的に表現されたものである。「室数＋ＬＤＫ（リビング・ダイニング・キッチン）」の構成は、家族構成に対応している。ここで前提になっているのは核家族である。こうしたｎＬＤＫ＝家族モデルは一種の記号であり、家族の住まい方の規範としてはたらくだけでなく、住宅市場にとっても住宅の大量生産を可能にしてきた。

こうしたｎＬＤＫ＝家族モデルは、戦後の住宅の特徴として幾度も議論されてきたが、戦後住宅の空間の画一化を促してきたのはむしろ集合住宅の画一化のほうだと小野田泰明は看破する。[10] 集合住宅の所有権を専有部分と共有部分とに分けて法的に定めた一九六二年の区分所有法という法律が一つの画期になるが、持ち家政策と連動した量的な住戸の社会的供給は、住宅が積層される建築的な形式に画一性が進行してきたのである。それは、ｎＬＤＫのような平面的な間取りのモデルだけに還元できるものではなかった。

小野田によれば、戦後の集合住宅で典型的かつ支配的な地位を占めた建築型は、「北廊下型集合住宅」（北廊下型立体長屋的フロンテージセーブ）である。このタイプは、「エレベーターの配置を節約しながら環境のいい面に、いかに多くの住戸を押し込められるかが、集合住宅開発においては重要なテーマであり」、大量に集合住宅を供給するための建築的な一つの解だった。[11] この建築型は、要するに、まず北側の廊下に各戸の玄関が一律に配置され、南側あるいは南東側の採光面に、居間（リビングルーム）が配置される。これはいわゆるｎＬＤＫ（典型的には３ＬＤＫ）の間取りだが、画一性は「北（出入り口）―南（採光・居間）」の空間的な配置が立体的に積み重ねていく次元にあるのだ。このように集積された住棟が団地を作り、大規模な都市開発と宅地造成とともに社会へ供給されてきたのである。持ち家政策が牽引役となった戦後の住宅市場では、戦前の形態とは決定的に異なった形態を持つ集合住宅が、郊外を拡張しながら登場してきたのである。[12]

「住まわされる論理」と郊外

戦後住宅システムはこのように、いわば人々を「住まわせる論理」として作動してきた。持ち家政策に典型的なように、住宅政策は市場と都市開発に住宅供給の役割を仮託することで、人口的な統治を可能にしてきた。家族にとってマイホームを手に入れることは、生活の確からしさを象徴するなにかだった。マイホームを持とうとすることと、住宅システムの「住まわせる論理」とは、一見すると相矛盾するように思える。自ら求めて手に入れたマイホームに住む者は、自分が社会的システムによってそこに「住まわされている」と受動的には感じないからである。ましてや、政治的な政策にほだされて半ば強制的に住宅を取得するわけでもない。

マイホームを手に入れることは、生活をよりよいものにしようという積極的な位相——住宅市場での住宅の購入という行為をとおしておこなわれる。象徴的な形象であるホーム（home）と物質的な財である住宅（house）とは文字どおり異なるが、あたかも同義であるかのようにみなされている点に、マイホームの自明性が形成されるのである。つまり、マイホームとは物質的なものであり、そして物質的なもの以上のものである。

マイホーム主義と「住まわせる社会的な論理」は一九六〇年代以降の高度経済成長によって加速されるが、それらが集約的に具現化される典型的な場所が「郊外」だと言っていい。戦後の住宅システムが縮約した場として郊外を論じることは、戦後の日本社会の一面を切り取ることを意味している。とりわけ九〇年代において、「郊外」は社会学にとっても言説の備給点となっていた。[13] もちろん、郊外や団地についての議論は、九〇年代以前にも累積されてきていたが、九〇年代の言説のトポスには、現時点から考えれば、先に述べた終わりの始まりを看取するような、戦後社会のある種の満潮感があったと思われる。

例えば、郊外を継続して論じている若林幹夫は、次のような見取り図を提示している。

戦後の住宅地開発やニュータウン開発の歴史や、商品化住宅の変遷などを見ると、戦前の郊外開発を彩った「健康」や「文化」や「芸術」や「田園」の記号やイメージが、実用性や経済性の制約のなかで繰り返し、さまざまな形で変換され、希薄化され、濃縮され、凡庸化されたりしながら生産されつづけ、増殖していったことがわかる。（略）住宅地や集合住宅に冠された「パーク」や「ヴィラ」や「ヴィレッジ」や「フォレスト」などの横文字を配した名称などは、戦後の郊外化の過程で、とりわけ住宅の量的供給が一段落したその後半期に、「豊かさ」や「幸福さ」のイメージがさまざまな形で記号化され、増殖し、郊外という社会の地形の表層を覆っていたことを示している。[14]

ここで言われている住宅の量的供給が一段落した後半期とは、一九八〇年代以降であり、記号とイメージに彩られた住宅群とはニュータウンを指している。[15]このような消費社会と同型性を有した郊外の空間が都市の周辺部に登場してきたが、九〇年代の前半は、こうした郊外像について、一方では八〇年代以降の消費社会論の延長線で記号論的分析の手法を援用し、他方では高度経済成長から続いてきた豊かさとは質が異なる点に注目しそこに社会の断層を測定することが試みられながら議論がされてきた。

内田隆三は、ニュータウンの新たな展開を「土地を基盤とする「共通の場」は不在となり、消費のモードを基盤とし、メディアに媒介された、流動的な記号の空間が形成される」[16]と述べる。記号の空間とは自己準拠的なシミュラークルの空間であり、一つの自律した閉域を構成する。ここで志向されるのは、空間の快適性である。したがって、郊外で生活することは、快適な空間を消費することへと向かっていくことを意味している。このような郊外の、消費の空間への移行は、同時に土地に根差した共同性や習俗の喪失でもある。土地と結び付いた共同性の代わりに、「人工的なプレート」(第二の自然、新たに植林された人工林・自然)がはめ込まれる。快適な消費の空間は、この人工的なプレートの上に、土地から遊離して形成されるのである。[17]

郊外は、人びとを「住まわせる場所」である。自然環境と関わりながら集住の形式が形成したわけではなく、都市計画の意図に沿って造成されたものである。人々を「住まわせる町」として開発された郊外は、地形や水系といった地勢的な条件や、農業や漁業などの自然環境と一体になった生産の条件、あるいは街道や水路といった歴史的な交通の条件などが、その形成の要素としてあるのではなく、むしろ開発段階でそれらの条件とは無縁な場所に、集住の初期条件を計画的に構造化したものなのである。

この人工的な都市構造は、物質的な都市基盤の次元で上下水道、道路・鉄道、電気、通信などのインフラの網の目として具現化される。工学的で技術的なインフラは、ヒト、モノ、エネルギー、情報が循環するネットワークであり、郊外空間の骨格でもある。ネットワークとしてのインフラを、生活のための基盤であると同時に生態系とのかかわりや歴史性を欠いた構造と見なせるのは、例えば上下水道の循環的な関係を考えてみればいい。上水道は、浄水池から敷かれ生活のなかで用いられる。使われた水は排水として下水道へと流され、下水処理を経たあと再び河川へ戻される。つまり入り口の浄水池（in）と出口の最終処理（out）との間のパイプでつながれた閉鎖系のなかに私たちの生活は成り立っていて、この循環系のシステムの外部で生活することはほぼありえない。人工的な循環系のなかに取り込まれた水は、もはや純粋な自然物ではなく、浄化され加工された工学的な産物である。[18]その意味で、これは人工的な自然＝第二の自然であり、人工的な「社会の地形[19]」である。この第二の自然は自然の地勢条件から切り離された構造物であり、郊外の生活空間は、まさにその上に乗っているのである。

風景としての郊外

郊外には、こうした生活のための条件が、初期値として用意されている。九〇年代、郊外は、先に述べたように、共同体の不在や共同体の集合的な記憶の不在とみなされることが多かった。共同体の形成や記憶の共有に関する不在が初期条件となっていると言えるだろう。

小田光雄はこの問題を、一九七〇年前後から八〇年代にかけての代表的な郊外文学作品——安部公房『燃えつきた地図』、小島信夫『アメリカン・スクール』、古井由吉『妻隠』、黒井千次『群棲』、村上龍『限りなく透明に近いブルー』、立松和平『遠雷』、富岡多恵子『波うつ土地』、島田雅彦『優しいサヨクのための嬉遊曲』など——について、「原風景」との関わりのなかで論じている。「原風景」は、奥野健男の『文学における原風景』（一九七二年）から引き継いだ参照点である。奥野が見ていたのは、七〇年前後に発表された後藤明夫や黒井千次の文学に、郷里や故郷、あるいは自己形成空間としての原風景がないことだった。それはまさに奥野のいう「山の手という都市の中心部に育ち、居を構える文芸評論家の、七〇年前後からの文学の風景が都市の内側から都市の外側、すなわち郊外へと移行しつつある現象に対する同時代的報告[20]」でもあった。

小田は、この「原風景」を郊外という場所に置き直している。例えば、古井由吉『妻隠』（一九七〇年）が描くのは、故郷と郊外との風景の重層である。立松和平『遠雷』（一九八〇年）には、地方都市を舞台とした農村と郊外との混住社会がある。富岡多恵子『波うつ土地』（一九八三年）には、大量生産された画一的で均一的な住居の風景や、風景が流動する日常生活に包囲された郊外が描かれる。島田雅彦『優しいサヨクのための嬉遊曲』（一九八三年）では、六〇年代生まれのベッドタウン二世の目にうつる、ダンプカーやブルドーザーによって人工的に造成された郊外がある。

小田は「原風景」を指標に郊外文学の変容をたどっているが、富岡や島田と、それ以前の作品との間にある断層を見ている。「内向の世代」以後の作家たちは、工業社会から消費社会へ、都市や地方から郊外へと物語が変容していく七〇年代以降の日本社会のイメージを描き、高度成長期以後の日本社会のあり方を否応なく問うていたが、ベッドタウン二世である島田にとっては、もはや物語が発生する場所は郊外以外にありえないのである。(21)

宮台真司も同様の時間軸を設定しながら、焦点を島田以前と以後の郊外の違いに向けている。宮台は、郊外の歴史を「団地化」（一九五〇年代半ばから七〇年代前半）と「ニュータウン化」（七〇年代前半以降）の二段階に分けている。団地化の始まりは、住宅公団が千葉に造成した日本最初の団地であり、高度経済成長時代。ニュータウン化は、七一年のニクソン・ショック、七三年のオイル・ショックを経た安定成長時代に対応している。宮台は、島田の初期の郊外小説は団地化の風景の変貌が基底にあることを指摘し、島田以前と以後では、「開いた空間から、閉じた空間へ。ハイブリッドな空間から、均質な空間へ。絶えず変容し拡大しつつあった団地から、トータルにゾーニングが貫徹したニュータウンへ」と郊外が変貌しているとする。(22)

小田の視点に引き付けるならば、少なくとも島田や富岡の小説までは、「原風景」を手がかりに向かい合い時代的な比較をすることも可能だった。しかし、ここで考えたいのは、島田や富岡以後の九〇年代である。宮台が示唆するように、郊外の造成と風景の変貌の経験そのものが欠如しているニュータウンの場合、つまり「喪失」するという経験が喪失している場合、「原風景」をめぐる言説の有効性はすでに失効していることになる。おそらく、わたしたちが九〇年代の郊外を考えるとき、単なる喪失でも郷愁でもなく、忘れたということが忘れられているという二重の「忘却の共同性」の空間として、郊外を措定し直さなければならないだろう。

3　郊外または反転した世界

角田光代の『空中庭園』は、東京の郊外を舞台にした六編の連作からなる一つの家族の物語である。単行本として刊行されたのが二〇〇二年。その後、〇五年に豊田利晃監督、小泉今日子の主演で映画化された。これらの連作小説は、高校生の娘の京極マナ、父親の貴史、母親の絵里子、祖母の木ノ崎さと子、息子のコウ、父親の愛人・北野三奈（物語の途中から息子の家庭教師になり、この家族・京橋一家のなかに入ってくる）のそれぞれの視点から書かれたものだ。六つの物語は、まったく同じ時間のなかで展開されているわけではないが、「ダンチ」とそこでの家族の生活に対して、六つの視点から描かれる六面体の構造を持っている。

『空中庭園』が独特の小説になっているのは、六つの物語が立体的に構成されているだけでなく、場所が特定される地名がことごとく排除され、記号だけで郊外の空間が描かれている点にある。京橋家の五人が住んでいるのは、築十七年の郊外マンション「グランドアーバンメゾン」の五階であり、それが位置するマンション群は、「ダンチ」と呼ばれている（貴史と絵里子の結婚と同時に新築されたダンチに入居したという物語の設定になっているから、一九八〇年代の前半に建設されたマンションである）。この小説に登場する他の建築群は、ショッピングセンターの「ディスカバリー・センター」、コンビニ、インターチェンジ、鉄道の駅、ラブホテル「野猿《のざる》」である。「野猿」は、同様の地名と同名のホテルが東京郊外の多摩地区にあり（ただし、「のざる」ではなく「やえん」である）、多摩ニュータウンを想起させなくはないが、現実の地理関係を思い浮かべても小説のなかの地理空間とは整合しない。しかも、小説のなかで採用されている地理的な距離は、バスで十分とか十五分とかいったように、バスの移動時間で示される。

物理的な距離ではなくこのように時間化された空間認識のなかで、日常生活が営まれているさまは、しかし決して特異なことではないだろう。わたしたちの普段の通勤・通学などの都市生活を考えるなら、交通時間によって測られる空間認識のほうがむしろリアルである。都市空間は、時間によって地図化されていて、わたしたちの方向感覚もまたこうした時間の感覚と時間化された地図を依り代としている。

『空中庭園』では、場所に何らかの表情を与えるような記号すら徹底的に抑制されている。あるのは、先に列挙したようにカタカナの世界である。このように場所性が消去され、小説の空間はこれらの記号によって地図化・地理化される。現実の地理を下敷きにして、そこに物語をのせているのではないという点は重要である。実際の地理的な空間を借りているのではなく、小説が「空間の地理化」をおこなっているのである。

こうした時間化された空間や空間の地理化という点で、『空中庭園』は物語空間の架空性の度合いが高いとも言えるが、むしろそのことが郊外らしさを提示している。だからといって、現実の郊外住宅地が架空性に満ちているというわけではない。「ダンチ」「ショッピングセンター」「コンビニ」「ラブホテル」「インターチェンジ」「駅」といった建築群は、郊外エリアの生活には欠かせない。あるいは、「郊外」が成立するための空間の公約数がこれらの建築たちである。この小説は、どこでもない空間として描かれるが、どこでもありえる郊外の空間として小説の外部とつながっているのである。社会学者ならわが意を得たりと感じるような要素がちりばめられていると言ってもいい。

秘密がない家——折りたたまれた外部と内部

『空中庭園』がそれまでの郊外を舞台とした文学作品と異なるのは、このような空間の抽象度と自己完結性である。『空中庭園』のなかで唯一喪失の経験を語るのは、祖母のさち子である。戦後の高度経済成長の波に乗って地方から上京し郊外で暮らしてきた祖母は、郊外が造成されていく様子を回顧する。この祖母の存在が、従来の郊外小説と同じようにこの小説でも郊外が造成されてきた戦後の歴史的な時間軸との折り合いをつける役割を果たしている。

この小説は、そんな高度経済成長以降の郊外の変貌を知る祖母・さち子とその娘・絵里子との愛憎が物語の一つの軸となっている。絵里子は、母親であるさち子を憎み、そこから逃れようとする。母が住む、六〇年代に建てられた仏壇がある家から逃れることが、引きこもりをしていた中学生時代からの心に秘めた計画だった。逃れるための戦略が夫の貴史との結婚であり、ダンチのグランドアーバンメゾンを手に入れることだった。

> グランドアーバンメゾンに引っ越したとき、たしかに私は、光りかがやくあたらしい未来にやってきたと思った。同い年の女たちが体にはりつく阿呆ドレスで踊り狂っているのも、都心の馬鹿高い高級料理を競うように食らっているのも、うらやましくもなんともなかった。いや、過去形じゃない。私は今でも、光りかがやくあかるい未来だと、あのとき感じた同じ場所に居続けている。[23]

このように独白する絵里子が作り上げた家庭には、一つのルールがある。「かくすべき恥ずかしいことも、悪いことも、みっともないことも存在しない。だからなんでも言い合おう」[24]というものだ。これは、絵里子によって主導される京橋家のルールであり、家庭のモラルエコノミーである。[25]だが、秘密がないのではない。むしろ、家族のそれぞれは秘密や隠しごとに満ちている。だからといって、この家族が虚飾に満ちているわけでもない。むしろ、個人に隠しごとがあっても、家族は隠しごとをしないというルールによって家族はグランドアーバンメゾンに生活している。個人の集まりが家族ではなく、ここでは家族と個人とは違うのである。このルールは父親（夫）、母親（妻）、子供であっても、家族に関係ないことはオープンにすべきでないという約束事である。つまり、オープンな家族と秘密を持った個人という二重構造で家族関係が成立しており、「自分がかかえるかくすべきもの」が、配慮なく吐露されるとき、それらは絵里子にとって嫌悪や憎悪の対象となる。

この家族が住む住空間は、フラットで均質な空間として描かれ、個室があっても個々人のテリトリーはない。

個室は秘密を醸成する場所ではない。個室もまた、家族という主体の部屋なのである。では、子供たちの秘密の場所はどこなのか。ショッピングセンターの屋上である。母の絵里子にとっては、コンビニの立ち読みの場所である。他方でこの家族にとって中心となる場所は、リビング・ダイニング（LDK）である。そして、この場所はショッピング・モール「ディスカバリー・センター」と直接つながっている。京橋一家にとって家族の記念日は、ディスカバリー・センターで食事をとることが一つの約束事になっているが、この空間はなくてはならないもう一つの大きな部屋であり、食卓である。

ショッピングセンターは、郊外の生活にとって必須の空間である。マナは、次のように独白する。

ディスカバリー・センターの出現は、ダンチに住むおびただしい家族と、この町に住む多くの人間を救ったと、あたしは信じている。便利になったことはもちろんだが、もっと精神的な意味合いにおいて、だ。ディスカバリー・センターがもし存在していなかったら、この町、とくにダンチ内ではもっと事件事故率が高かったと思う。自殺、離婚、家庭内暴力、殺人、等々が、ひっきりなしに起きていたかもしれない。（略）ディスカバリー・センターは、この町のトウキョウであり、この町のディズニーランドであり、この町の飛行場であり外国であり、更生施設であり職業安定所である。(26)

ここには、「東京と郊外」、さらに郊外の内部の「トウキョウ（ディスカバリー・センター）とダンチ」の二重構造が見て取れる。ディスカバリー・センターは、家族が持つもう一つの部屋である。すなわち、郊外と住空間は、空間の重層構造によって入れ子状に一体になっている。それは郊外の外側が内側へと反転し、さらにもう一度住空間内部へと反転していくような空間である。

ところで、角田光代は、『空中庭園』以外にも部屋をモチーフにした小説をいくつか書いているが、それらを通読すると、部屋と部屋との関係に物語を誘発する何かが仕掛けられている。部屋と部屋との関係は、夫婦、親子、恋人、友人といった人間関係の表象でもあるが、しかし、登場する人物たちの意識が摩擦を起こし、それを契機とした葛藤や相克に陥ったり、反対に和解や融合に至るといった、摩擦の契機そのものを共有するような物語化へとは向かわない。『空中庭園』でも同様に、それぞれの人物の独白は辛辣で攻撃的だったりするが、部屋と部屋との関係は、縮まらない人間関係の距離感、縮めてはいけない距離感として描かれることが多い。それは、３ＬＤＫからなる京橋家の住宅の内部でも同様のことが言える。息子のコウが捉える住空間は次のようなものである。

「うち、逆オートロックだからなあ」椅子の背にのけぞり、天井を向いてコウが言う。

「何それ」

「ここいらへん一帯、ぜーんぶそうだと思うよ。やっぱりちょっと田舎だしさ、鍵は開けっぱなしも同然で、他人の出入りとか、ざっくりしてるっていうか、かなり適当にしてるんだよな。外の人、わりと自由に招き入れるんだけど、家のなかにもう一個見えない扉があってさ。こっちの扉は、絶対開けないっていうか。暗証番号も教えないし。表玄関は広く開いているんだって宣伝して、オートロックのほうを隠しているんだよね。そんな感じ」(27)

外に対して開き、内側に閉じているという反転した構造が、住空間の内部につくられている。ショッピングセンターとダンチとの関係で見たように、「東京→郊外→ダンチ→住空間」は、外部が内側に向かって幾重にも折りたたまれている構造だった。それに対して住空間は、外に向かっては開きながら、内側に向かっては閉じられているという二重構造を持っている。息子のコウが言う「見えない扉」は比喩だが、このことは、住空間内部ではＬＤＫが外部（ソト）になっていることを指している。家族はＬＤＫへ向かって開いているが、内側には閉じるのである。

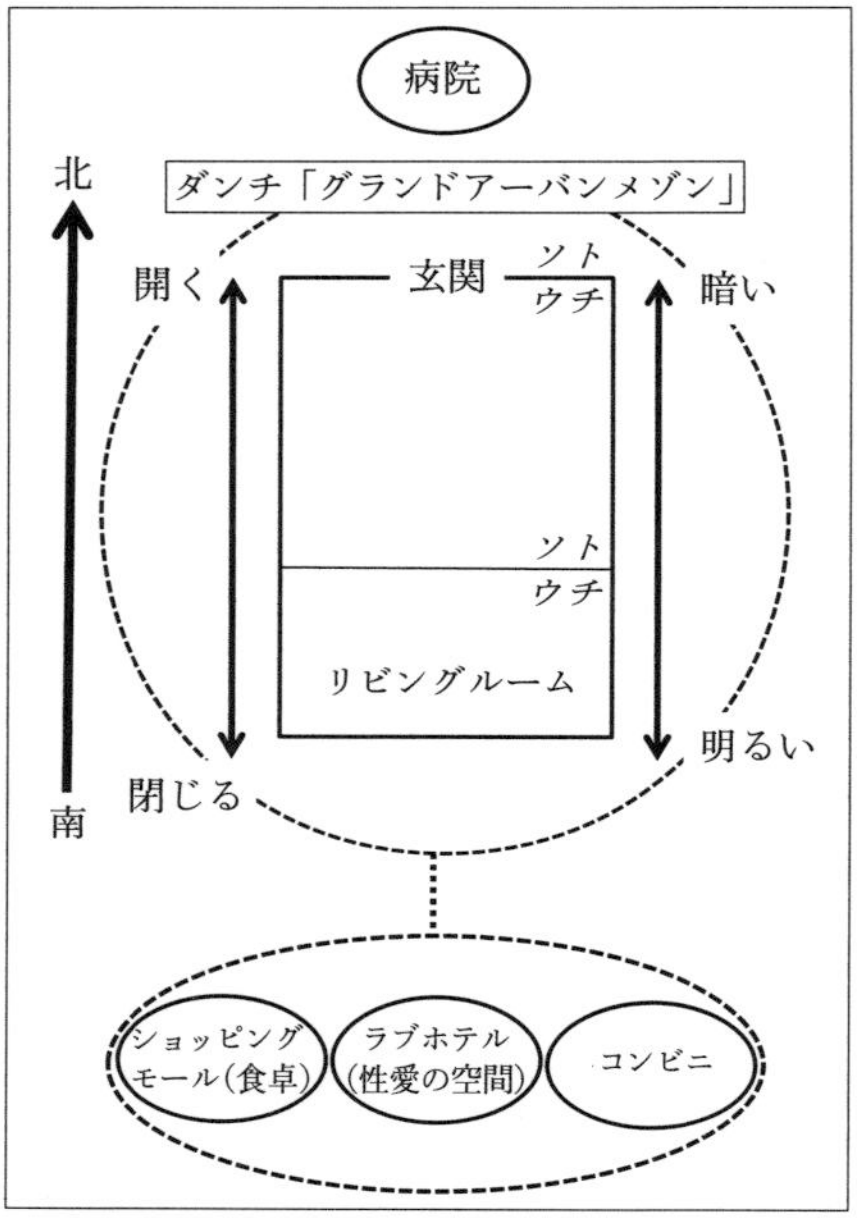

図1　郊外と住宅の空間

これが、秘密によって支えられた「隠しごとがない」京橋家のルールとモラルエコノミーの住空間の姿である。あるいは逆に、この住空間は、「秘密」と「隠しごとがない」という矛盾した要素をともに機能させるのである。

郊外の神話的空間——北と南だけの座標軸

『空中庭園』での「開く—閉じる」という関係は、さらに「北—南」という方向と対応している。郊外空間を俯瞰的に捉え、相対化しようと試みる人物は、この物語では唯一コウだけである。それは、彼が建築に興味をもち、将来建築関係の仕事をしたいと思っており、いわばこの小説のなかで建築家の視点の役割を与えられているからだ。さらに、彼自身がこの郊外から逃れたいという欲望を持ち始めているからである。

> 建ち並ぶ高層アパートの、ほとんどすべての窓は南を向いている。ディスカバリー・センター・メインモールの、北側屋上から見える高層アパートの窓は、だから全部こっち向きだ。逆に、病院の五階から見える高層アパートの多くは、こちら側にドアがある。南には全面窓。北には全面ドア。その眺めは、なんていうか、ものすごくみにくい。グロテスクだと思う。[28]

先に述べた「北廊下型集合住宅」の画一性についての小野田泰明の指摘が想起される。北側の外廊下に玄関が配置され、南に面したLDKの窓からは、採光が図られるというのが北廊下型集合住宅の建築型だった。『空中庭園』のダンチも同様の形式である。つまり、北—南の関係は、ソト（外部）—ウチ（内部）、玄関—LDK、暗い—明るい、の関係に置かれる。住空間内部ではその関係が反転し、南—北、LDK—個室、明るい—暗い、の関係になる。住空間内部は南側の窓やベランダから光が入るから、LDKは明るく、北側の玄関は暗い。明るい方向＝LDKに向かって閉じられ、暗い方向＝玄関に向かって開かれているのである。

京橋家にとって閉じられた南側にあるのは、ベランダである。南側に見えるのが、ショッピングモールのディスカバリー・センターであることも象徴的だ。ベランダでは、絵里子はガーデニングをしている。それは、あたかも明るい南側が閉じられていることをカモフラージュするかのようである。『空中庭園』というタイトルの含意は、おそらくここにある。

反対に、マンションの北側から見えるものは、丘陵地の上に建てられた病院である。この郊外住宅地に住む多くの子供はこの病院で生まれ、多くの人はこの病院で亡くなっていくのだろう。だとすれば、この北側に開かれた玄関は、病院と向かい合う、生と死の出入り口でもあるとも言える。

こうした空間の読み取り方は初歩的な記号論を用いているにすぎないが、重要なのは、郊外空間が北と南の関係でだけ構成されていることである。人為的に造成され、人工的な環境として形成されたこの郊外と住宅の空間は、このように象徴的に構成された空間として、著者である角田光代によって配置されているのである。

4 性愛の空間としての郊外

郊外と住宅の空間の象徴性を統御する場所はいったいどこにあるのか。ラブホテル「野猿」である。それは、娘のマナの生が宿った場所である。京橋家の出発点が、この性愛の空間である。

あたしはラブホテルで仕込まれた子どもであるらしい。どのラブホテルかも知った。高速道路のインター近くに林立するなかの一軒で、ホテル野猿、という。(29)

マナは、この秘密の場所を探りにいく。

ホテル野猿のうらぶれた外観とはまったく不釣り合いに、それほど古びていない、清潔な、健康的な雰囲気の、どこにでもある、いや、どこかにありそうな部屋が扉の向こうに広がっていた。

あたしんちの居間ほどの広さで、フローリングの床はきちんと磨きこまれており、部屋の真ん中にピンクのギンガムチェックのカバーが掛かった、キングサイズのベッドがある。部屋の奥に29インチのテレビがあり、その前には、ギンガムチェック地のソファがある。マチスのコピーが飾られており、ガラスばりのお風呂があった。ここで暮らすことはまったくもって可能であると、あたしはある衝撃をもって思った。(30)

そして、マナがこの部屋の向こうにある風景を発見する場面が、以下である。

ギンガムチェックのカーテンを開けると黒く塗りつぶされた窓がある。はめごろしかと思ったが普通のサッシ窓だった。少しきしむその窓を開けて、あ、とあたしは声を出した。うちの風呂場から見える景色とよく似た光景が広がっていた。枯れた色の田んぼが平坦にのび、そのずっと向こう、空と地面のあいだに線路がある。書き割りにいたずら書きされたジッパーみたいにまっすぐと。(31)

祖母のさち子が孫のコウを助けるために「野猿」で過ごす場面があるが、さち子もまた「野猿」から見える風景が実家の絵里子の部屋から見える風景が同じであることを、マナと同様に発見している。『空中庭園』に登場する母と娘は三人とも、実は、同じ風景で結ばれていることになる。つまり、絵里子の実家とグランドアーバンメゾン、そしてラブホテル「野猿」は、同じ風景をとおしていわば演劇的に空間がつながってしまう。

マナが独白しているように、ラブホテル「野猿」の一室は、グランドアーバンメゾンに住む京橋一家にとっての、もう一つの部屋、性愛の空間である。それは、ショッピングセンターのファミレスが、ダンチのLDKのもう一つの空間であるのと同様に、住空間から外部化された性愛の部屋なのだ。このことと符合するかのように、3LDKの京橋家のマンションからは、夫婦の性愛が排斥されている。事実、貴史と絵里子夫婦はセックスレスであり、貴史は愛人の部屋やラブホテルを「チョロQ」のようにちょろちょろと行き交っている。3LDKのマンションから性愛を排斥したのは、絵里子である。絵里子は、夫の貴史を性愛関係の対象とは見ていない。絵里子にとって貴史は、性愛のパートナーではなく、マナやコウと同じく、家族である。家族関係から性愛を排斥し、つまりグランドアーバンメゾンの住空間から性愛を排斥することで、この住宅に住むのは文字どおり「家族」以上でも以下でもない単一の主体になると言えるかもしれない。あるいは、住宅にとって、性愛の空間は必然的なものではないことを物語っているとも言える。なぜなら、何度も述べたようにラブホテル「野猿」は、ショッピングモール「ディスカバリー・センター」と近接していて、グランドアーバンメゾンにとってこの二つの建物は並列した二つの部屋だからだ。

家族を囲い込むこと

ここで、九〇年代の郊外の住宅と住空間を考えていくために、四十年近く前に刊行された小島信夫『抱擁家族』を参照してみよう。というのも、アメリカ式に建てられた郊外住宅が舞台の『抱擁家族』と3LDKのなかの家族を描く『空中庭園』とは、リビングを中心とした住空間構成という点で同型であり、かつどちらもともに家族の物語でもあるからだ。

小島信夫の『抱擁家族』でも住宅は重要な物語の要素である。『抱擁家族』は一九六五年に「群像」に発表された。近代日本文学の文脈で言えば、いわゆる姦通小説である。

妻・時子は、アメリカ進駐軍の若い軍人ジョージと不倫をする。ここから家族の物語が始まる。この不貞に対して夫・俊介は何のサンクションも与えることができない。むしろ逡巡し、迷う。あるいは時子に言いくるめられてしまう。「家の中を立てなおさなければならない」と何度も吐露するが、その吐露をしてしまうこと自体がふがいない夫の証左となる。ここには、強靭な「父」の姿も、家長としての父権も見当たらない。

江藤淳は、この「父」のなさについて、『成熟と喪失』で、日本社会の近代化と敗戦の経験がもたらした戦後日本社会の必然として説明してみせた。

> 近代日本の社会が、「父」のイメージを稀弱化し、敗戦がさらに支配原理そのものを否定した（略）。彼には「母」もなければ「父」もない。ただ「家」だけがあり、その中を治める手がかりを俊介はどこにも見出せない。[32]

江藤の『成熟と喪失』は、その副題が「〝母〟の崩壊」とあるように、母＝自然とみなされる日本社会の母性原理が、戦後とりわけ昭和三十年代（一九五五―六四年）の急激な産業化のなかで崩壊していくさまを、父性の喪失とパラレルな事態として論じていた。[33]だが、斎藤環が指摘するように、江藤には読み込みの過剰さがある。俊介の中途半端さ、強権的父権を行使することへの逡巡は、むしろ「他者としての妻」の不透明さ、わからなさを前にしたときの戸惑いではないか。[34]
主人公の俊介が求める妻も、子供にとっての母も、主婦も、家のなかに確固とした焦点を結ばず、家は不安定で不安をもたらす場所としてしか存在しない。俊介の意識は、時子の不貞そのものに向かうというよりは、不貞にどう対峙し、どう扱っていいのかという、俊介自身の自意識へと折り返されてしまう。この自意識を表象する鏡のような役割が住宅である。時子の不貞とは、俊介にとっては、母であることも主婦であることも、もしかしたら妻であることも拒否することを意味している。

『抱擁家族』には、二つの家＝住宅が登場する。一つは、時子の不倫が明らかになる都心に近い日本家屋で、不倫が発覚したあと塀で俊介が囲い込みたがった住宅である。もう一つは、俊介が家のなかを立て直そうとした結果、時子の提案に乗せられる形で移り住む、新宿から小田急線で四十分のところにあるアメリカ式の住宅である。夫婦の住宅をめぐる攻防は、家＝住宅に対する思惑がすれ違いながらおこなわれる。実は、日本家屋のほうに住んでいた時期、俊介もまた外で不倫を繰り返していた。それに対し時子の不倫は家のなか（息子の部屋）でおこなわれた。この時子の家のなかの不倫は、夫への裏切りや夫婦の亀裂ということと同時に、俊介にとって空間的に侵食されたと感じたと言えるだろう。だから「家の中を立て直す」とか「家がけがれている」といった俊介の言葉は、観念的なものではなく、妻の不倫がおこなわれた住空間に対する直截的な表現なのである。

> どうしても、ああしなければならないと思った。そう思うと活路がひらかれたように彼は感じた。（略）「この家にもっと大きな塀がほしい」「塀？」「かこってしまうんだ」（略）おれは時子を閉じこめたい。閉じこめておいて、おれや家族のことしか考えないようにさせたい。しかし俊介はそのことを勿論口に出さなかった。「問題はな、時子、中の生活だよ。どう仲睦まじくくらすかということだよ」（略）しかしけっきょく時子は家のことを考えていた。「こんど作るなら、どうしたってアメリカ式のセントラル・ヒーティングというやつにしなくっちゃ[35]」

家を囲い込みたいと欲望する俊介は、住宅という装置を使ってそのなかの家族関係・人間関係を領有し、不倫によって外部の者から侵食された性愛の空間を独占しようとする。しかし、そんな俊介の思惑を見透かすように、時子は巧妙に、住宅そのものへと欲望を向けていく。その結果、家族は郊外にアメリカ式の住宅を建て、移り住むことを決める。この住宅は時子の欲望を体現したものだ。俊介の欲望は実は中途半端で、むしろ時子の欲望を模したものであり、しかもその中途半端さについて俊介自身がもっともよく自覚していたのである。

病のメタファーとしての住宅

『抱擁家族』は、時子の不倫について論じられることが多いが、アメリカ式の住宅が家族のなかで明確な役割を演じるのは、むしろ、時子のがんの発覚と死、その後の、俊介と子供たち、家政婦、同居人との物語のほうである。時子の死は、妻の不在、主婦の不在、母親の不在を意味するが、『抱擁家族』の後半は、それら三重の不在のなかで家族の成立が可能かどうかが、父親である俊介によって賭される物語だと言っていいだろう。だが、妻・主婦・母親の役割はどれも、時子が生きていたときから欠如していたことは前に述べたとおりである。

時子の死と相前後して、俊介はアメリカ式住宅にさまざまな外部の人間を住まわせる。新しい家政婦の正子、元の家政婦のみちよ、息子の友人の木崎、居候の山岸が同居する。俊介は、「誰か他人がいなければ、他人がいなければ」と吐露する。表面上は、時子の死後に家族を何とか保ち続けるために、サポートしてくれる人を探す方策のようにも思える。

だが、アメリカ式住宅が時子の欲望を体現したものであることを考えるならば、この住宅は、病＝がんのメタファーだと捉えることも可能である。つまり、外部から招き入れる他人は、異物なのだ。時子の身体ががん細胞に侵されていくのと同じく、住宅もまた他人に侵されていくように、俊介自身が仕組んだのである。だとすれば、これは家族を保つどころか、自らの手で家族を崩壊させようとすることである。それは、家族が成立することそれ自体を自己否定する俊介の狂気なのか、あるいは象徴的におこなう妻殺しの狂気なのか。いずれにせよ、ここでは、住宅は家族を崩壊させるための装置と化している。[36]

『抱擁家族』の後半が父子関係の物語だとしたら、『空中庭園』は母娘関係の物語である。絵里子はさと子に対する愛憎から、理想的な家庭を築くためにグランドアーバンメゾンの空間を仕立て上げていく。バブル期にこのマンションを購入したときに、絵里子は「勝った！」と感じた。バブルに踊らされている同年代の女性たちに対してだけでなく、母親のさと子に対してもそう感じたのだった。

『抱擁家族』と『空中庭園』の間には約四十年の隔たりがある。戦後住宅システムの始まりの時期の『抱擁家族』とその終わりの時期の『空中庭園』の間には、郊外住宅そのものの変容がある。だが、はたして何が変わったというのだろうか。『空中庭園』は、家族の不確かさを隠し通そうとする物語であり、『抱擁家族』は不確かさを露呈させようとする物語である。住宅は、『抱擁家族』では家族の秘密を作り出す装置であり、『空中庭園』では秘密を暴き出す装置である。つまり住宅は、家族であること、あるいはないことを再定義＝交渉し続けることで、住宅でありうるのである。あるいは、そうした振る舞いを、家族に要請する。『空中庭園』で性愛の空間を追い出すことが、家族が住宅に住むためのまっとうな作戦となりえているのだとしたら、それを可能にしているのは、郊外と住宅とが形成する空間的な反転装置である。

その意味で、四十年弱の隔たりがある二つの小説は、住宅を中心にして、ちょうどポジとネガの関係にあると言えるのではないか。『空中庭園』での主人公が隠そうとしたものとは、『抱擁家族』の物語そのものだと見なすことも可能なのである。

『空中庭園』の祖母・さと子は、『抱擁家族』の俊介や時子とほぼ同じ年代に属している。さと子が上京して郊外に住み始めたのは、俊介がアメリカ式住宅を建てた頃である。絵里子は、おそらく六〇年代の前半に生まれていると思われ、俊介の娘ノリ子とほぼ同年代である。『空中庭園』は、四十年後に書かれた『抱擁家族』の続編だと考えるのは、うがち過ぎだろうか。

『空中庭園』では、夫の貴史は物語の最後に「逃げてえ」と独白し、そのすぐあとに「次の瞬間、はじめて疑問を抱く。どこへ？　逃げてえ、その先がこのちいさな家でなかったら、ぼくはどこへ逃げ帰りたいのだろう？」[37]と自問している。これが四十年前の物語への返答だとしたら、あまりにも皮肉である。

おわりに――「住まわせる論理」のゆくえ

九〇年代は、戦後の住宅システムの終わりの始まりの時期である。それは、郊外が終わったとか、テーマパーク化した集合住宅群の建設が停滞したということを意味しているのではない。大きな空間からなる建築群の供給システムが変わり始めるのである。

そのきっかけとなったのは、九〇年代中頃から始動する、橋本龍太郎政権下での規制緩和の一つである、土地と金融政策のスキームの見直しであった。このスキーム見直しが準備されたことで、二〇〇一年の小泉純一郎政権の発足と同時に大規模な都市再開発プロジェクトが一斉に動き始める。この背景には、バブル経済崩壊後の住宅の資産価値の低下があった。

スキームの見直しは、土地や不動産を「所有から利用へ」と変化させることを意図したものであり、キャピタルゲインよりもインカムゲインを促すことで、土地の流動性と都市開発を図ろうとするものだった。その際に採用された仕組みは、J―REITに代表されるような、不動産の証券化である。つまり、不動産と金融資本とを直結させ、都市開発や大規模建築の際に、その費用を証券をとおして金融市場から直接調達しようとするものだった。これによって不動産に対する直接投資が可能になったのである。

不動産と金融資本との結び付きは、空間そのものが金融商品化することを意味している。いわば、空間が投資や投機の対象となり、空間を媒介とした資本の生産性が問われることになる。こうした「空間の動産化」によって、それまでの持ち家政策によって誘導された住宅市場とは異なった水準で、マーケットが形成されることになる。

戦後の住宅システムは、所有のスタイル（つまり資産形成）で住宅を供給してきた。それは、住宅が人々の生活のリスクを制御する一つの象徴財として機能してきたことを意味している。しかし、金融市場と直結したとき、リスク管理は新たな次元に移行することになる。家族の生活のリスクを受け止めるものだった住宅は、それ自体がリスクの対象に変わったのである。住宅は証券と化したと言える。

このことによって、住むことをめぐる社会性はどのように斜行していくのか、あるいは住むことをめぐる風景が文学にどのように登場してくるのか、問いの成立可能性をこそ問い直していかなければならない。

注

（1）社会学では、住宅そのものを対象とした研究の蓄積はそれほど多くはない。一九九〇年代には、都市社会学の領域で住宅階層やハウジング・チェーンが議論された。磯村英一『住まいの社会学20の章』（毎日新聞社、一九八四年）は、住宅に対して多角的に記された断章群である。森反章夫「集合住宅の「社会的技術」――「空間の戦略へ」」（文化科学高等研究院／都市文化科学研究センター編『都市・空間・建築の根拠を探る――空間の存在論へ』所収、飛島建設開発事業部、一九九一年）は、戦後の住宅制度を「住宅五五年体制」として分析したものである。山本理顕編『徹底討論 私たちが住みたい都市・身体・プライバシー・住宅・国家――工学院大学連続シンポジウム全記録』（平凡社、二〇〇六年）は、社会学と建築家によるｎＬＤＫ＝家族モデルに対する問題提起である。祐成保志『〈住宅〉の歴史社会学――日常生活をめぐる啓蒙・動員・産業化』（新曜社、二〇〇八年）は、「住宅」の近代化の過程を丹念に論考した歴史社会学の成果である。本章と同様に「交渉過程」という方法論的視点から議論されている。

（2）西川祐子『住まいと家族をめぐる物語――男の家、女の家、性別のない部屋』（集英社新書）、集英社、二〇〇四年

（3）米沢慧『都市の貌（かたち）』冬樹社、一九九〇年

（4）前掲「集合住宅の「社会的技術」」、佐幸信介「再生産戦略としての〈住居〉――戦後住居システムの変容」（「政経研究」第四十三巻第二号、日本大学法学会、二〇〇六年）、前掲『〈住宅〉の歴史社会学』、小野田泰明「デザインされる空間――視線と集合住宅」（阿部潔／成実弘至編『空間管理社会――監視と自由のパラドックス』所収、新曜社、二〇〇六年）、および小野田泰明「住まうことのメタファー」（吉原直樹／斉藤日出治編『モダニティと空間の物語

――社会学のフロンティア』〔シリーズ社会学のアクチュアリティ：批判と創造4〕所収、東信堂、二〇一一年)。

(5) 塩崎賢明「戦後日本の住宅問題と住宅政策」『住宅政策の再生――豊かな居住をめざして』日本経済評論社、二〇〇六年、六二―六三ページ

(6) 前掲「再生産戦略としての〈住居〉」

(7) 平山洋介『不完全都市――神戸・ニューヨーク・ベルリン』学芸出版社、二〇〇三年、五二ページ

(8) 住宅ローンの返済月額と同等程度の賃貸物件への支払いを比較すると、ローン返済のほうが安い傾向にあることも、持ち家政策の構造的特質を表している。持ち家政策は先進諸国の多くで採用されているが、ピエール・ブルデューは、『住宅市場の社会経済学』(山田悦夫/渡辺純子訳〔Bourdieu library〕、藤原書店、二〇〇六年)で、一九七〇年代以降のフランスでは賃貸住宅が社会的豊かさを担保し、逆に持ち家政策が社会階層の再構造化を促しながら相対的な社会的貧困をもたらしたことを論じている。

(9) 布野修司「世界の居住形態と家族」(早川和男編集代表/岸本幸臣/鈴木晃編『家族と住居』〔「講座現代居住」2〕所収、東京大学出版会、一九九六年)、鈴木成文/上野千鶴子/山本理顕/布野修司/五十嵐太郎/山本喜美恵『「51C」家族を容れるハコの戦後と現在』(平凡社、二〇〇四年)、前掲「再生産戦略としての〈住居〉」など。

(10) 前掲「住まうことのメタファー」。公的な社会資本として住宅を供給するにせよ、市場をとおして住宅を供給するにせよ、一定の量を社会的に提供する際にもう一つ重要な役割を果たしたのが、集合住宅という形式だった。日本の集合住宅の最初の形態の一つは長崎の軍艦島にある旧三菱高島炭鉱端島アパートだと言われる。渋谷などの同潤会アパートも第二次世界大戦前の代表的な集合住宅である。

(11) 前掲「住まうことのメタファー」一六六ページ

(12) 集合住宅の画一性は、安部公房『燃えつきた地図』(新潮社、一九六七年)の冒頭のシーンで次のように描かれている。「するとたちまち、風景が一変した。白く濁った空に、そのままつづいているような、白い直線の道。幅は目測で約十メートル。その両脇の歩道との間に、ちょうど膝くらいの高さの柵で囲まれた、枯芝の帯がつづいていて、その枯れ方が一様でないせいだろう、妙に遠近法が誇張され、じっさいには各階六戸、四階建ての棟が、左右にそれぞれ六棟ずつ並んでいるだけなのに、まるで模型にした無限大を見ているような錯覚におそわれる」(八ページ)

(13) 例えば、多木浩二『都市の政治学』(〔岩波新書〕、岩波書店、一九九四年)、三浦展『「家族と郊外」の社会学――「第四山の手」型ライフスタイルの研究』(PHP研究所、一九九五年)、内田隆三『さまざまな貧と富』(〔21世紀問題群ブックス〕、岩波書店、一九九六年)、小田光雄『〈郊外〉の誕生と死』(青弓社、一九九七年)、宮台真司『まぼろしの郊外――成熟社会を生きる若者たちの行方』(朝日新聞社、一九九七年)、若林幹夫/三浦展/山田昌弘/小田光雄/内田隆三『「郊外」と現代社会』(〔青弓社ライブラリー〕、青弓社、二〇〇〇年)など。

(14) 若林幹夫「都市への/からの視線」、今橋映子編著『リーディングズ　都市と郊外――比較文化論への通路』所収、NTT出版、二〇〇四年、四〇一ページ

(15) 人口動態を指標にした戦後の郊外住宅の変遷については、松本康編著『東京で暮らす――都市社会構造と社会意識』(〔都市研究叢書〕、東京都立大学都市研究所、二〇〇四年)。

(16) 内田隆三『国土論』筑摩書房、二〇〇二年、三六三ページ

(17) 同書三六三―三七〇ページ

(18) ただし、このような人工的な循環系が自然の循環系から切り離された形で接続する構造は、都市や都市圏に限られるわけではない。下水道普及率は、六〇パーセント程度で都道府県の間で格差があるものの、全国的により広範に見られる構造となっているからだ。問題は、住むという営みの初期条件が、アプリオリに充当されているかである。その意味で、すでに形成されている集落に事後的に敷設される場合と、あらかじめ初期条件としてある場合とでは、やはり決定的に異なるのである。例えば、農村地域では、生態系から取り入れる水は相互扶助や生活の共同性の重要な要素であり、下道は、直接生態系へ排水するという形式がとられていたことを、地方のフィールド調査で聞くことができる。

(19) 若林幹夫『郊外の社会学――現代を生きる形』(ちくま新書)、筑摩書房、二〇〇七年

(20) 前掲『〈郊外〉の誕生と死』一七六ページ

(21) 同書二三三ページ

(22) 宮台真司「『忘れられた帝国』解説」(島田雅彦『忘れられた帝国』〔新潮文庫〕所収、新潮社、二〇〇〇年)、前掲『リーディングズ　都市と郊外』四二四ページ

（23）角田光代『空中庭園』〔文春文庫〕、文藝春秋、二〇〇五年、一〇八ページ
（24）同書一三五ページ
（25）家庭のモラルエコノミーについては、Silverstone, R., *Television and Everyday Life*, Routledge, 1994
（26）前掲『空中庭園』三一ページ
（27）同書二〇四ページ
（28）同書二四五ページ
（29）同書九ページ
（30）同書二一ページ
（31）同書四七―四八ページ
（32）江藤淳『成熟と喪失――〝母の崩壊〟』（講談社文芸文庫）、講談社、一九九三年、一四六―一四七ページ
（33）「母の崩壊」を「父の欠落」へ置き換えようとする江藤淳の論理には、強引さがあることも事実である。上野千鶴子は、『成熟と喪失』の文庫版・解説のなかで、ここに転倒ないし、巧妙な回避があると指摘する。
（34）斎藤環「他者としての「妻」」、「特集　小島信夫を再読する」「水声通信」二〇〇五年十二月号、水声社
（35）小島信夫『抱擁家族』（講談社文芸文庫）、講談社、一九九八年、八九―九三ページ
（36）内部に招き入れる「敵」については、芳川泰久「巣穴と接続詞――カフカから書く作家K」（前掲「水声通信」二〇〇五年十二月号）。
（37）前掲『空中庭園』九四ページ

第２章　夢の跡地に見た夢は——『スワロウテイル』の近未来都市

松下優一

はじめに

岩井俊二監督作品『スワロウテイル』（一九九六年公開）をテクストに、この映画の舞台である架空都市「イェンタウン（円都）」とその都市への想像力を下支えしていたと思われる一九九〇年代的状況を呼び起こしてみること。この作業を通じて、「破産してしまった九〇年代の夢のかけら」を示すこと。それが、本章での課題である。

原作・脚本・監督を手がけた岩井俊二は、九〇年代に最も脚光を浴びた映像作家の一人といえる。八〇年代末に音楽プロモーションビデオの監督としてデビューした岩井は、九〇年代に入ると活動の場をテレビドラマや映画へと広げ、知名度・注目度を高めた。主要作品は『undo』（一九九四年）、『Love Letter』（一九九五年）、『PiCNiC』（一九九六年）、『スワロウテイル』（一九九六年）、『四月物語』（一九九八年）、『リリイ・シュシュのすべて』（二〇〇一年）、『花とアリス』（二〇〇四年）など。近年では、これら岩井作品とその撮影を担当する篠田昇の映像世界は、いわゆる「セカイ系想像力」の原型を形作るものとしても注目されている。(1)

ここで取り上げる『スワロウテイル』は、岩井にとって『Love Letter』に続く二作目の長篇映画にあたる。音楽は、Mr.Children や My Little Lover のプロデューサーとして注目を集めていた小林武史が担当し、作中に登場する YEN TOWN BAND 名義で発売されたCDがオリコンチャート一位になるなど話題を呼んだ(2)。そのバンド名にもあるように、舞台になるのは、円を求めて諸外国から集まってきた移民たちから「イェンタウン」と呼ばれた都市。二〇一〇年代の私たちの目から見ると、『スワロウテイル』が構築している、移民が集う「円《イェン》都《タウン》」の都市イメージは、単にバブル時代の余韻を残す東京の戯画というにとどまらず、一九九〇年代という時代に強く結び付いた文化的想像力の形象だったように思われるのである。

1 「円都《イエンタウン》に住む円盗《イエンタウン》たちの物語」

ポスト・バブル時代の fairy tale

映画は、コンビナートを中心とする大都市臨海部一帯を上空から捉えたモノクロ映像で始まる。めまぐるしく切り替わる空撮ショットによって提示されているのは、白煙を上げる煙突群や円形の石油貯蔵タンクが列を作る、湾岸埋め立て地の光景である。この映像に、「Once upon a time when the yen was the most powerful force in the world」と、物語の枠組みを提示する英語ナレーション（とその日本語字幕）が重なる。字幕部分を書き取っておこう。

むかし　むかし
円が世界で一番強かった頃
その街は移民たちであふれ

まるでいつかのゴールドラッシュのようだった
円を目当てに円を掘りに来る街
そんなこの街を移民たちはこう呼んだ
〝円都《イェンタウン》〟
でも日本人はこの名前を忌み嫌い
自分たちの街をそう呼ぶ移民たちを〝円盗《イェンタウン》〟と呼んで蔑んだ
ちょっとややこしいけどイェンタウンというのは
この街とこの街に群がる異邦人のこと
がんばって円を稼いで祖国に帰れば大金持ち
夢みたいな《fairy tale》話だけど
何しろここは円の楽園……イェンタウン
そしてこれはイェンタウンに棲むイェンタウンたちの物語

遠い過去を振り返る物語形式（「おとぎ話」の枠組み）で語り出されるのは、「円が世界で一番強かった」時代。そう称するべき時代は、一九八〇年代、日本が「経済大国」と呼ばれたバブル期以外にない。『スワロウテイル』は、工業地帯の空撮をモノクロ映像で示したり、「ゴールドラッシュ」の時代をそこに重ねたりすることで、九六年の時点ではさほど遠くない過去を、遠い過去として振り返ろうとする映画なのだといえる（そこにポスト・バブル時代の映画としての自意識がある）。

「お金を求め、手に入れて、日本人化して幸せが歪んでいく姿を現したかった」[3]と岩井自身が述べているように、一攫千金を夢見て日本にやってきた不法移民たちによる円の獲得と、それによって失われるものを焦点に物語は展開していく。映画前半で描かれるのは、死んだ娼婦の一人娘として登場する名もない少女（伊藤歩）が、上海

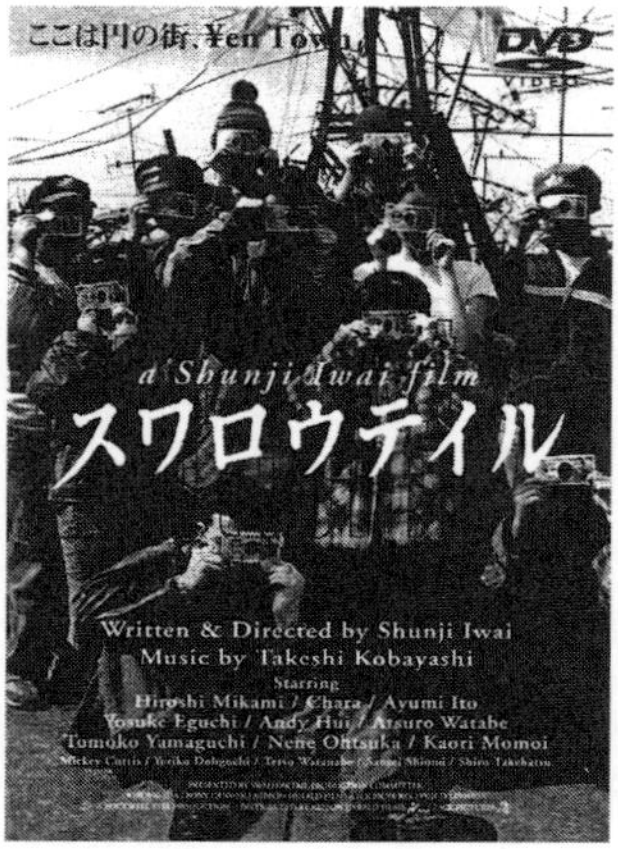

図1　『スワロウテイル』DVDジャケット

移民で娼婦の「グリコ」(Chara)に引き取られて「アゲハ」と名づけられ、「青空旧貨商場」(「あおぞら」)を営む何でも屋の上海移民「フェイホン」(三上博史)や、彼の仲間である「ラン」(渡部篤郎)、イラン人の「ニハット」(アブラハム・レビン)、元ボクサーの黒人「アーロウ」(シーク・マハメッド・ベイ)ら、円都に集う有象無象との交流のなかで、自分の居場所を得ていくさまである。しかしアゲハの居場所は、巨額の金を手にしたフェイホンらがそれを元手に成功をつかんでいく過程で失われていくことになる。あらすじを追っておこう。

ある夜、アゲハはグリコの客(塩見三省)に襲われそうになり、彼女を助けようとしたアーロウは、男を殴り飛ばして死なせてしまう。男の体内から『マイウェイ』を収録したカセットテープが出てくるが、ランの分析によって、そこに一万円札の磁気データが記録されていることが判明する。男はヤクザで、新興の上海系マフィアのボス「リョウ・リャンキ」(江口洋介)からテープを奪って逃亡中だったのだ。偽造紙幣で大金を手に入れたフェイホンらは、埋め立て地の「あおぞら」を出て都心へ向かう。フェイホンは、ライブハウスを買い、グリコをボーカルにした「イェンタウンバンド」をプロデュースする。グリコはその歌唱力が認められてレコード会社からメジャーデビューが決まるが、その際の条件は彼女が「日本人になること」(仲間と絶縁し「円盗」としての過去を捨てること)だった。フェイホンはグリコと縁を切る見返りにレコード会社から金を受け取り、ライブハウスを売り払うことになる(彼はやがて偽札使用で逮捕され、取り調べ中に受けた暴行によって死ぬという運命をたどる)。他方、グリコもまた、週刊誌記者(桃井かおり)に娼婦だった過去を暴かれそうになり、スターへの道を断たれる。アゲハは、再び偽札を利用してライブハウスを買い戻し、失われた絆を取り戻そうとする。だが、その目的は果たせない。アゲハは、「あおぞら」の前で、フェイホンの亡きがらとともに集めた札束を燃やす。

このように映画は「円」を求めてやってきた移民たちにフォーカスし、彼らが成功をつかみ損ない、そして「円」を焼くという振る舞いを見せつけて終わる。中村三春は「円都は、端的に言って、円では決して夢が叶わない街でしかない。円都の幻想は、円＝貨幣の幻想であって、簡単に札が偽造され、少年たちが紙幣を手で引き裂き、フェイホンの野辺送りで紙幣が焼かれるシーンに、その幻想の剝奪が示唆されている」[4]と述べているが、経済的成功のはかなさや空しさを示すところに作品の力点があるのは確かだろう。主人公たちは紙幣の偽造可能性を手にすることで、通貨に対する集合的な信憑を切り崩し、それは単なる紙切れでしかないという身も蓋もない事実を露呈させてみせる。特に少年たちが偽造紙幣を利用して集めた一万円札の真ん中をくりぬいて覗き合うシーンは、当時R指定を受ける原因になったが、「円」という通貨（とそれに結び付いた国民国家）に対する信憑を無邪気に陵辱するその行為自体が時代の気分の一端を象徴的な形で伝えているように思われる。

ここで経済的成功に代替するものとして示されるのは、家族的な強い絆や互いに理解し合える関係というわけではない。リョウ・リャンキは、日本へ渡ってきてから生き別れたグリコの実の兄なのだが、二人は結局再会することはない。フェイホンもまた、グリコやアゲハと持続的な関係を取り結ぶことなく死んでしまう。野崎歓の言葉を借りれば、「すれ違い続ける間柄」[5]こそ、この映画の人間関係の基本である。だからこそ、この映画ではもともと無関係の者同士、偶然そこに居合わせることになった者同士が、束の間に形作る緩やかな関係性が、奇跡的なものとして提示されることになるのだ。

岩井は、この映画のモチーフを次のように語っている。

> ある時東京が、至れり尽くせりの病院みたいな町だと思えた。生き物が本来持っている自己防衛本能を全然発揮しなくても、とにかく生きていられる。そんな東京に息苦しさを感じていて、何か違う突破口がないかと思ったときに、円を求めて国を捨てる人もいれば、家族のためにやってくる人たちに元気があるじゃないかと、単純にあこがれた。それを何とか物語にしたかった[6]

いまの日本人って、八〇年代頃に雑誌とかが与えてくれたようなライフスタイルにしがみついていて、ふと気づいたらそれがもう灰になっていたわけでしょう。その中でどんどん元気を無くしている。でも、イェンタウンはその逆の存在なんだよね。都市型で生まれ育った人間たちが、この作品を観てくれて、ああ、こういう元気が自分たちにもあったら、と思ってくれればいい。[7]

こうした岩井のコメントを見るかぎり『スワロウテイル』は、病院的世界（現実の東京）の息苦しさに対するアンチテーゼとして構想されている。作品の根底にあるのは、現在の日本が喪失した生きるためのバイタリティを、ここではないどこか別世界に求める志向性である。それは一面において、『ALWAYS 三丁目の夕日』（監督：山崎貴、二〇〇五年）のような二〇〇〇年代の映像テクストが描き、回顧していく「貧しくも、豊かな未来を願ってがんばっていた」高度経済成長期の日本への憧憬と通じ合うもののように見える。例えば埋め立て地のゴミ捨て場から戦果を持ち帰るシーンでは、臨海部の空き地のなかの一本道を西日に照らされながら軽トラックが走っていく。

とはいえ、高度経済成長期回顧調のゼロ年代映画と『スワロウテイル』とは、主要な登場人物が「日本人」ではないという点で、大きく異なる。映画の主役はあくまで「円都《イェンタウン》に住む円盗《イェンタウン》たち」、一攫千金を求めて日本に流れてきた不法滞在の移民たちであり、そこに描かれているのは何種類もの言語（中国語、英語、日本語など）が飛び交う混交的で、アウトローな世界である。「円盗」とさげすまれる移民たちがエネルギッシュな存在として描き出される一方で、日本人はもっぱら、暴行の主体として否定的な価値を担う側に配される。この映画は、円を求めてやってきた移民たちの側にノスタルジックな生の輝きを見いだしながら、バブル期の日本を回顧するものになっているわけだ。[8] さらにまた留意すべきは、語りの枠組みに反し、当時映画に描かれた「円都」が、過ぎ去った過去を表象するものとして受容されたわけではないという点だろう。

東京の近未来？

『スワロウテイル』は、円を求めて移民たちが群がるほど日本経済が求心力を持っていた時代（現在では「バブル期」として歴史化されている時代）を、遠い昔のフェアリーテイルとして語る。ところが、当時の映画評などを見ていくと、岩井が描き出す「円都」の形容として、〝近未来の東京〟という表現がよく用いられていることに気づく（傍点はいずれも引用者）。

この「スワロウテイル」は、成長の歪みを抱えた日本の現在と未来を透視しつつ、これまでの日本映画が持ち得なかった世界観の構築に成功したと言っても過言ではない。言語の境界を一気に飛び越えた台詞の妙、目に見えない差別と暴力が根づく東京の近未来を思わせる架空都市〝イェンタウン〟、そこに集うエネルギッシュな〝移民〟たちの鮮烈な生が、エンターテインメントあふれる映像の中で確実に息づいている。(9)

青空旧貨商場、レストラン展活楼、クラブロリータ・ロリータ、イェンタウンクラブ、阿片街……。種田陽平の美術は、巨大な風車から壁に貼られた刺青の写真に至るまで相当な執念で凝りまくって、その細部の積み重ねが着実にイェンタウンなる近未来の日本のイメージを具体化してゆく。(10)

近未来の東京かどこか、日本の大都会の想像図あるいは妄想図である。(11)

東京を、沸き立つアジアの坩堝として捉えた岩井の未来ファンタジーには、否定しがたい魅力がある。(12)

近未来的な東京を舞台とする一種の群衆劇『スワロウテイル』は監督にとってまったく新たな挑戦であり、

これまでの作品世界を一気に拡大する契機となるものでもあったはずだ(13)。

これらが示しているのは、九〇年代には『スワロウテイル』に描かれた「円都」を、東京の近未来像として感知する想像力が存在していたという事実である。「近未来」というからには、それは一定の同時代的リアリティに根差して想像される未来である。九〇年代の観客たちは、「円都」に東京の近未来を見ることができた。では、当時東京の未来像として受け取られたのは、「円都」のどのような風景だったのだろうか。当時から見た近未来である十数年後の現在を生きる私たちにとって、それはもはや自明なことではなくなってしまったように思われる。

以下では映画本編で直接映像として示される風景だけでなく、劇場公開時の映画パンフレットの記事も同時に参照しながら、「円都」を形作る風景の特徴的要素を分析してみよう(14)。そうした周辺言説には、映画本編と矛盾をきたすものも少なくないが、それも「円都」のイメージを形作る同時代的想像力と見なせるからだ。なお本章では「風景」という用語を、都市の物理的ロケーションや建築だけではなく、そこに住まう人々の姿をも含むものとして用いていくことにする。

2 「円都」の風景

移民が集う無国籍都市

「円都」を形容する代表的な語句は、「無国籍都市」である。映画パンフレットの解説文には、次のような一節がある。

全編を飛び交う言語はメインに中国語と英語。日本人の役者が外国語を話し、金髪碧眼がべらんめえ調の日本語をしゃべる『スワロウテイル』の世界は、まさに無国籍都市のリアルな姿だ。

九〇年代的感性にとって、移民が集い、多言語が飛び交う「無国籍都市」はそれ自体、東京の未来像を喚起するものだったようだ。少なくとも岩井にとって、「雑多な民族が住みついている都市」の風景は、東京の未来像を触知させるファクターの一つとしてあった。

わりと想像しやすい東京の未来像って、ロスとかニューヨークみたいに、雑多な民族が住みついている都市、っていうのがあるじゃないですか。そこに希望をこめてイェンタウンという名前をつけて、いろんな人たち、自由を求めていたりする人たちにスペースを空けてあげた感じですね。まともに、東京の未来像や移民都市の状況予測なんて考えると破綻だらけで、社会問題としてどう考えてんだよ、って言われると防御しようがない作品なんで[15]（笑）。

しかし、近未来都市としての「円都」は、ここで岩井が言及するロサンゼルスやニューヨークのようなアメリカの移民都市のイメージだけに基づいているわけではない。東京をモデルにした移民の街の造形には、さらに別様の都市のイメージが接続されている。

広大な更地

この映画が映し出す特徴的な風景として、広大な更地の真ん中に立つバラックのような「青空旧貨商場」（「あおぞら」）や、錆びた鉄筋の風車の向こうにはるか彼方まで広がる枯れ草の平原や廃棄物の処分場が形作る、まるで西部劇の荒野のような風景を挙げることができる。それは手つかずの「自然」というわけではないが、大都

図２　『スワロウテイル』映画パンフレット表紙

市の近傍に造成されたり埋め立てられたりしたまま、長く放置された状態にある土地のようにみえる。

　例えばＤＶＤ版で「Sunday Park」と題されている場面。アゲハと子供たちが通りかかった車を無理矢理洗車して一万円をせしめるのは、中高層のビル群の前に広がる、何もない区画のなかを走る未舗装の道路である。またゴミ処分場で入手したグランドピアノとグリコやアゲハを乗せたオンボロトラックが疾走するのは、西日が差す広大な埋め立て地だ。そこは舗装道路と電柱だけが点々と続く平坦な土地であり、海を挟んだその向こうに工場やビル群が見えている。

　あるいは偽金で儲けたフェイホンやグリコらが街へ出て行く「さよなら、あおぞら」と題された場面。遠ざかるトラックの荷台から手を振る一同を捉えたロングショットは、彼らの向こうのそう遠くないあたりにかすんで見える高層ビルや巨大なホテルないしマンションらしき建築物を背景に収めている。遠ざかっていく「あおぞら」を荷台から捉えたショットでは、それが広大な平地を走る未舗装道路の突き当たりにあり、その背後にはさらにはるか彼方まで何もない平坦な土地が広がっているのを、見て取ることができる。

　さほど遠くない距離に林立する中高層ビル。そしてその手前に広がる何もない荒れ地。これが、『スワロウテイル』の物語上重要な「あおぞら」（およびその周辺）のロケーションであり、「円都」を印象づける特徴的な風景の一つとなっている。この風景は、映画冒頭部にも登場する。先に引用したナレーションに続くタイトルクレジットのあとに映し出されるのは、夕陽らしき太陽を背にシルエットとして浮かび上がる都市風景と、その手前に広がる草原である。草原のただなかを貫く未舗装道路をトラックが走り去ると、カメラはゆっくり旋回して背の高い草むらに仰向けに横たわる女の姿を捉える（次に続くシークエンスがアゲハの母の遺体が横たわる警察の死体安置所なので、おそらくそれは死体である）。YEN TOWN BAND の曲「Swallowtail Butterfly」のプロモーションビデオにも、「あおぞら」周辺を中心とした映画のシーンが挿入されていて、その風景のなかでCharaが歌っている。

広大で平坦な、何もない空間。それはいまだ何ものにもなりえていない空間であり、さまざまな生成と変化の可能性に開かれた空間である。そこは死体が遺棄される不穏な場所ともなりうるし、山口智子演じる凄腕スナイパーがギャングたちをバズーカ砲で吹き飛ばす戦場ともなりうる。また行き場がなかったアゲハの居場所となり、あるいは過去を暴かれたグリコが戻っていく場所ともなる。多様な可能性を許容するという意味でも、法—外《アウトロー》な空間といえる。映画パンフレットに所収された「アナザー・サイド・オブ・イェンタウンガイド」によれば、「円都」はもともと臨海地区に計画された「二十一世紀未来都市計画」の予定地に、移民たちが住みついて成立した街とされる。未来都市建設プロジェクトが頓挫して、何ものにもなりえないまま放置された土地に、「円都」は想像＝創造されているのだ。

> もともとは絶好の潮干狩りの場所であったが、高度成長期には埋め立てられ工場が立ち並び、化粧品会社の四本煙突は下町の名物であった。しかしバブル期に、ここに二十一世紀未来都市計画が持ち上がる。海外の企業オフィスを誘致し、二四時間不休の高度情報集積都市をつくるはずが、コメディアン出身の庶民派知事アカシマのツルの一声で計画はストップしたことは記憶に新しい。しばらくは倉庫を改造した大バコクラブ〝ジュリ穴〟などが若者を集めていたが、現在は全くの更地になっている（略）このエリアを回遊してリニアモーターカーが通るはずだったが、橋げただけ残して中止となった。現在、地下鉄二〇号線の計画があるが、利権が絡み当分実現の可能性はない。[16]

この引用からもうかがえるように、移民の街としての「円都」は、東京全体をモデルにしているというより、あえて現実の地理に照合するならば、東京の湾岸部《ウォーターフロント》、現在の臨海副都心（お台場）一帯を想定していることになる。

アジア的臨海都市

「アナザー・サイド・オブ・イェンタウンガイド」によれば、「円都」に住みつく移民たちの内訳は、以下のとおりである。

高値安定の円を稼ぎに来る不法入国者数は毎年うなぎのぼり、移民ブローカーによって、密航してくる人数も増大している。（略）イェンタウンを国別にみると、中国人をはじめとして、イラン人、パキスタン人、フィリピン人、タイ人が多い。ドイモイで日本との関係が深まったベトナム人も目立つ。相変わらず極度のインフレに悩む中南米各国、日系人も多いブラジル人に、出稼ぎに熱心なガーナ人、ロシア人、動乱が続くユーゴ、ボスニアヘルツェゴビナからも最近では、ヨーロッパをすっ飛ばしてイェンタウンへの流入が多くなってきている。(17)

また「円都」を構成する地区には、「パクチー街」「ジャパユキ街」「ネオアカ街」「煙街（阿片街）」というように、東南アジア的なネーミングが施されている。例えば「パクチー街」は、「イェンタウンリバーのほとりにあり、イェンタウンが最初に住みついたエリアである。最初は東南アジアの移民が多かったため、彼らの料理には欠かせないパクチーの香りが漂っていたためこの名がついた。現在でも、河に張り出した住居に暮らす人々がたくさんいる」という。このような河に張り出した住居がある風景は、映画本編では、アゲハがグリコのところへ連れて行かれる冒頭近くのシーンに映し出されている。あるいは「煙街（阿片街）」は、「サッカードーム誘致の地上げとその失敗により、ゴーストタウンと化した。次第にイェンタウンが住み着き現在はスラム状態になっている（略）入国ブローカーの組織があるといわれ、事実上密入国者の玄関であるが、警察力がほとんど及ばないため、野放しである。銃や薬、ご禁制の品々も円を持っていけば、すべてが手に入る」とされる。こちらは映画本編では、アゲハがボーイフレンドを伴ってそこにある「阿片街総合病院」にタトゥーを入れてもらいに訪れる場面で、行き倒れた者や阿片で廃人になった者たちがひしめく暗黒街として映像化されていた。

このように近未来都市「円都」には、猥雑で混沌としたアジア都市のイメージが含まれる。映画プロデューサーの河井真也は「舞台の街のイメージは上海だったんですけど、ロケハンではロス、上海、オーストラリア、マレーシア、シンガポール、香港と実際に色々回りました[18]」と述べているが、中国沿岸部から東南アジアにかけての臨海都市のイメージが「円都」の風景を構成するもう一つの大きな要素であることは確かだろう。

ゴールドラッシュ時代のアメリカ西部にも見えないことはない大都市臨海部の広大な埋め立て地の風景と、雑然としたアジア的都市の風景。一見相いれない、二つのイメージ系列が『スワロウテイル』の移民都市「円都」の風景を形作っている。私たちは九〇年代半ばの観客のように、こうした風景に、東京の未来を見ることができるだろうか。

もちろん高層ビル群とその下に広がるアジア的都市という組み合わせは、一九八〇年代のSF的想像力にはおなじみの近未来都市のイメージである（リドリー・スコットの『ブレードランナー』〔一九八二年〕や、大友克洋の『AKIRA』〔一九八八年〕など）。若林幹夫によれば、それらが描く「陰鬱な未来都市」の「アジア的なもの」のイメージは、「輝ける未来都市」が示していた西洋モダニズム的な合理性や普遍性を攪乱する異質性として導入される[19]。なぜアジアの混交的な都市イメージが動員されるのかといえば、それがモダニズムの乗り越えとしてのポストモダン的想像力の産物だからということになるだろう。しかし『スワロウテイル』の「円都」は『ブレードランナー』的な「陰鬱な未来都市」のようには見えないし、かといってモダニズムの「輝ける未来都市」というわけでもない。

ここでは「円都」として形象化された九〇年代日本の未来都市像を、あえて愚直に九〇年代の具体的事象と結び付いたものとして捉えておくことにしよう。映画に提示された「円都」を未来都市として感受することができた九〇年代の文化的想像力とはどのようなものだったかを思い起こしておくために。

3 「円都」を想像する九〇年代

『スワロウテイル』が劇場公開されたのは、一九九六年九月である。九〇年代を語る際に避けて通ることができない三つの事件、すなわち阪神・淡路大震災と地下鉄サリン事件、神戸連続児童殺傷事件（酒鬼薔薇事件）の合間にあたる。世界の底が抜けたような衝撃的出来事が重なり、「バブル崩壊」で幕を開けた九〇年代の日本社会がその崩壊を実感していくただなかである。とはいえ、「円都」に対する想像力を規定するコンテクストとしてここで呼び出されるべきは、それらの衝撃的事件の陰に隠れてあまり顧みられることがないように思われる次のような出来事だろう。

一九九三年五月、代々木公園のイラン人たちのたまり場解体
一九九五年四月、東京都知事選で青島幸男当選
一九九六年九月、映画『スワロウテイル』公開
一九九七年七月、香港返還

『スワロウテイル』はすでに一九九三年に映画化の企画が進んでいて、小説版はその当時書かれた。移民都市のイメージは、その時期の東京に表出していた風景とかなり密接に結び付いているように思われる。時期的に先行するものから順に見ていこう。

代々木公園のイラン人——エスニックな空間の浮上

『スワロウテイル』の主要人物は上海流民だが、「あおぞら」に集う「円盗」の一人に「ニハット」という名のイラン人が登場する。先の「イェンタウンガイド」からの引用でも移民の割合として多いのはイラン人とされている。

九〇年代初頭は、東京の都市空間で移民のプレゼンスが著しく高まった時期である。八〇年代後半以降、日本社会は外国人労働者の急増という局面を迎えていた。外国人登録人口は、一九八五年の八十五万人から九五年の百三十六万人へと急増し、不法滞在外国人も九三年にピークを迎え、約三十万人を数えた。そのような状況を現実の都市空間で可視化し、印象づけたのが、代々木公園に集うイラン人たちだった。

都市社会学者の町村敬志は、代々木公園や上野公園などのパブリックスペースに形成されたイラン人を中心とする「たまり場」を「一九九〇年代東京を特徴づける象徴的な場所のひとつ[20]」だったと述べている。町村によれば、毎週日曜日の代々木公園のイラン人たちの集まりは九〇年の秋頃から徐々に形成されていき、やがて数千人の規模となる。大規模化したイラン人の「たまり場」は、それゆえマスコミの好奇の目にさらされ、外国人犯罪への不安が高まり、それに対する権力の予防的介入を招くことになる。九三年四月に植栽工事を理由に公園の一角が閉鎖されたのを機に、たまり場は解体され、彼らは姿を消し、「再び不可視の存在に変わっていく[21]」。同時期、代々木公園だけでなく上野公園のイラン人のたまり場も、警察の警戒態勢強化によって解体されている[22]。

ほんの二、三年の期間、それも日曜日だけだったが、当時東京都心部には数千人という規模で移民たちの自生的な街が形成されていたのである。少々長くなるが町村がスケッチした、移民たちが生み出す都市空間の様子を引用しておく。

やがてこの「たまり場」は、日曜だけの「定期市」として、次第に常設性を増していく。それとともに、公園内の門前空間は、やや奥まった植え込み部分を占領する「バザール」空間と、人々が立ち話をしながら遊歩する「広場」空間へと分化を遂げていく。シートを広げて品物を展示するようになるにつれて、売られる品物の数は増加する。（略）業種も、ビデオ・CDのレンタル・販売、理髪業、じゅうたん販売、玩具やカメラ、文房具などの土産物・雑貨商などを加え、小さな「盛り場」としての様相を呈してくる。ただし、商売をしているのはイラン人だけとは限らない。パキスタンやアフガニスタンなど先行して来日し、すでに一定の基盤を固めていた他の外国人集団が、商売人としてイラン人のエスニック市場に参入していた（略）滞在人数のピークを記録した一九九二年、日曜日午後の代々木公園原宿門前は、数千人を越えるイラン人で埋め尽くされた。数人のグループで集まって立ち話をしたり、露店を冷やかす圧倒的多数のイラン人群衆、日本人・外国人の公園利用者、焼きそばなどの屋台を経営する日本人露天商やイラン人ほかの商売人、ロック・バンドと取り巻きの日本人の若者、国際電話会社などの宣伝物をイラン人に配る日本人や中国人のアルバイト、外国人支援の日本人運動家・ボランティア、公園の管理人や警察・保健所関係者、ジャーナリストや調査者などが、この小さな空間に入り乱れていた。[23]

九〇年代初頭の東京は、民族を問わず雑多な人々が群れ集うこのような場を現出させうるだけの包容力を持っていたということである。やがて異質な他者に対する不安を下敷きにしたセキュリティ意識の上昇が、こうした空間が存在する可能性を排除・封殺していくが、『スワロウテイル』の移民都市が立ち上げられたのは、このような都市風景がまだ生々しい現実感を持っていた時期である。少なくとも、そこには移民急増を経験した東京ないしは日本社会のリアリティが色濃く反映されている。再びプロデューサーの河井によれば、岩井が『スワロウテイル』の構想を練っていた「当時、難民が九州にやって来て強制送還されたというニュースが騒がれていたりした頃で、彼もベトナムのボートピープルの話とかしていました[24]」という。

十三号埋め立て地、あるいは東京の「フロンティア」

図３　1990年代初頭の13号埋め立て地南側
（出典：読売新聞社社会部編『東京湾——水辺の物語』読売新聞社、1992年、73ページ）

九〇年代初頭、東京の一部地域で可視化していた無国籍的な空間は、円を求めて日本へやってくる移民労働者の増加をリアルに実感させるものであり、近未来の東京に移民の都市が出現する可能性を予感させただろう。その一方でこの時期、東京都心に隣接する埋め立て地には、未来都市開発の対象として可視化されながらも、バブル崩壊によって開発が滞った広大な更地空間が存在していた。一九九五年四月に都知事に就任した青島幸男が、選挙戦で公約として掲げ、実行に移したのは、臨海副都心開発の起爆剤および未来都市のプレゼンテーションとして、その場所で開催が決まっていた世界都市博覧会（都市博）の中止だった。

都市博の会場として予定されていた東京湾十三号埋め立て地は、一九八五年に開かれた第二回世界テレポート会議で当時の鈴木俊一都知事が発表した「東京テレポート構想」、つまり来るべき「情報化時代」に対応した都市開発構想の対象地だった。このテレポート構想は、次第に政府や企業を巻き込んだ臨海部開発プロジェクトへと転換していく。(25) その背景には、日米貿易摩擦の解消と行財政改革が政策アジェンダとなっていた八〇年代前半、当時の中曾根康弘内閣が目指した、輸出依存から国内需要依存への経済構造の転換と、民間資本の公共事業分野への導入という政治的文脈が介在していたといわれる。八六年四月、自民党政務調査会に設置された「公共的事業への民間活力導入に関する特別調査会」は、東京臨海部の再開発を主要提言に据えた「民活導入プロジェクト推進についての緊急提言」を発表した。内需拡大と民間活力導入のための具体策として臨海の未来都市計画が浮上する。これを受けて臨海副都心の建設が開始され、同時に臨海副都心のプレゼンテーションとして都市博が企画される。八〇年代半ば、十三号埋め立て地とその周辺は、東京都・政府・民間アクターなどが新たに生まれる近未来都市を夢見る「フロンティア」として浮上してくるのだ。

他の場所には見出せない広大な面積をもつ更地であったという点でも、従来の都市の空間的・時間的な文脈の中で、後背地も住民の生活と結びついた歴史ももたない手つかずの「新しい土地」であるという点でも、それは文字通り「フロンティア」だった[26]。

それは、ある意味で東京という都市の外部として存在する空間だったといえる。臨海副都心計画に携わった都市プランナーの平本一雄は、十三号埋め立て地について次のように述べている。

もともとお台場を含む臨海副都心が計画された埋立地には良いイメージはなかった。当時は晴海までは見本市を見に行くことがある。竹芝や日の出までは大島や新島に行くための船の桟橋として行くときもある。しかし、その先の海の中にある埋立地などは、すべてゴミを埋め立ててできたものばかり、というイメージでしかなかったのである。誰も知らない場所、知っていたとしても悪いイメージしか抱いてくれない場所、それが埋立地なのだった[27]。

このような廃棄物を埋め立てて造成された「誰も知らない場所」としての埋め立て地は、当時の文学的想像力によって、それ自体特異な都市経験を可能にする空間として発見されていく場所でもあった。一九八五年に日野啓三が発表した小説『夢の島』は、十三号埋め立て地を訪れる男の姿を描いている。「東京の高層ビルの輪郭は灰色の雲の背景に溶けている。大井埠頭に並んでいる巨大なガントリークレーンの列も、夢の地平線上に立ったまま死んだキリンの骸骨の列のようだ（略）ここはまさに原野だった。ただし本ものの原野が持っている何千何万年という時間のにおい、大地の重力はない(28)」。また菅野昭正は、一九八七年発表の『夢の島』論の冒頭で、この埋め立て地から見える東京の風景を次のように表現している。

十三号埋立地の東北の一隅から、対岸にひろがる東京都心の市街を眺めると、そこは高層・超高層の建築物が不揃いに並んだ鉄とコンクリートの森林である（略）「台場公園」からの視界はそれほど遠くまでとどかない。東京タワー、世界貿易センタービルをはじめとして、二十階を越す超高層の建物が、まばらな後景となって虚空に浮かんでいるだけである。内側に住んでいるだけではなかなか見えにくい東京という現代都市のすがたが、市街の外側に出ることによって、ここでは驚くほどはっきり見える。(29)

ここにあるのは、東京という都市を「市街の外側」（外部）から一定の距離をとりながら眺めるというパースペクティブであり、それを可能にするのは、背後に何もない埋め立て地の空間である（背後に何かあるならそこは都市の外部ではない）。東京を至近の外部から見るというこのパースペクティブは、一九八〇年代末に制作された近未来の東京を舞台とする押井守のアニメ『機動警察パトレイバー』シリーズにも見いだせる。レイバー隊の拠点となる警視庁警備部特車二課棟は、セイタカアワダチソウが生い茂る埋め立て地の突端にあり、その背後には海が広がるだけの最果ての場所に設定されている。九三年公開の『機動警察パトレイバー２ the Movie』で東京に戦争状況を現出させるためのテロを企む柘植行人が活動拠点にしていたのも、「十八号埋立地」と呼ばれる東

図4　1996年頃の13号埋め立て地北側（出典：「東京人」1996年8月号、東京都歴史文化財団、39ページ）

京を外部から見ることができる場所だった（柘植は双眼鏡で東京をながめながら「ここからだとあの街が蜃気楼のように見える」とつぶやいている）。

『スワロウテイル』の「円都」を構成する「あおぞら」の風景は、これら一九八〇年代後半から九〇年代初頭にかけての文学的・近未来ＳＦ的想像力に見られる、背後にはもはや何もない埋め立て地空間が見せる東京というビジョンの延長線上にある。そして先に見たように、その跡地に「円都」が成立するとされる「コメディアン出身の庶民派知事アカシマ」によって中止された「二十一世紀未来都市計画」とは、八〇年代に動きだし、九〇年代に青島都知事によって待ったをかけられた臨海副都心開発計画のパロディーであることは言うまでもない。こうした文脈に置いてみると「円都」は、十三号埋め立て地周辺の東京湾臨海部に計画されながら頓挫しつつあった未来都市の代わりに、別様の未来都市を夢想しようとするものだった、ということができるだろう。

ところで実際には都知事になった青島が中止したのは、副都心開発の起爆剤として計画されていた都市博だけであり、開発自体が抜本的に見直されるまでには至らなかった。一九九五年末にはテレコムセンタービルなどが竣工し、ゆりかもめが開通する。九六年にはホテル日航東京、東京国際展示場、デックス東京ビーチなどが開業し、九七年には、フジテレビ本社が移転して、現在のお台場が形作られていく。その過程で、お台場を舞台とするドラマを放映したフジテレビが果たした役割は大きい。平本が指摘しているように、フジテレビのテレビドラマでお台場への注目度は高まり、都市博の力など借りずとも臨海副都心は着々と形を整えていったのだった。

この過程は、東京を一望できる外部が、新たに都市空間化されることによって、東京の内部に取り込まれ、消滅していくプロセスにほかならない。九〇年代後半は、八〇年代に現れた十三号埋め立て地を中心とする東京湾岸の「フロンティア」が、徐々に失われていく時代なのだ。その変貌の過程をドキュメントしたメディアテクストを挙げるとするなら、警視庁湾岸署に赴任した「青島刑事」の活躍を描く『踊る大捜査線』シリーズ（一九九七年一月にフジテレビで連続ドラマとして放映開始）をおいてほかにない。プロデューサーである亀山千広は、「連ドラの頃は湾岸署の周囲なんて空き地ばっかりだったし、ゆりかもめだってガラガラ、訪れる人も少なかった」[30]と述懐しているが、二〇〇三年公開の『踊る大捜査線 THE MOVIE2 レインボーブリッジを封鎖せよ！』と題された劇場版第二作になると、お台場は年間四千万人が訪れる観光と消費の街と化し、容易に封鎖できないほど複雑性を増したゼロ年代のお台場が描かれている。この映画でのお台場は急激に観光地化する一方で、まだ地図に載らない新しい建物や道路、トンネルが次々に作られている「未完成の街」、その変化の速度ゆえに警察権力の監視の目が行き届かないスペースを数多く生み出している街として描かれ、こうした街の性質自体が捜査を撹乱する要因となっている（同時にこの映画は監視カメラで街全体を隅々まで監視しようとする警察権力の欲望も描いていた）。そこにはもう、テレビシリーズで湾岸署が「空き地署」と呼ばれていた頃の面影はない。十三号埋め立て地は、もはや東京の外部ではなくなったのだ。

香港返還——〝借りた場所、借りた時間〟の終わり

一九九〇年代半ばの時点でいまだ空白地帯として存在した臨海部の埋め立て地に、映画『スワロウテイル』は、雑多で混沌としたアジア的な都市イメージを持ち込んでいる。「円都」的世界への想像力を枠づけた第三の九〇年代的文脈として、一九九七年七月に中国返還を迎えた香港という都市のプレゼンスを挙げることができるだろう。

香港返還は、青土社の「ユリイカ」一九九七年五月号（「香港映画」特集）や集英社の「すばる」一九九七年七月号（「香港」特集）といった雑誌が特集を組むなど、日本のメディアでも大きな注目を集めた出来事だった。九〇年代日本では、返還を前にした香港のプレゼンスの高まりによって、高層建築群の下に広がる露店街といった

混交的な都市イメージがかなりポピュラーなものになっていたように思われる。

そうした雑誌特集の一つである「SWITCH」(一九九七年九月号)は、返還当日の香港をカメラ片手に回る岩井俊二の姿をレポートしている。岩井は、自身が原案を書いた『ACRI』(監督:石井竜也、一九九六年)の小説版である『ウォーレスの人魚』執筆のための取材を兼ねて返還当日の香港にいたようだ。香港での岩井の姿を追うその記事には、次のような一節がある。

街の中で彼は、喧噪に自身を投影させ『スワロウテイル』の円都の移民たちの、日本人が欠落していった生存の本能のようなものを嗅ぎとっていく。癒されるために彼はここにいると思った。路地の子供達、買い物後帰宅を急ぐ若い女、露天商の親父、その時彼が記録したはかない断面や匂いや空気や感触を、岩井が紡ぎだしたいくつかの映像の住人達に重ねたいと思った。(31)

このように『スワロウテイル』の「円都」は、香港という都市とそこに生きる人々の姿に、容易に重ね合わせることができる。実際、映画に登場する「阿片街」という魔窟は、その名からしてアヘン戦争(一八四二年)を契機に清国から大英帝国へ割譲された香港を喚起させるし、また移民都市という性格も香港の特徴と重なり合うものといえる。

香港の特殊性は、元をたどればほとんどの人がここ以外の土地から流れてきた移民だったという点に尽きる。この場所は永遠ではない。土地も国家も信用に値しない。だからここでできるだけ多くのものを早く手に入れ、さっさと逃げていく。その切迫感が香港の混沌を生み、未曾有の活力を生み出し、土地に必要以上の執着を持たないフットワークの軽い香港人気質を形成した。(32)

香港という都市に向けられたこの評言は、「円都」（とそこに集う移民たちの気質）の設定にきわめて近い。さらに挙げれば、『スワロウテイル』で都市に暗躍するギャングは香港映画の伝統的モチーフ（「黒社会」）だし、九〇年代香港映画を代表する監督として脚光を浴びていたウォン・カーウァイ（王家衛）の映像世界との共通性も、たびたび指摘されるところだ[33]。

九〇年代の香港は、中国返還までの期限付きの時間のなかで緊張感をはらみながら、国民国家体制の外部にあるからこそ謳歌できる自由と活気を象徴する都市として存在していた。それは日曜日だけ公園に集まる東京のイラン系移民たちが生み出した空間とどこかで通じ合う。混沌と退廃をはらみながらも活気に満ちたこのような都市のイメージが、更地のまま放置された湾岸埋め立て地に充塡されるとき、ありうるかもしれない東京の未来としての「円都」が、像を結ぶ。つまり、相互に無関係ながらも九〇年代日本で可視的なものになっていた事象が、映画的想像力を媒介に結び付けられ「円都」という未来都市の像を可能にし、それが一定の同時代的リアリティを持つものとして観客に受容されたと考えられる。それは、もはや華やかな夢を見ることができないことを知ってしまった九〇年代という時代が、それでもなお夢想しえた、そう悪くはない未来の形象（希望）だった、と言えるかもしれない。さらに「円都」をめぐる想像力の地平を構成していたいくつかの要素を並べてみるとき、九〇年代には束の間ではあれ、民族的同一性・空間的同一性・国家的同一性を内部から侵食する〈外部〉への通路が、比較的見えやすい形で存在していたことに思い至るのである。

おわりに

映画『スワロウテイル』の「円都」を構成する移民・埋め立て地・アジア的都市という三要素に即して、九〇年代に固有のものだった三つの事象を呼び出してきた。このような作業をおこなったのは、私たちが九〇年代に何を失ったのか、何を破産させ、どんな可能性を手放してきたのかということの一端を、映画テクストが生産された当時に存在していたパースペクティブを再構成することで記述したかったがためである。

「一〇年後、私たちがこの映画を見直してみたとき、そこに描かれていた風景は……」[34]。これは何度か引用してきた映画パンフレットの解説文の結びである。私たちはすでに、この九〇年代半ばに発せられた問いかけに答えることができる。しかし、いま『スワロウテイル』のなかの「風景」を見直してみると、むしろそのような未来への想像力を羽ばたかせる余地が東京という都市にあったこと自体に、新鮮さを覚えるのではないだろうか。いま『スワロウテイル』を見ることとは、実現されなかった東京の未来像を見ることにほかならない。言い換えれば、それほどまでに「円都」が想像された当時のリアリティと現在の東京のリアリティとのあいだには、隔たりが生じている。そもそも円の弱体化によって、一攫千金の夢を抱いて日本にやってくる移民という設定が現実性を失い、中国からの観光客たちがむしろこの国に貴重な外貨を落とす存在になっている。ほんの十五年前の映画と、私たちはもはや決定的に隔てられてしまっていて、あの頃の夢を容易に共有することができない。

八〇年代バブルと、ウォーターフロント開発の夢。「円都」は、バブル崩壊で頓挫したその夢の跡地に補塡された、九〇年代東京の近未来像であり、いわば夢の跡地で夢見られた近未来都市なのだ。この映画の、「むかしむかし……」という語りの形式（過去を振り返る形式で語られる近未来）は、いったんついえた未来計画のうえに、もう一度別の夢を描こうとするときの、一種の屈折が呼び込んだものだといえる。終わりの見えない不況のなかで、財政危機に瀕した政府や自治体は、もはや二十世紀的な都市計画や都市の未来像を語ることができない。『スワロウテイル』は、決して輝かしいものではないが、それでもなお生きる夢や希望を託せる揺籃としての都市とそこで生きる人々の像を提示しようとしていた。確かにこの映画は、人種や都市の表象として危ういし、未来を語る想像力としても現実的基盤を失い、失効しているのだけれど、少なくとも九〇年代前半に存在した国境の内外から現れる異質なものに対する寛容さを伝えている。そのような構えくらいは、これから先も取っておいていいはずである。

注

（1）渡邉大輔は、いわゆる〈セカイ系想像力〉の映画的現れとして『世界の中心で、愛をさけぶ』（二〇〇四年）などの行定勲作品を挙げ、それを準備したものとして、いずれも篠田昇がカメラマンを務めた、相米慎二―岩井俊二という一九八〇年代と九〇年代を代表する監督を接続する。「蓮見が鮮烈な緑が眩しい田んぼの真ん中でCDウォークマンを手に、リリィのアルバムに一人で一心に聴き入る姿は、あたかもはるか彼方にいる恋人のミカコと携帯電話で懸命につながろうとする『ほしのこえ』（二〇〇二年）のノボルそのものだ。そもそも、本作の冒頭のシークエンスを始め、全編を通じて物語の舞台となる北関東の地方都市（ロケ地は栃木県足利市と群馬県太田市）の田園風景からして、（略）決定的にセカイ系作品のイメージをなぞっている」（渡邉大輔「セカイへの信頼を取り戻すこと――ゼロ年代映画史試論」、限界小説研究会編『社会は存在しない――セカイ系文化論』所収、南雲堂、二〇〇九年、三七六ページ）。セカイ系作品に特徴的なロケーションである北海道や北関東の何もない空間は、『スワロウテイル』の埋め立て地の風景と通じ合う。セカイ系作品の風景は、九〇年代に東京湾岸から失われていく広大で平坦な何もない空間に代わるものとして登場すると思われる。

（2）『スワロウテイル』はその話題性に反して、映画評論家筋にはあまり評価されなかった作品である。「長尺のビデオクリップの連鎖を観ているように錯覚する」（江藤努／中村勝則編『映画イヤーブック1997』社会思想社、一九九七年、三三三ページ）、「多民族化していく東京を主題に、登場人物たちのほとんどが中国語を語るという発想で話題を呼んだ。だがそれはどこまでも表層の意匠にすぎず、山本政志や瀬々敬久のフィルムのように日本という観念そのものが審問に晒される機会は、巧妙に回避されている」（四方田犬彦『日本映画史一〇〇年』〔集英社新書〕、集英社、二〇〇〇年、二二九ページ）。

（3）久保真由美「記者会見より――監督岩井俊二『スワロウテイル』を語る」「キネマ旬報」一九九六年十月上旬号、キネマ旬報社、四四ページ

（4）中村三春「岩井俊二『スワロウテイル』の都」、学燈社編「国文学 解釈と教材の研究」一九九七年三月号、学燈社、二〇ページ。また、金原由佳は、金への執着を捨てられない移民第一世代（フェイホンら）と、円都で生まれ育った

世代（「アゲハ」や〝サードカルチャーキッズ〟を新世代の旗印に据えようと意気込む日本語しかしゃべることができない白人青年ら）の対比を軸に、『スワロウテイル』の小説版と映画版との力点の違い、あるいは『リリイ・シュシュのすべて』へと接続される要素を整理している（「亀裂、そして転生」、宮台真司編『岩井俊二』〔キネ旬ムック、「フィルムメーカーズ」17、期待の映像作家シリーズ〕所収、キネマ旬報社、二〇〇一年）。

（5）野崎歓は「この群衆劇はあくまで〈個〉のばらばらな共存を描き出すことに終始していて、個々の人物の絆が、連帯が結ばれていく過程を感動的に描くといったドラマツルギーは排されている（略）それを如実に示すのは、ヒロイン・グリコと中国マフィアの首領リョウ・リャンキとの関係である。グリコが冒頭に語る、生き別れになった兄は、実はイェン・タウンを牛耳るマフィアの親玉に収まっていたのだった。しかし少女アゲハを介して二人の間に通路が開けそうに思えるものの、兄弟の再会は遂に実現しない。通常のドラマであればもっと情緒的に盛り上がるシーンとなりそうなところだが、そのシーンを岩井俊二は撮ろうとはしない」と述べている（「はなればなれに――ナルシスの変貌」「季刊プリンツ21」一九九七年春号、プリンツ21、二七ページ）。

（6）前掲「記者会見より」四四ページ

（7）「岩井俊二インタヴュー」、映画パンフレット『スワロウテイル』

（8）こうした無邪気なまなざしは問題含みだろうが、ここでは立ち入らない。例えば『スワロウテイル』に描かれたアジア的都市については、日本の日常生活の場とは異質なノスタルジーの対象であり、現実的に存在する搾取構造に無頓着だという批判がある（松田有紀子「日本映画における「アジア的都市」の表象――『スワロウテイル』・『イノセンス』から」、立命館大学国際言語文化研究所編「立命館言語文化研究」第二十一巻第三号、立命館大学国際言語文化研究所、二〇一〇年）。

（9）前掲「記者会見より」四四ページ

（10）樋口尚文「Swallowtail Butterfly Revieus ①」、前掲「キネマ旬報」一九九六年十月上旬号、四八―四九ページ

（11）佐藤忠男「Swallowtail Butterfly Revieus ②」、同誌五〇ページ

（12）マーク・シェリング「Swallowtail Butterfly Revieus ④」、同誌五二ページ

（13）前掲「はなればなれに」二七ページ

(14) 映画パンフレットに収められた「アナザー・サイド・オブ・イェンタウンガイド」には「円都」に関するさまざまな設定が書き込まれている。
(15) 前掲「岩井俊二インタヴュー」
(16) 前掲「アナザー・サイド・オブ・イェンタウンガイド」
(17) 同誌
(18) 「プロデューサー河井真也インタビュー」、前掲「キネマ旬報」一九九六年十月上旬号、四五―四六ページ
(19) 若林幹夫『未来都市は今――〈都市〉という実験』(廣済堂ライブラリー)、廣済堂出版、二〇〇三年
(20) 町村敬志「グローバル化と都市――なぜイラン人は「たまり場」を作ったのか」、奥田道大編『都市』(「講座社会学」4)所収、東京大学出版会、一九九九年、一七二ページ
(21) 同論文二〇一ページ
(22) 五十嵐泰正「グローバル化とパブリック・スペース――上野公園の九〇年代」、岩崎稔/上野千鶴子/北田暁大/小森陽一/成田龍一編著『戦後日本スタディーズ③――「八〇・九〇」年代』所収、紀伊國屋書店、二〇〇八年、一八九―二〇六ページ
(23) 前掲「グローバル化と都市」一七九―一八一ページ
(24) 前掲「プロデューサー河井真也インタビュー」
(25) 臨海副都心開発については、町村敬志『「世界都市」東京の構造転換――都市リストラクチュアリングの社会学』(「社会学シリーズ」)、東京大学出版会、一九九四年)、平本一雄『臨海副都心物語――「お台場」をめぐる政治経済力学』(「中公新書」)、中央公論新社、二〇〇〇年)を参照。
(26) 若林幹夫「余白化する都市空間――お台場、あるいは「力なさ」の勝利」、吉見俊哉/若林幹夫編著『東京スタディーズ』所収、紀伊國屋書店、二〇〇五年、一三ページ
(27) 前掲『臨海副都心物語』九ページ
(28) 日野啓三『夢の島』(講談社文芸文庫)、講談社、一九八八年、三五ページ
(29) 菅野昭正「都市の書かせる物語――日野啓三「夢の島」をめぐって」「群像」一九八七年四月号、講談社、二一〇

ページ

（30）「INTERVIEW亀山千広」『踊る大捜査線 THE MOVIE2 レインボーブリッジを封鎖せよ！ オフィシャルサイトブック完全版』宝島社、二〇〇三年、四〇ページ

（31）新井敏記「MOVING OUT岩井俊二」「SWITCH」Vol15.No8、スイッチ・パブリッシング、一九九七年、三三ページ

（32）星野博美『転がる香港に苔は生えない』（文春文庫）、文藝春秋、二〇〇六年、六一八ページ

（33）例えば前掲「季刊プリンツ21」では、『天使の涙』（監督：ウォン・カーウァイ、一九九五年）などからの抜粋スチールを見開き二ページにわたって掲載し、次のようなコメントを付している。「岩井監督の『スワロウテイル』と彼が撮影した作品の雰囲気が似ているともいわれるが、どちらも〝手持ちカメラ〟で撮られ、中国圏の都市をモデルにしているのだから当然？ でもともにアジアの映像界をリードする二人の監督のセンスの共通性はどういうことだろう。これが同時代性というもの？」（六一ページ）。また「アジアの匂い」というテーマで、カーウァイ映画の撮影を手がけるクリストファー・ドイルが岩井作品について語る記事も掲載されている。『ウォン・カーウァイ「王家衛」』（「キネ旬ムック、「フィルムメーカーズ」14、期待の映像作家シリーズ」）、キネマ旬報社、二〇〇一年）では、岩井映画の撮影を手がける篠田昇がインタビューを受けている。ウォン・カーウァイが『恋する惑星』（一九九四年）や『天使の涙』（一九九五年）でスタイリッシュに再構成して見みた香港は、確かに岩井作品と通じ合うものを持っていたように思われる。

（34）映画パンフレット『スワロウテイル』

第3章　侵食する怪物

——サイコ・ホラー的想像力と『CURE［キュア］』

加藤 宏

はじめに

一九九〇年代、サイコ・ホラー、サイコ・スリラー、サイコ・ミステリー、サイコ・サスペンスと呼ばれるテクスト群（以下、サイコ・ホラーに統一）がハリウッド映画を中心とした映像メディアに多数登場し、さまざまな表現ジャンルや表現の「場」を巻き込みながら生産・消費されていった。

サイコ・ホラーは、「心の闇」を抱えた「異常者」「サイコパス」「シリアルキラー」と呼ばれる者たちが引き起こす猟奇的な犯罪や連続殺人を描いている。一九六〇年のアルフレッド・ヒッチコック監督による『サイコ』などがそのさきがけだが、サイコ・ホラーの形式が流行するのは九〇年代であり、七〇年代や八〇年代に主流だったモダン・ホラーやスプラッター・ホラーとは違った恐怖や怪物の表象が登場することになる。

例えば、スティーブン・キング原作の映画『ミザリー』（監督：ロブ・ライナー、公開：一九九〇年、小説：一九八七年）は、ストーカーの恐怖を主題としている。トマス・ハリスの小説を映画化した『羊たちの沈黙』（監督：ジョナサン・デミ、公開：一九九一年、小説：一九八八年）は、ＦＢＩの女性訓練生クラリスが、「人喰いハンニバル」と呼ばれる連続猟奇殺人犯ハンニバル・レクター博士の協力のもと、プロファイリングをしながら連続殺人犯を捕まえる物語である。

こうした表象はエンターテインメント映画にとどまることなく、テレビドラマやコミック、小説、テレビゲームといったさまざまな物語メディアの世界で、主題や背景として広く利用されることになる。

ここでは、九〇年代のサイコ・ホラー的な想像力について考えるために、さまざまな作品群のなかから特に映画『CURE［キュア］』（監督・脚本：黒沢清、公開：一九九七年）を取り上げたい。同作は、サイコ・ホラー的想像力の可能性のある部分を限界まで示した作品だと考えられるからだ。

物語が現実の「危機」に呼応したシミュレーション空間だとするならば、サイコ・ホラーや『CURE』の想像力は現実とどのような関係を結ぶのだろうか。(1) 映画史や映画の「場」での相互作用に限定することなく、サイコ・ホラー的物語と一九九〇年代のつながりについて探っていこう。

1　サイコ・ホラーの二つの側面——専門知による秩序回復と怪物の侵食

表1に示したような九〇年代を代表するサイコ・ホラーの多くは「秩序ある始まり↓恐怖↓怪物による無秩序↓秩序へ」というホラー物語の範型構造を持ちながらも、超自然的モンスターは登場せず、人間の「心の闇」がもたらす恐怖をホラーのジャンルに導入した。

サイコ・ホラーに登場する怪物は、日常生活のなかで異常な暴力をふるう人間として描かれる。したがって、怪物は犯罪者なので多くの場合、警察が捕獲する役目を負う。しかし、怪物たちの動機や欲望は、常人には解釈不能であり、それが登場人物（あるいは観客）に心の不安をもたらし、捜査を難航させることになる。だからこそ、怪物を追いつめ、日常の秩序を回復させるためには、心理学や精神医学といった専門的な知やそれを基礎にしたプロファイリングという犯罪捜査方法が用いられることになる。[2]

九〇年代に登場した作品は、こうした犯罪者の「心の闇」を探る犯罪捜査形式を持つものが多い点に特徴がある。

『羊たちの沈黙』

ここで、映画『羊たちの沈黙』を取り上げてみよう。一九九一年公開のこの作品は、ジョディ・フォスターとアンソニー・ホプキンス主演でアカデミー賞を総なめにした最も成功したサイコ・ホラー映画だ。

あらすじは次のようである。若い女性の皮膚を剝いで死体を川に流すという残忍な連続猟奇殺人「バッファロー・ビル事件」に行き詰まったＦＢＩの行動科学課は、女性訓練生のクラリスを、天才的な精神科医だが患者を殺害して食べたために精神病院に収監中のレクター博士のもとに派遣する。バッファロー・ビルの「心」を彼に解明させるためだった。クラリスから依頼されたレクターは、数度にわたる面談で、アドバイスの引き換えとしてクラリスに子供時代の「最悪の思い出」を語らせようとする。彼女は自らの二つのトラウマ（警官だった父が銀行強盗に殺されたことと、預けられた牧場で殺されることになる羊たちを助けられなかったときに聞いた悲鳴が耳について離れないこと）を告白する。その引き換えにレクターは、バッファロー・ビルは女性の皮で美しい蝶に変身しようとしているというヒントを示し、次の犠牲者であるキャサリンを救えたら羊たちは鳴きやむかと問いかける。やがて、レクターは捜査の混乱に乗じて逃走する。一方、クラリスはビルとの対決で生き残り、キャサリンを助けて正捜査官になる。クラリスはトラウマから救済されるだろうこと、レクターは復讐を始めることが予告され、物語は終わる。

『羊たちの沈黙』は先に見たサイコ・ホラーの特徴をすべて兼ね備えている。バッファロー・ビルは被害者の皮を剝いで女性の表面を手に入れようとするサイコパスである。ここで彼を追いつめるのは心理学や精神医学といった専門知の応用であり、それらは一見わけがわからない犯罪の核心にある「心の闇」に秩序を与えるものとし

表1　1990年代以降に登場した代表的サイコ・ホラー作品

1990年	『ミザリー』監督：ロブ・ライナー（小説：スティーブン・キング、1987年） 『エクソシスト3』監督：ウィリアム・ピーター・ブラッティ 『ツイン・ピークス』アメリカABCテレビドラマ（1990―91年放送）、日本WOWOW（1991年放送）監督・制作・指揮：デヴィッド・リンチ
1991年	『羊たちの沈黙』監督：ジョナサン・デミ（小説：トマス・ハリス、1988年）
1992年	『氷の微笑』監督：ポール・バーホーベン 『ありふれた事件』監督：レミー・ベルボー／ブノワ・ポールブールド／アンドレ・ボンゼル 『FBI心理分析官――異常殺人者たちの素顔に迫る衝撃の手記』（翻訳：1994年）ノンフィクション作品、レスラー&シャットマン著
1995年	『セブン』監督：デヴィッド・フィンチャー 『コピーキャット』監督：ジョン・アミエル
1997年	『CURE』監督：黒沢清 『黒い家』貴志祐介小説作品、1999年映画化、監督：森田芳光、2007年韓国版映画化、監督：シン・テラ 『オーディション』村上龍小説作品、1999年映画化、監督：三池崇史 『多重人格探偵サイコ』コミック、大塚英志原作／田島昭宇作画作品（1997年―）
1999年	『ケイゾク』TBSテレビドラマ、2000年映画化、監督：堤幸彦 『ボーン・コレクター』監督：フィリップ・ノイス（小説：ジェフリー・ティーヴァー、1998年）
2001年	『マルホランド・ドライブ』監督：デヴィッド・リンチ
2004年	『ソウ』監督：ジェームズ・ワン
2005年	『クリミナル・マインド　FBI行動分析課』アメリカCBSテレビドラマシリーズ（2005年―放送）、2012年シーズン7放送、日本WOWOW（2007年―放送）、12年シーズン6放送

て絶大な力を持つ。ただし、それを真に使えるのは、ＦＢＩ行動科学課ではなく、レクターという「心」の専門家にして人を食うことになんら躊躇しない怪物という二面性を持った邪悪な人物なのである。行動科学課はレクターの頭脳に頼らざるをえない。レクターは犯罪者を解明するプロファイラーとしても、クラリスのトラウマを

救済するカウンセラーとしても、また逃走の際の残忍な狡智さから見ても、この物語世界では全能者として君臨している。精神科医の斎藤環はクラリスとレクターの面談時のカウンセリング関係の描写が「毅然としつつ弱さを抱えたヒロインに対する感情移入を容易にするとともに、実質的なクラリスの治療者であるレクター博士の、ほとんど全能とも言うべき怪物ぶりを際立たせる」[3]効果を持つと述べている。『羊たちの沈黙』では、心理学や精神医学といった専門知による異常犯罪の解明とトラウマの克服というテーマとともに、新しいタイプの全能の怪物の物語が描かれていたと言っていいだろう。

　ここで、サイコ・ホラーに見られるこうした心理学的な専門知によって物語に意味を与える想像力やリアリティの感覚は、どこから来たのかを考えてみよう。

「引きこもり／心理主義」的想像力

　斎藤環は『心理学化する社会——癒したいのは「トラウマ」か「脳」か』で、トラウマを主題にした物語はハリウッドでは、『ランボー』（監督：テッド・コッチェフ、公開：一九八二年）をはじめとする「ベトナム戦争もの」から始まり、サイコ・ホラーが隆盛する九〇年代にピークを迎えたと論じている。[4]こうしたフィクションでのトラウマ表象の利用は、「社会の心理学化」（樫村愛子）、すなわち文化のなかで心理療法的言説の使用の比重が高まる傾向の一つとして位置づけられるとしている。近代社会で「担保されていたさまざまな自明性が失われた結果、人々は本質的に不安定な状況を生きるほか」ないことから、自己の根拠を探し求めるツールとして「心理学」を求めたことがこの背景にあったとしている。[5]そして現在の苦しみ（生きづらさ）を「トラウ

図1　『羊たちの沈黙』DVDジャケット

マ」という過去の傷と結び付けて克服しようとする解釈スタイルが「心理学化する社会」の主流になっていったというのが斎藤の主張である。

この斎藤の議論を、日本の文化表象の領域に適用したのが宇野常寛である。宇野は『ゼロ年代の想像力』で、九〇年代日本の物語の作り手たちを包み込んでいたリアリティ感覚を「引きこもり／心理主義」型の想像力と名づけている。時代と表象の関係を宇野は次のように認識している。

九〇年代に入ると「景気の後退」と「冷戦の終結」といった大きな構造転換に直面することで、八〇年代に比べて物語を語ることは困難になっていった。「真正な価値」も「生きる意味」もすでに消えたが、経済の構造的機能不全は、「消費社会の海を楽しく泳ぎまわっていればいい」といった「楽観的なポストモダン観」に基づく「多文化主義」や記号との戯れを徹底的に崩壊させた。また冷戦構造の終結は、マルクス主義に象徴される近代的な「大きな物語」の凋落を相対化しながら語るという物語を消滅させた。こうして人々は孤独と疎外の傾向を強め、自らの位置を見失い、薄っぺらでフラットな日常をどう生き延びるかだけが問題となっていく。物語の担い手もまた、そうした「物語の廃墟」としての「平坦な戦場」（岡崎京子）に置き去りにされ、自らの位置を見失うことになったと宇野は指摘する。(6)

宇野に付け加えるならば、経済的な構造転換は「家族」「企業」「地域コミュニティー」「階級」の自明性を流動化させていくため、そうした中間集団に準拠した「家族の物語」「会社の物語」「郊外の物語」もまた安定したものではなくなるだろう。九〇年代はこうして、物語の生産の困難な時代を迎えるのだ。

では、九〇年代はどのような物語を供給したのだろうか。まず、「平坦な戦場」に、自己にとって理解しがたいものである「外部性」を召還しながら物語るという傾向が生まれ、自己と「外部」との関係を考えるような物語、「外部」から自己を発見していくような物語が多数生産されていった。ここでの「外部性」とは「死」や「性愛」「向精神薬」「トラウマ」などであり、こうした作品例として、宇野は岡崎京子や野島伸司、吉本ばなな、桜井亜美、村上龍、東野圭吾、天童荒太、アメリカン・サイコサスペンスに影響を受けたミステリー、『新世紀エヴァンゲリオン』（監督：庵野秀明）や「セカイ系」と呼ばれるアニメ、椎名林檎や浜崎あゆみといった歌姫などを挙げている。

特に、九〇年代後半に入ると物語は、「登場人物の精神的外傷を根拠にした実存の承認をめぐる物語」へと向かう傾向を強める。これを「引きこもり／心理主義」的想像力だと宇野はまとめている。[7] こうした物語は、単に心理学を使ってトラウマを持つ自己を癒し、社会的な自己実現を果たすというよりも、トラウマを持つ自己を発見して、それを限られた小さな関係のなかで承認してもらうことで癒されていくという点に特徴がある。見通しが悪く、位置が定まらない世界での自己の生きづらさを、「トラウマ的記憶」に基づいて捉え返し、それを理解してくれる人とだけ共有していきたいという欲望が、このことの基底にはあるようだ。構造転換する日常のなかでの自己物語の回復の一様式としてこれらは登場している。

サイコ・ホラーに戻ろう。サイコ・ホラーは、宇野や斎藤が指摘する「心理学化」や「引きこもり／心理主義」といった想像力の枠組みに収まるものなのだろうか。

すでに見たように、『羊たちの沈黙』には心理学的な専門知が利用されている。クラリスのトラウマが、レクターによるカウンセリング（のようなもの）によって二人に共有され、癒されていくという展開は確かにあった。ただし、レクターの導きによってバッファロー・ビルを倒し、結果としてＦＢＩの正捜査官という社会的アイデンティティを獲得するので、必ずしも「引きこもり／心理主義」とは完全に一致しない。またプロファイリングという行為は、「心の闇」を抱えて誰にも理解されなかった異常者がプロファイラーによって理解され、自己物語に秩序を与えられるプロセスとも解釈できる。こうしたことから、少なくとも『羊たちの沈黙』は「引きこもり／心理主義」的な物語のバリエーションであり、宇野が把握した九〇年代的な想像力の範疇にあると言っていいかもしれない。

怪物・暴力性・悪の侵食と破壊される世界

しかし、『羊たちの沈黙』では、そうした自己の回復の物語には収まらない形象も物語に侵入しているように思える。それはレクターの存在だ。レクターはすでに述べたように、「心」の専門家にして人肉を食う怪物という二面性を持った新しいタイプの全能者である。レクターは秩序の回復物語を推進する役割を持つと同時に日常世界や社会的アイデンティティを揺るがすような過剰な形象として描かれる。人々に危機をもたらすのは、バッファロー・ビルではなく、レクターである。

人を言葉で操ると同時に、唐突に人にかみつく暴力性を持っている。奇妙な拘束マスクをつけられて登場し、食い殺した警察官をYの字にはりつけにして逃走を図るといった過剰な振る舞いを見せる。クラリスが前日に傷を負ったことを言い当てるが、異常な嗅覚の鋭さゆえに気づいたのかよくわからない。レクターは知的な犯罪者であると同時に、どこか人を超えた存在（神か、悪魔か）であるかのように映画のアンソニー・ホプキンスは演じている。こうした意味の過剰さは、劇中の人々に驚きと恐怖をもたらし、観客も怪物レクターの形象におびえ、魅せられ、とりこになる。『羊たちの沈黙』を見る者は、そうしたレベルで怪物を楽しみ、ときに怪物に身体（心）を侵食される。この過剰な怪物は、他人を侵食し、その人を変身させるという物語を生み出す。

『羊たちの沈黙』や他のサイコ・ホラーの多くに強い影響を与え、またベストセラーにもなったノンフィクション『FBI心理分析官』で、元FBIのロバート・K・ケスラーは、「怪物と闘う者は、その過程で自分自身も怪物になることがないよう、気をつけねばならない。深淵をのぞきこむとき、その深淵もこちらをみつめているのだ」[8]というニーチェの言葉を扉に掲げている。

異常犯罪者の過剰さに捜査官が侵食されるという展開は、サイコ・ホラーでたびたび描かれている。例えば『セブン』や『クリミナル・マインド　FBI行動分析課』、これから取り上げる『CURE』などにも見られる。その多くは（捜査官が悪となり殺人を犯すという）悲劇的物語として展開する。こうした悪の侵食による変身の物語もまたサイコ・ホラーの特質の一つである。

また、怪物的で暴力的存在が日常世界に唐突に現れ、君臨し、人々に邪悪な影響を与え、日常世界を「破綻」させていくとき、単に自己と怪物の関係だけでなく、それらを包む世界と怪物との関係を問い直す視点が浮上してくる。このようにしてサイコ・ホラーもまた、構造転換する社会の根底で何が問われているのかを示す寓意として読むことができるだろう。

一九九七年に公開された映画『ＣＵＲＥ』は、破綻しつつある日常世界に悪の怪物が侵食することによって起きる変身の物語であり、怪物によって世界の破綻がさらに加速し、自己回復の物語をあざ笑うかのように展開していく。つまり、サイコ・ホラーのジャンルを踏襲しながらもそれを過剰に推し進め、宇野が論じた九〇年代的な「引きこもり／心理主義」的想像力を大きくはみだす作品になっているのだ。『羊たちの沈黙』に影響を受けながらも、これを反転させていくような物語とも言えるだろう。

物語の展開と映像表現を分析しながら、『ＣＵＲＥ』が描く怪物と世界との関係を考えてみよう。

2 『CURE』

『ＣＵＲＥ』の物語はそれほど難解ではない。事件を捜査する刑事と精神障害を持つその妻との日常が唐突に挿入されるため、物語の進行が乱されることがあるが、前半はサイコ・ホラーのパターンを踏襲しているため、このジャンルに属した映画として理解することができる。しかし、後半になると、幻想なのか現実なのかわからないシーンが多くなり、またジャンルの法則から逸脱していく。

物語が現実の危機に呼応したシミュレーション的想像力の所産であるとすれば、現実をどのように変換して表現しているのかを確認しなければならない。物語はどのような舞台や装置のもとどのように始まり、どのようなパターンで展開し終結を迎えるのか、またその際、どのようにしてジャンル的な展開から逸脱していくのかを見る必要があるだろう。さらに映像の特質と効果についても物語と関連させて理解する必要がある。

登場人物、物語の設定、物語の展開をまず把握しておこう。

登場人物：（キャスト）

高部賢一（警視庁所属の刑事、三十九歳）：役所広司、間宮邦彦（記憶障害の青年）：萩原聖人、佐久間真（大学の精神科医、三十九歳、高部の友人）：うじきつよし、高部文江（高部の妻、三十二歳、精神のバランスを崩している）：中川安奈、宮島明子（江東区の内科医、三十歳）：洞口依子、花岡徹（千葉の小学校教員、二十五歳）：戸田昌宏、花岡とも子（花岡の妻、二十三歳）：春木みさよ、大井田巡査（江東区の巡査）：でんでん、桑野一郎（会社員、四十五歳）：螢雪次朗、安川（所轄の刑事）：大鷹明良、藤原本部長（高部の上司）：大杉漣、精神科医（高部の妻の担当医）：河東燈士

物語の設定

物語の舞台は東京近郊である（千葉の白里海岸や江東区塩見町、川崎、芝浦といった実際の名前が出てくる）。華やかな都市部とも濃密な地域コミュニティとも違う、あまり特徴がないありふれた場所に設定されている。廃墟のような場所も登場する。ホテルや郊外の一戸建て、埋め立て地の派出所、公園のトイレといった場所で、連続して猟奇殺人が発生する。被害者は殺害されたあとに、首から胸にかけて左右の頸動脈がX字型に切り裂かれていた。加害者はすぐに捕まるが、なぜ死体を切り裂いたのか覚えていない。警察は個々の事件の間に関連性を見つけられない。担当刑事の高部は、犯罪心理学を専門とする精神科医、佐久間の協力のもと事件を追うが、捜査の行き詰まりと精神を病む妻との生活の間で疲れている。高部が生活するマンションで妻は頻繁に洗濯機を空のまま動かしていて、高部の家庭生活は文字どおり「空転」している。いっこうによくならない妻に、高部は徐々に

疲れをつのらせる。この高部の疲労感が物語全体を覆っている。

物語の展開

ここでは物語の展開を①オープニング、②事件の発生と「捜査する者」と「追われる者」の登場、③殺人の連鎖、④間宮の捕獲、⑤間宮に侵食される高部、⑥継承、⑦エンディングの七つに分け、詳しく見ることにしよう。それぞれに映像、音響、演出の特徴も書き添えておく。また、物語を把握するうえで重要な資料として小説版『ＣＵＲＥ』も参照する。[9]

①オープニング

殺風景な広い応接室のような空間で、女が童話『青髭』を朗読しているシーンから始まる。白衣を着ている医者との会話でカウンセリングであることがわかる。軽快なピアノの音が流れる。カルテには高部文江と書いてある。

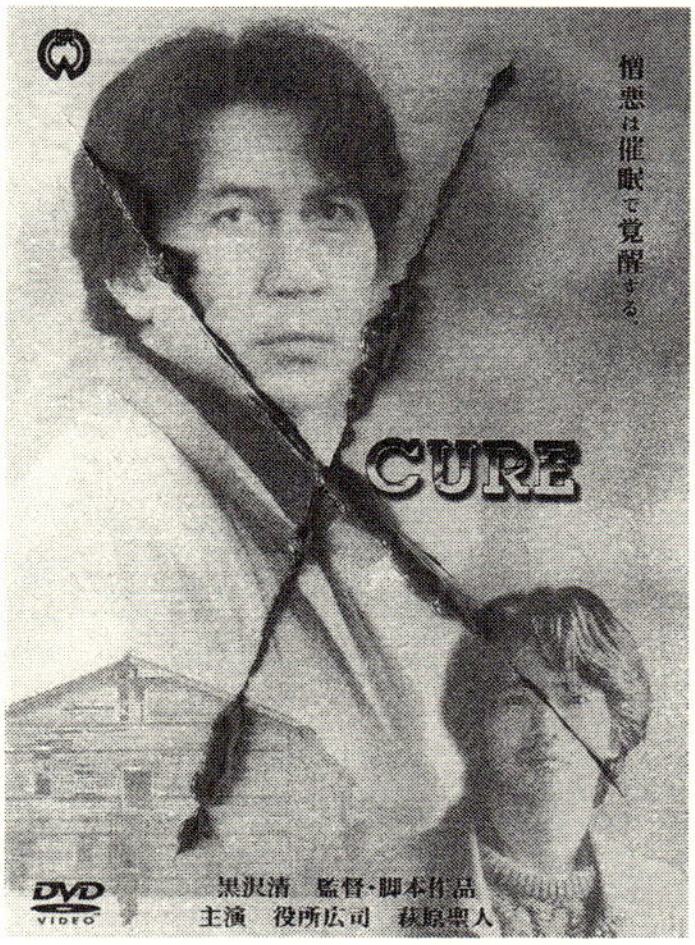

図2　『CURE』DVDジャケット

②事件の発生と「捜査する者」と「追われる者」の登場

オープニングから続くピアノが流れるなか、ホテルでの殺人の場面に移行する。男がホテルの部屋でパイプを使って女を殴る。淡々とした撲殺の映像は、悲鳴もなくロングショットのまま映される。警察車両に高部の顔が映されＣＵＲＥのクレジットが入る。事件が発生し、担当刑事が登場する。被害者は売春婦で、裸の首から胸にかけて左右の頸動脈がＸ字型に切り裂かれている。犯人の男（桑野）は部屋に服と免許証を残し、ホテルの水道パイプの扉のなかに隠れていたことから、すぐに捕まる。

高部の友人で精神科医の佐久間は、桑野は正常だと話す。酷似した事件が二カ月で三件起こっていた。いずれの犯人も殺意は認めるが、なぜ犯行に及んだか記憶していない。手口を公表していないのになぜ同じ犯行が起こるのかわからないと二人は途方に暮れる。

やがて、殺人犯を操る真犯人の存在が見え隠れし始める。千葉の白里海岸に薄汚いベージュのコートを着た男が現れ、天空を見上げている。コートの男がスケッチをしている男に近づく。不気味な風や波の音のなか、コートの男は「ここどこだろう?」と何度も尋ねる。「俺だれだろう?」「助けてよ」。コートの男は記憶がないらしい。スケッチをしていた男は自宅に男を連れていく。コートに間宮と書いてあることを指摘し「なにか思い出せませんか?」と尋ねると、間宮は「あんたから先に話して」と問い返す。「僕は小学校の教師、家族は妻が一人です」と教師は答える。間宮は部屋を暗くして「俺あんたの話が聞きたい」「思い出すのはあんただ」と語り、ライターの火をつける。「奥さんの話もっと聞かせて」と語りかけると、教師はボーっとした顔になる。

続いて高部の家庭生活が描かれる。クリーニング店では先に待っていた男が「どいつもこいつも……」とつぶやいている。服を引き取り、高部が家に帰ってくると、洗濯機が空のまま回っている。がらんとした食卓。「私やるわ、今日調子がいいから」と言いながら晩酌をする文江。事件が終わったら旅行をしようと優しい顔で高部は約束をする。シーンの最後に再び洗濯機が空転する不気味な音が挟まる。

③殺人の連鎖

第四の殺人が起こる。小学校の教師、花岡が、郊外の一戸建ての二階の窓を破って飛び下りる。妻をX字に切り裂いている。間宮はすでにいない。花岡は教師として評価も高く、夫婦は仲がいいので評判だった。前回同様、犯人は正常で動機は不明だった。高部は「犯人たちは同じトラウマを背負っていたのでは」と、佐久間に精神医学から得た仮説を話す。佐久間は「人の心に深入りするな」とアドバイスするが、高部は「犯罪を説明する言葉を探すのが俺の仕事だ」と言い、以前の現場に向かう。第一の現場では点滅する踏み切り信号、第二の現場ではビルの点滅するライト、第三の現場ではパイプから流れる水とチカチカと点滅する蛍光灯を見る。

高部の自宅での文江の様子が映し出される。ゴトンという洗濯機が終了する音。

続いて五番目の催眠暗示と殺人が起こる。江東区の廃屋に登っていた間宮に向かって大井田巡査が注意を呼びかけるが、間宮は飛び下りてしまう。大井田は間宮を交番に保護し、病院に連れていくと約束する。大井田のほかに若い巡査がいる。間宮の「ここって交番なの?」「あんた誰だ?」といった記憶が定まらない発言に若い巡査はびっくりし、大井田は困惑する。やがて間宮はたばこを求める。たばこを嫌った若い巡査がパトロールに行く。間宮は「眠い」と言いながら机にうつぶせになり、ライターに火をつけて「大井田さん、これ見てー」「あんたの話が聞きたい。聞かせてー」と話しかける。こうして大井田は催眠状態に入っていく。

翌日、間宮は病院のがらんとしたベッドにいる。一方、高部は佐久間に催眠暗示による殺人教唆の可能性を尋ねている。また、高部の妻は記憶障害であることが判明する。文江は『青髭』の本を覚えていない。

交番では第五の殺人がおこなわれようとしている。自転車で出かけようとする若い警官に対して、大井田はごくふつうの表情で後ろから突然発砲する。何事もなかったかのように後ろ手に組み、カッターを取りにいく。若い警官の頭から血が流れている。ロングショットのワンカットで撮影されている。

間宮は、病院のがらんとした診察室で内科の女医、宮島と対面していた。間宮は、相手の心を見ることができ、催眠を使って相手の内なる暴力性を増幅していたことがわかる。間宮は診察室の水道の水をゆっくり落とす。目を向ける宮島に「先生、俺の話聞いてくれる?　前はー、俺のなかにあったものがいま全部外にある。だから、先生のなかにあるものが俺には見えるんだよねー。そのかわり俺自身は空っぽになった」と語りかけ、水が入ったコップを落とす。唐突なコップの音、床に水がゆっくりと動いている。画面は動く水だけを映し出す。間宮は続ける。「今度は先生の話を聞かせてよ。女のくせに、どうして医者になったの?」「女のくせに、よくそう言われなかった?　そのときの気持ちを思い出して。女は男よりも下等な生き物だ。違う?　ほら思い出した。あんた大学の実習で死体解剖したよね。初めて見た死体、男だったろ。あんたはそれをメスで切り刻んだ。胸がスーとしただろう。思い出せー。あんたは本当は外科医になりたかった。違う。あんたがほんとに望んだのは男を切り刻むことだ」。こうして催眠暗示は完成する。病室の壁には黒いXの印がついている。

大井田の取り調べが始まる。「あいつが憎かったんですね」と淡々と語る大井田に、佐久間は光るものを見たか、犯行の前に誰かと会っていたかなどをペンライトの光を点滅させて尋ねる。大井田は手をX字に動かす反応をする。高部たちは催眠による連続殺人を確信する。

宮島による第六の殺人が起こる。公園の男子トイレで男の喉元をXに切り刻み、顔の皮を剝ごうとしている。

④間宮の捕獲

第六の殺人現場に向かう途中、江東区の塩見町病院に大井田が連れてきた不審な人物がいるという連絡が入る。その男は記憶障害らしい。病院内の倉庫で高部は遂に間宮を見つけ、重要参考人として連行する。花岡の家から間宮の指紋が出ていたが、間宮からは何も引き出せなかった。高部は相手の頭がまったく覗けないこと、繰り返される「あんたの話聞かせてよ」「あんた誰だ」の言葉にいらだちを募らせていく。

高部は自宅に戻ると洗濯機が空のまま回っていた。妻がいないことがわかり、必死な面持ちで探しにいく。妻は迷子になっていた。

間宮の背中にあった大きな円弧上のやけどの跡を手がかりに、捜査陣は、焼却炉のふたに触れたのではないかという推理を立て、住まいを発見する。間宮は川崎の廃品業者の敷地の建物の二階に住んでいた。一階ではペットのサルを飼っていた。部屋は薄暗い廃墟のようで精神医学の本が多数積まれていた。手書きの論文から間宮邦彦という名前や、三年前まで武蔵野医科大学の精神科の学生だったことが判明する。精神医学、心理学、特にメスマーという十八世紀の催眠法の開拓者を研究していたようだ。高部は部屋で手をXにクロスさせたサルのミイラのはりつけを発見する。

⑤間宮に侵食される高部

間宮の部屋からの帰り、高部は檻を見つめる自分、檻のサル、妻、サルのミイラの映像が頭に浮かび不安になる。自宅に戻ると、首をつっている妻の幻覚を見る。高部は間宮のことが気になって仕方がない。佐久間は高部から引き離すため、間宮を病院に隔離していた。

高部は、怒りとともに殺風景な薄暗い特別室に乗り込んで、間宮との対決に臨む。しかし二人のやりとりは徐々に間宮によるカウンセリングのように進む。まず高部は、間宮の身元をあばいて動揺を誘うが、間宮は「なにが？」と言うだけで動じない。むしろ間宮から唐突に放たれた「あんた、奥さんが死んでる姿想像したろ」という言葉に、逆に動揺してしまう。「おまえはもう逃げられない」と言う高部に、間宮は「逃げたいのはあんたのほうだ」「刑事のあんたと、夫のあんたと、どっちが本当のあんたなんだ？」「どっちも本当のあんたじゃないよな？　本当のあんたはどこにもいない」と問いつめる。間宮はライターの火を使って催眠をかけようとする。高部はライターを振り払う。遂に高部は本音を出す。「ああそうだよ。女房は俺の重荷だ」。高部は間宮を否定しながらも、怪物に侵食されていく。高部に怪物の資格があることを見抜いた間宮は「すごいよ、あんた」と言う。天候が雨へと急変、天井が黒くにじみ、水滴が落ちてくる。水たまりができ、間宮は「その水があんたを楽にする。からっぽだ……生まれ変われ……俺みたいに……」と語りかける。外に出て高部はいきなり刑事を殴る。

合同取り調べで、間宮は本部長の藤原と対話する。公式的なことしか言わない本部長の藤原に対して「つまらない男だ」「本部長の藤原、あんたは誰だ？」と反復する。藤原は「君、私の何が聞きたいんだ？」とうろたえる。このあと間宮は高部に「刑事さん、俺の声聞こえてる？　それがあんたが、特別な人間である証拠だ。あんたは俺の言葉の本当の意味を理解できる人間だ」と伝える。高部の人相は前半の優しい顔から暴力性をはらむ顔へと変化しているのがわかる。

家に帰ると妻の病状はさらに進んでいた。洗濯機は空転、食卓には生肉が置いてある。殺意を持つが、思いとどまり入院させることにする。空中を飛んでいるようなバスで二人は病院へ向かう。高部はクリーニング店で服を引き取ろうとするが、服のゆくえがわからなくなっている。

⑥継承

高部は、佐久間の部屋で十九世紀末に息子の首を十文字に切り開いた村川スズというヒステリー患者への催眠治療の映像を見る。スズに向けてXに指を動かす影が映っている。催眠療法は当時霊術と呼ばれ、弾圧のなか密かな儀式としておこなわれていたと佐久間は語る。

このあと、間宮の「謎」を追った佐久間の回想が始まる。「間宮の部屋」「森のなかの巨大な廃墟」「間宮の収容されている病院」を訪れている様子は現実か幻想かわからない。部屋では『邪教』という本、「メスメリアン」という言葉や伯楽陶二郎という名ののっぺらぼうの男の写真。廃墟ではなかからみつめる男。病院では、特別室の突き当たりの壁にサルのミイラと迫ってくる高部が映像化されている。[10] 画面は佐久間の部屋に戻り、佐久間は憔悴した顔で、間宮のことを「伝道師、世の中に儀式を広めるための……いやこれは俺の妄想だ」と語る。佐久間の部屋の壁にはXの印があった。その意味が佐久間にはわからない。

小説では、間宮はメスマーの研究を進めるうちに、十九世紀末の日本でメスメリスムに近い考えを持っていた「気流の会」という精神医療グループの記録と出合い、やがてリーダーの伯楽陶二郎の教えを伝える伝道師になったのではないかという仮説が、佐久間によって語られる。[11]

間宮が病院の壁をパイプで打ちつける音が「ドーン、ドーン」と響き、病院が揺れている。高部は病院に向かい間宮を脱出させる（小説では街に拡散する憎悪や地獄の匂いを感じて、「何をなすべきか悟った」とある）。

翌日、佐久間が、右手を手錠でつなぎ、自ら首を切ったことを高部は確認する。

森を抜けて廃墟に向かう高部。奥に進むと半透明のカーテンの先に男の影があるが、ピンぼけの写真だった。うなだれていると間宮が現れる。「俺を逃がして、俺の秘密を突き止めたかったんだ。そんなことしなくても本当の自分に出会いたい人間は、いつか必ずここに来る。そういう運命なんだ」。間宮が言い終わるとすぐ高部は彼を撃つ。「全部思い出したか?」と聞くと間宮はうなずく。高部は「これでお前も終わりだ」とつぶやく。指でX字を書こうとする間宮。高部はさらに引き金を引く。間宮は死ぬ。高部は別の病室のようなところで、古い蓄音機を発見し、レコードの回転数が狂った呪文のような声を聞く。

入院している病院の廊下を、サルのミイラのようにストレッチャーにはりつけにされた妻が運ばれるシーンが挿入される。首から胸にかけてX字に切り裂かれている。

ファミリーレストランの窓際の席で、高部は食事を終える。携帯電話をかけるがその内容から刑事を続けていることがわかる。ウェイトレスがコーヒーを持ってくる。たばこを吸う高部。ロングショットに変わり、カメラはウェイトレスを追う。平和ないつものファミリーレストランの風景。食器コーナーでウェイトレスは上司の女性に簡単な注意を受ける。やがてウェイトレスは逆手にナイフをつかんで歩きだす。

⑦エンディング

正面から撮影された夕暮れの街の下り坂の風景。先にはビルの影が見える。

3　物語の構造化のパターン分析

物語の構造化のパターンに着目してみると、『CURE』は途中まで、「異常な犯罪の捜査」というサイコ・ホラーの定型に従って展開していることがわかる。

「異常な事件」が発生し、「善」を代表する捜査チームが編成され、「悪」の異常犯罪者が対立項として登場し、「捜査チーム」が心理学や精神医学を利用しながら仮説を立てて追いつめていくスタイルだ。比較のために、最も一般的な犯罪捜査型サイコ・ホラーの構造を提示すると次のようになる。

サイコ・ホラーの定型的物語構造

1、「異常な事件」の発生（日常世界の秩序の危機）
　　←
2、「善」と「悪」の二項の登場
　　←
3、連続殺人と捜査の継続
　　←プロファイル成功
4、犯罪の解明と犯人の逮捕（日常世界の秩序の回復）

異常な犯罪によって日常に危機が起こり、捜査チームと犯罪者が登場するが、危機的事態はさらに進み、最終的にプロファイリングなどの心理学的専門知によって犯人とその動機が解明され、秩序が回復されるという展開をとる。例えば日本でも人気が高いテレビドラマシリーズ『クリミナル・マインド　ＦＢＩ行動分析課』の多くはこうした展開をたどる。

先に取り上げた『羊たちの沈黙』では、2の段階で「善」であるはずの「捜査チーム」に「悪」が加わることから、定型との違いを生み出していた。3の段階でも、「悪」は「悪」のまま捜査を進行させ、4の段階で逃走する。このように秩序が完全に回復しない（亀裂を残す）展開をとっていた。また全体の進行と並行して、「悪」はパートナーとなる人物のトラウマを治療し、社会的アイデンティティの獲得に貢献する展開も付け加えられた。こうして物語が複雑さや奥行きを増していたのはすでに見たとおりだ。しかし、「バッファロー・ビル事件」はプロファイリングによって解決することから、構造的に定型のバリエーションと言えるものだ。

では『CURE』はどうだろうか。『CURE』は、4の段階から変化し始め、次のような5、6が加わると見ていいだろう。

『CURE』の物語構造

1、「異常な事件」の発生（日常世界の秩序の危機）

←

2、「善」と「悪」の二項の登場

←

3、連続殺人と捜査の継続

←プロファイル失敗、手口は解明

4、犯罪の不完全な解明と偶然の犯人の逮捕、プロファイルは進まない（つかのまの秩序回復）

←「悪」による「善」へのカウンセリング（プロファイリング）開始（「悪」の「善」への侵食）

5、「善」の「悪」への変身、「悪」のカウンセリング成功（日常世界の秩序の危機が深まる）

←動機の若干の解明と「善」の消滅、見え隠れする超越的なもの

6、「悪」の継承と世界崩壊の予感、新しい怪物の誕生（日常世界の秩序の危機はさらに深まる）

ここに見られる『CURE』の物語構造は、サイコ・ホラーとしては逸脱的だと言っていいだろう。『CURE』は、真犯人が殺人者の背後にいて、催眠術を使って操っているという設定に複雑さはあるものの、3の段階までは、精神医学や心理学の専門知識を使いながら犯人を追いつめていく点で定型である。しかし、4から少しずつ定型を逸脱していく。4の段階で手口は判明するものの、プロファイリングは失敗している。逮捕

できたのは偶然で、これは小さな逸脱と言っていい。逮捕してから動機の解明があれば、日常世界の秩序は回復して物語は閉じられる。しかし、『CURE』では逮捕したあとで身元は判明するが、プロファイリングはあまり進展しない。むしろ「悪」の側からのプロファイリング（あるいはカウンセリング）が「善」に対しておこなわれていくという展開を示す。

先に見た『羊たちの沈黙』でも、レクター（＝「悪」）からクラリス（＝「善」）へのカウンセリングがおこなわれ、後者のトラウマが治療されていた。しかし『CURE』では、この段階での高部（＝「善」）への間宮（＝「悪」）のカウンセリングは、トラウマを探り出してアイデンティティを回復するものとはならない。むしろ、社会的に与えられたアイデンティティから脱出できるかどうかが見極められ、自らの継承者としての「悪」への変身を促すものである（これについてはのちに議論する）。「CURE」という言葉は救済・癒しという意味を持つが『CURE』では、それがトラウマの回復によってもたらされることはない。その意味で『CURE』は「引きこもり／心理主義」的想像力とは、かなりかけ離れたものになっている。

『CURE』では、『羊たちの沈黙』と同じように「悪」のプロファイラー（カウンセラー）、つまり「おしゃべりな怪物[12]」が登場してカウンセリングを実践していると考えられるが、それぞれの主人公を救う（CURE）方向は逆である。『CURE』は『羊たちの沈黙』から影響を受けているが、手をX字にクロスしてはりつけにされたサルと、レクターによってY字にはりつけにされた看守という形象レベルでもその方向の違いが意識されていると言えるだろう。

また「悪」が「善」に侵食して変身させてしまうという展開は、『セブン』がそうであるように、「悪」を消滅させ日常秩序を回復させるための犠牲のプロセスとして現れ、悲劇として描かれることが多い。その意味で『セブン』はまだ定型から大きな逸脱を示していない。

5の段階で起こったことは、高部・佐久間チーム（＝「善」）が消滅していく事態、すなわち高部による間宮脱出の手助けと百年前の邪教集団の世界転覆の物語が加わるという展開だ。ここで物語はサイコ・ホラーのパターンを大きく逸脱していく。

佐久間は資料の分析と妄想のなかでの思考によって間宮の動機に迫ったが、間宮の背後にあるさらなる謎（伯楽という人物、邪教、超越的なものの存在など）については、気づいたものの解明には至らなかった。やがて間宮に吸い寄せられるようにして自殺する。こうして「善」による科学的なプロファイリングは敗北する。一方、「悪」に変身した高部は、間宮の秘密を突き止めるため間宮の逃走の手伝いをする。

6の段階の「森の廃虚」での間宮の射殺は、『セブン』のような秩序回復のためではない。間宮を継承し、さらに新しいタイプの怪物になるためである。やがて高部はファミリーレストランで「悪」を開始する。ウェイトレスの殺人衝動を増幅するのだ。

このように日常秩序の危機が深化したまま、世界の転覆・崩壊を予感させるような結末を迎えるサイコ・ホラーはあまり例がない。黒沢が影響を受けたとする『エクソシスト3』がこれに近いが、最後には、秩序の危機は回避される。(13)『CURE』では秩序の危機は閉じられることなく、さらに大きく開けていくのだ。これが『CURE』のユニークな特徴の一つである。

怪物が引き起こした不可解な事件に十分に言葉が与えられないとき、日常の世界に唐突に現れる暴力や不可解な形象は意味連関を失ったまま放置され、秩序は回復することなく、混乱したままになる。そして混乱はやがて世界の崩壊の可能性をはらんでいく。ジャンルの定型を逸脱した『CURE』の物語世界は簡単に言えばこのような危機的状況を生み出していた。

ジャック・デュボアは探偵小説と近代の関係を論じた『探偵小説あるいはモデルネ』で、定型的なジャンルの法則から逸脱した探偵小説は、テクストのなかにジャンルの基底にある「危機」を浮かび上がらせるという命題を示した。逸脱的な探偵小説のテクストは、司法的な犯罪捜査では取り逃がし、解決できない「危機」の表象を生み出すのである。(14)

『CURE』でも同じことが言えるだろう。サイコ・ホラーというジャンルの法則から大きく逸脱した

『ＣＵＲＥ』は専門知による犯罪捜査では解決されない「危機」を生み出している。では「危機」はどのように表象されているのか。それを確認し、「危機」の表象と関連するテクストの外部について考察してみよう。

4　見慣れた世界の危機と自己のなかの他者への変身

怪物の表象

「危機」の表象はまず怪物として表れる。『ＣＵＲＥ』の世界に君臨する怪物とは間宮だ。その特徴は会話の不気味さである。記憶の回路が壊れている間宮は、問いを繰り返す。また自分に対する問いには答えない。例えば「お前は何者だ」という間宮への質問は「あんたは誰だ」「あんたの話を聞きたい」とすぐに質問者に跳ね返っていく。これは間宮の内面が「空っぽ」であり、アイデンティティから自由な存在であることからもたらされている。さらに間宮は、「空っぽ」であるがゆえに相手の心が見え、会話と火のゆらめきや水の動きを利用して相手の心に侵入し、内なる暴力を増幅する催眠術をかけることができる。しかし、なぜ記憶を失ったのか、なぜ殺人者を作り出すのか、間宮とは何者なのかがよくわからない。

また、間宮はどこか人を超えた存在であるように描かれている。間宮が海岸の砂浜に唐突に現れ天空を見上げている登場シーンは、超常的なものと交信しているように見える⒂。高部との対決で、急に強い雨が降りだしその雨漏りの水滴を利用して催眠をかけるシーンでは、天候の急変は偶然なのか、間宮が意図的に引き起こしたのかわからない。病院を脱出する際に「ゴーン」という音を響かせて病院全体を揺らして高部を呼びつけるシーンでも悪魔的な力を持っているかのように描かれている。間宮はこうした人を超えた過剰な存在として表象されている。

間宮は人々の内なる暴力性を増幅して殺人鬼へと変貌させたが、殺人鬼ではなく怪物へと変貌を遂げた人間＝

高部がいた。刑事の高部は、間宮の侵食によって、アイデンティティを脱ぎ捨てたいという欲望を発見され、暴力性を増幅されただけでなく、間宮の継承者となっていく。ただし、高部は間宮とまったく同じ存在へと変身したのではない。刑事という社会的アイデンティティを維持しながら街に憎悪を広める存在になっていく。

殺人事件の表象

殺人事件もまた物語世界の秩序を揺るがす「危機」の表象である。事件の舞台は東京や郊外の見慣れた空間、すなわち、ホテル、郊外住宅、交番、公園のトイレ、病院、ファミリーレストランで起こる。

例えば映画の冒頭の殺人では、軽快なピアノが流れるなか街を歩いてく桑野が、そのままホテルの部屋でパイプで女を撲殺する。殴るシーンは一瞬で、悲鳴もなくロングショット、ワンカットのまま撮られる。このため日常の一場面を覗き見てしまったような印象を受ける。そのあと、首から胸にかけて、左右の頸動脈がX字型に切り裂かれた死体が、「過剰な形象」として挿入される。

大井田による交番での殺人もまた日常の一場面のなかで唐突に起こっている。鳥がさえずるなか、日常的なあいさつをかわし自転車で出かけようとする若い警官に対して、ゴミを捨てたあと、後ろから大井田は突然発砲する。何事もなかったかのように後ろ手を組み、カッターを取りにいく大井田。若い警官の頭からは血が流れ出す。このワンカット、ロングショットで撮られた監視カメラのような映像は、日常の延長に混乱があることを示唆している。

花岡の事件では、郊外によくある二階建ての住宅がロングショットで映され、突然、窓を破って花岡が飛び出す。続いて、血まみれのシーツ（下にはX字に切り裂かれた死体があると思われる）の上に羽毛が降り注ぎ「血まみれのこんもりした羽毛のオブジェ」のようなものが映される。続く、がらんとした病室で取り調べを受け、確かに妻を殺したが理由はないと語り、狂ったように混乱していく花岡が、ここでもロングショットのワンカットで撮られることになる。

『CURE』の連続殺人はどれも見慣れた日常世界の風景のなかに唐突に現れる暴力や不可解で過剰な形象として描かれている。ロングショットのワンカット撮影は、シーンに「現実そのもの」のような日常性とリアリティを与える。その「現実そのもの」のシーンに唐突な暴力や過剰な形象が現れると、そこには混乱が生じる。『CURE』の映像表象は見慣れた日常に似ている世界がどこまでも狂っていると感じられるように追求されたものだ。

こうした日常のなかの混乱や狂気といった危機が終息するには、真犯人が捕らえられ、謎が完全に解明されなければならない。しかし、間宮は倒されたが真相に近づけないという展開によって、「危機」は宙づりにされている。

高部夫婦の家庭生活の混乱

事件と並行して、物語に断片的に挿入される高部と妻の生活は、徐々に危機的表象へと変貌を遂げていくように描かれている。高部夫婦の家庭生活も事件と同じ日常的空間のなかにある。

物語の始まりから、彼らの生活には疲れが漂っている。しかし、文江が空のまま洗濯機を回したり、カウンセリングルームで少しいらついたり、クリーニング店でブツブツとつぶやく客と出会ったりする様子は、現代の日常風景として見慣れたものだ。始まりは、精神病の妻と優しい夫の物語のようにも見える。

しかし、高部と文江の日常生活にも、不可解な形象の影響が忍び寄る。妻の症状は、間宮と同じ記憶障害へと悪化し、高部には重荷となり、やがて手をXにクロスさせたサルのミイラのはりつけを見たことで妻の首つりを想像してしまう。サルのミイラは間宮―事件―高部の家庭生活を結び付け、不可解（X）な事件が日常世界へ広がることを象徴する形象だ。やがて高部は妻に殺意を抱く。反復して描かれる空の洗濯機が回る音が後半になるにつれて増大していく表現は、もはや家庭生活の混乱が不可逆的なものであり、精神病の妻と優しい夫の物語に回収できないことを示している。終盤近くで、幻想とも現実ともわからないが、文江はX字に切り裂かれた死体としてつるされて一瞬登場する。

日常世界の「危機」という「現実感覚」

「危機」の表象は、怪物、殺人事件、高部夫婦の家庭生活の混乱として描かれていた。これらが示すのは、日常世界の「危機」という問題である。

すでに見たように映画では間宮から高部への継承が成功したあと、ファミリーレストランという日常の場で、憎悪殺人は続いていくことを示唆して終わりを迎える。これが暗示するのは、不可解な事件や家庭生活の混乱は日常世界の延長上に起こり、世界全体に広がるだろうということである。「危機」の本質はそこにある。それはまた、日常に似ている世界が怪物の作用によってどこまでも混乱し、狂い、やがて世界の破壊へと至る映画を作ろうとする想像力が存在するということだろう。

こうした想像力は、慣習的な日常世界が「危機」にさらされているという「現実感覚」と関連している。この「現実感覚」が怪物を創造し、「危機」の連鎖という物語を生み出すのである。

ドイツ文学者の種村季弘は美学者の谷川渥との対談で、怪物の表象の本質は規範を裏切るようなイメージにあり、したがって怪物の登場は「世界没落という凶事」と結び付き、そうした予告を発している存在なのだと語っている。種村自身、怪物的世界に興味を持ったのは、「戦中の空爆によって、（略）世界がある日焼け野原になった」のを見て、規範的な世界が解体し、廃虚と化す様を現実に経験してからだという。怪物的表象を生み出す想像力は規範的な世界の解体や没落の予感という現実の感覚に基づいたものだと、種村は述べている。[16]

『CURE』の規範的な世界とは郊外的な日常世界である。そうした日常が廃虚に変わりうると感じる「現実感覚」とはどのようなものだろうか。それを「家族」や「企業」や「郊外」「階級」「国際関係」の自明性を絶えず流動化させる現代特有の社会変動と関連づけることもできるだろうが、そこにはより根本的な要因があるように思える。

日常世界を探求する社会学（例えばアルフレッド・シュッツやアーヴィング・ゴフマン）は、日常世界が人々の慣習的な「自然的な態度」で構成されていること、また人々は、そうした慣習的な日常世界の秩序を維持していく基本的な信頼（道徳的秩序の感覚）を共有していると論じてきた。

「危機」とはそうした日常生活を支える基本的な信頼性の感覚の喪失という事態を指し、同時にその事態を説明する言葉を持っていないということを指すのではないだろうか。人々が共同的に生きる世界を支えてきた根源的なものが失われつつあるが、その事態を十分に言葉に変換できないという「現実感覚」を持つとき、想像力は唐突な暴力性、混乱や狂気、怪物や廃虚といった過剰な形象によって、日常世界の基本的な信頼を侵犯し、その無効を暗示し、世界の没落や世界の崩壊という「凶事」を予感させる物語を呼び寄せるのだ。

『CURE』の物語世界は、こうした日常生活の「危機」という「現実感覚」を第一の条件として成立している。

アイデンティティの「危機」、自己のなかの他者性

日常世界が「危機」を迎えるとき、世界を構成しそのなかで生きる人々の自己同一性（アイデンティティ）もまた「危機」を迎える。『CURE』では、アイデンティティの「危機」の問題は物語と深く関わり、変身という文脈で表れることになる。

先の対談のなかで、種村と谷川が論じている怪物の表象が持つもう一つの背景は、異文化との対立や混交という歴史的過程を経て描かれるようになった点である。(17) 言い換えれば、怪物はそうした見知らぬ他者性の表象という特質を持つ。

『CURE』では、他者としての怪物の表象は、「変身させる者」と「変身する者」の双方に関わり、心、ないしアイデンティティの問題の領域で描かれている。

「変身させる者」である間宮とは、「内面を欠いた人間」「空っぽな人間」、あらゆる社会的属性から自由な、ア

イデンティティが限りなくゼロに近い他者として現れる怪物だ。間宮は出会った人間の心に侵入し、内なる暴力性を増幅して殺人者に変身させ、かつ自分の後継者を探すために動いている「装置」でもある。「変身する者」は殺人鬼になる花岡・大井田・宮島と継承者になる高部だが、いずれも「装置」によって心に侵入され変身させられる。

花岡・大井田・宮島はそれぞれ、教員・警察官・医者という職業にあるため、いずれも間宮を救おうとしている。映画で宮島は、男を切ってみたいという医者としてのアイデンティティと矛盾する欲望を増幅される。小説では、花岡は熱血教師を演じる自分を妻に偶然見られたことを少しだけ不快に思い、その感情を間宮によって増幅される。上昇志向が強い同僚の若い警察官は、大井田を少しバカにしているが、普段はお互いに気をつかって波風が立たないようにしていることが、小説では描かれている。ここに間宮はつけこむ。彼らは、社会的アイデンティティと矛盾する葛藤や抑圧を内面に持っている存在である。

高部も刑事という職業についているが、仕事と私生活の顔をきっちり分けることができる、表面的にはアイデンティティの管理に長けた人間だ。だが心の底では家族や会社から自由になること、つまり所属や関係からの自由の願望を持っていることを間宮に見抜かれてしまう。間宮はそこに継承者としての高部の可能性を見いだす。「変身する者」はいずれもが、自己のなかにコントロールできない他者性が存在していると言えるだろう。この他者性が浮上することで、彼らは変貌を遂げる。こうしてみると『CURE』の他者性とは内なる他者、自己のなかの見知らぬ他者の存在ということになる。アイデンティティが限りなくゼロに近い怪物によって、登場人物の内なる他者が外在化して殺人鬼や怪物へと変貌する過程を『CURE』は描いていたことになる。ここにはアイデンティティの変容という「危機」と呼応する「現実感覚」がある。

黒沢は『CURE』の構想中、普段はいいお父さんの殺人鬼を「いいお父さんの仮面を被った殺人鬼」とするワイドショー的な言説にはリアリティはなく、「いいお父さんと殺人鬼は両立する」と考えるのが現実的であり、この発想を映画の題材にしたかったと述べている(18)。殺人鬼というアイデンティティが真の姿で、世間を欺くためにいいお父さんという仮面をかぶっているのではなく、いいお父さんはスッと殺人鬼に移行する。こうした主体のあり方が現代的だと黒沢は考えているようだ。つまり自己が複数化し、一人の人間のなかで善と悪の境界線が曖昧になっている主体を描くことが、主題の一つとなっている。『CURE』を創造したのは、こうした心の複数性や欲望の多数性といったアイデンティティの変容という「現実」だろう。

危機を生き延びる主体

『CURE』のなかの狂っていく世界に、変身を遂げることで適応していくのは唯一高部だけであるようだ。それはアイデンティティを脆弱化すること、社会的に与えられた役割をすり抜けることによってである。彼の主体とはどのようなものだろうか。間宮は「社会的アイデンティティ」からの自由という点で登場人物間に優劣をつけているように見える。ここから高部の主体について考えてみる。

警察本部長の藤原は、間宮と対極的な存在で一元的アイデンティティの持ち主として描かれている。合同取り調べで権威的で規範的なことしか言わない「本部長の藤原」は、間宮には「つまらない男」に見えている。「本部長の藤原」とは、警察官という社会的身分と一体化している規範性が強い人間のカリカチュアである。藤原のような存在に対して間宮は救済（CURE）する価値がないと捉えている。

花岡、大井田、宮島のような社会的アイデンティティとの矛盾や葛藤を持っている者に対して、間宮は彼らを殺人鬼にすることで救って（CURE）いる。小説のなかで大井田は相手をXに切り裂くとき「それをやれば俺の魂は救われる[19]」と思っている。そして間宮は、アイデンティティからの自由を欲望する高部を継承者にすることで救おう（CURE）とする。間宮はその際、高部を自分とまったく同じような「本当の自分＝アイデンティティゼロ」にすることを考えている。「生まれ変われ……俺みたいに」。小説には「いずれあんたは空っぽになって、別なものに包まれる。大きな原理があんたを満たす[20]」とある。しかし、ファミリーレストランでのシーンを見ると高部はそのように変身してはいない。黒沢は高部を「ワンランクアップした怪物」「元通りの自分であることを知っていながら、間宮と同じようなことをしている[21]」存在にしたかったと述べている。高部は廃虚の経験のあとも、刑事という社会的アイデンティティを維持しながら「空っぽ」(脱アイデンティティの領域)を同居させて使い分けているようだ。「間宮」よりも「ワンランクアップした怪物」のほうが社会を生き延び、使命を実行できる可能性が高いと言えるだろう。

こうして『CURE』は、究極的に「自由」な存在を物語に登場させ、葛藤や抑圧を持つ社会的な自己をどう「救済」していくのか、「アイデンティティから自由」な自己はどのように可能かという問題を検討するゲームとしても見ることができる。「あんたは誰だ」という間宮の言葉は、複数の役割や関係、複数の欲望を生きる私たちに世界と自己の関係や自由を問いかけている。

おわりに

サイコ・ホラーの恐怖とは何だろうか。小説家・森奈津子は「人間はウジャウジャいるし、しかも、外見だけでは何を考えているかわからない。それがサイコ・ホラーの怖さだと思います[22]」と述べている。幽霊にはまずめったに会わないが、世間には変なことを考えている人間がたくさんいる。現実に自分を突然襲う可能性が高いのは、そうした「変な人間」だ。だからフィクションではサイコ・ホラーがいちばん怖いというのである。森はサイコ・ホラーが成立する条件として、コスモロジーがすでにないこと、理解不能な「変な人間」に出会う危険性が高まっていること、そしてそれでもあえて怖がりたいという心性を挙げている。

この「変な人間」には、黒沢が指摘した善と悪の境界線が曖昧になって、自己が複数化している存在も含まれるだろう。九〇年代のサイコ・ホラーを準備したのはこうした心の複数性や欲望の多数性といった心の変容が背景にある。

室井尚は、一九七〇年代後半以降に始まり八〇年代に主流となるモダン・ホラーを、コスモロジカルな文化コンテクストを流用してコラージュ的に他のコンテクストと組み合わせることで成立する、脱コンテクスト化した恐怖の表象と捉えていた。例として、墓地という居場所を失ってショッピング・モールをさまよい歩くゾンビを描いた『ゾンビ』(監督:ジョージ・A・ロメロ、公開:一九七八年)やかつて一つの文化圏に属していたバンパイア物語を消費社会的に組み換えた『スペースバンパイア』(監督:トビー・フーパー、公開:一九八五年)のような作品を挙げている。そうした作品に対して受け手は、何でもありの商品として記号的に楽しみながら消費してきたという。(23)

モダン・ホラーとサイコ・ホラーを比較してみるとコスモロジーが消滅している点では同じだが、サイコ・ホラーの生産と消費には、暴力が身体や心を侵食する表現の強度によって現実感を高めるというリアリティ志向がある。

すでに見たようにサイコ・ホラーでは必ず、怪物めいた人間の過剰な暴力性によって日常世界が「侵犯」される。そして、多くの物語では警察や専門的知によって「破綻」が回避され、秩序化された日常へと戻っていく。しかし、日常世界の「侵犯」と「破綻」、怪物性や過剰な暴力的形象にこそ、秩序へのアンビバレントな感覚や自己変容の自由の表現としてリアリティを見いだす者もいるだろう。

『CURE』はそうした感覚に応える作品だ。記憶がない怪物による催眠誘導の連続殺人のため、怪物のプロファイリングは困難を極め、日常世界の「破綻」は回避できない。さらに悪の侵食と変身、怪物の継承の物語が加わることで物語は閉じることなく、混乱は続いていく。『CURE』に続く黒沢清の映画作品『カリスマ』(一九九九年)や『回路』(二〇〇〇年)、『アカルイミライ』(二〇〇二年)も、物語のジャンルは違うが、同型の構造を持っていると言っていいだろう。

『CURE』では、サイコ・ホラー独特の怪物的な暴力表象が身体や心を侵食し、人を変身させるという物語的想像力が駆使されていた。それは、日常世界の混乱を秩序化する言語を喪失したという「現実感覚」とアイデンティティの危機という「現実感覚」が作り出した物語であり、混乱する日常生活のなかでそれを隠蔽するのではなく、混乱に寄り添いながら新しいアイデンティティを模索しようとする物語とも言える。

こうした「危機」の感覚こそが、実はサイコ・ホラーというジャンルを生み出した基底にある。『CURE』はジャンルの定型を逸脱しながら「危機」の「現実感覚」を限界まで展開した。だからこそ、見慣れた風景は不可逆的に変貌を遂げていくのである。この風景の変貌は現在もまだ持続しているのだ。

注

(1)物語が現実の「危機」に呼応したシミュレーション空間だという仮説は、ピエール・マシュレー、フレドリック・ジェイムソン、ジャック・デュボア、鈴木智之などが論じる文学社会学に共通する。これは、「物語」の分析をとおして、テクストを記号論的な単なる「現実効果」(ロラン・バルト)として捉えるのではなく、テクストが持つ「現実感覚」(デュボア)に迫る社会学的考察である。本章でも、この仮説のもとに議論を進める。

(2)現実の社会に目を向けると、アメリカでは一九七二年にFBI行動科学課が設立され、九〇年代にプロファイリングが一般化していったという。また日本では八八年の「宮崎勤事件」以降に警察庁でプロファイリングの利用が検討されたという。

(3)斎藤環『心理学化する社会——癒したいのは「トラウマ」か「脳」か』(河出文庫)、河出書房新社、二〇〇九年、四九ページ

(4)同書、第二章「表象されるトラウマ——ハリウッド映画論」

(5)同書二三九ページ

(6)宇野常寛『ゼロ年代の想像力』早川書房、二〇〇八年、五五—六四ページ

(7)同書七五ページ

(8)ロバート・K・レスラー/トム・シャットマン『FBI心理分析官——異常者たちの素顔に迫る衝撃の手記』相原真理子訳、早川書房、一九九四年、一一ページ

（9）黒沢清は映画公開（一九九七年十二月公開）に先駆けて、小説版の『ＣＵＲＥ』を発表している（一九九七年十月）。小説版には映画では詳しく説明されなかった細部（例えば人物の内面）や設定が描かれている。小説は物語を把握するうえで重要な資料として参照する。またシナリオも適宜参考にした。しかし、考察の中心はあくまで映画である。黒沢清『ＣＵＲＥ［キュア］』（徳間文庫）、徳間書店、一九九七年、黒沢清「ＣＵＲＥ［キュア］シナリオ」「シナリオ」第五十四巻第二号、シナリオ作家協会、一九九八年

（10）佐久間の無言の移動として描かれるこのシーンは佐久間の混乱のなかでの回想を表す演出だという（黒沢清／篠崎誠『黒沢清の恐怖の映画史』青土社、二〇〇三年、二六八ページ）。映画では手がかりは説明されることなく、観客には断片的な情報しか与えられない。

（11）小説版では次のような佐久間の仮説が展開される。メスマーや「気流の会」は、「人の心はおのずとある方向に向かって流れている。そしてその方向を規定し支配しているのが、より大きな流れ」だと考える。伯楽たちは「大きな流れ」を「気流」と呼んで催眠の研究をしていた。政府の弾圧のなか「憎悪」こそ、外部の「気流」であり、やがてそれは人類を包み込むだろうと考え、奥穂高の療養所を拠点として「憎悪の布教」を開始したという。村川スズのフィルムは殺人鬼を作り出す儀式の記録だった。間宮は、本か録音機で伯楽の教典に触れることで記憶の回路を破壊され、儀式の方法を体得したのではないかと、妄想しながら推測したと、佐久間は語っている。

（12）四方田犬彦は黒沢が『地獄の警備員』（一九九二年）、『ＣＵＲＥ』によって、恐怖映画に登場する怪物は口を聞かないものだという暗黙の規則を逸脱したと指摘している（四方田犬彦『日本映画のラディカルな意志』岩波書店、一九九九年、二三七、二四二ページ）。黒沢自身は『羊たちの沈黙』のレクターから「おしゃべりな怪物」のヒントを得たと語っている（黒沢清『黒沢清の映画術』新潮社、二〇〇六年、一二〇―一二一ページ）。

（13）ただし黒沢は、『エクソシスト３』に秩序回復とは違う、ジャンル逸脱的なサイコ・ホラーの可能性を見ている。「見事に世界そのものがひっくり返る。観念によってではなくて、どうやら映像そのもののプリミティブな力によって。いや、まさに『ＣＵＲＥ』も同じことをねらったわけです。……「サイコ・スリラー」という分野に、何かどうも大いなる可能性が潜んでいるような気がする」（前掲『黒沢清の恐怖の映画史』二七八ページ）

（14）デュボアはさらに続けて、探偵小説がはらむ「危機」の表象とテクスト外の危機や矛盾を関連させる議論を展開し

ている（ジャック・デュボア『探偵小説あるいはモデルニテ』鈴木智之訳〔叢書・ウニベルシタス〕、法政大学出版局、一九九八年、二一一―三〇九ページ）。

(15) このシーンは抽象性を感じさせる。ベージュのコートを着た男の姿は天空に伸びる木を連想させ、一九九九年の黒沢作品『カリスマ』とのつながりを感じさせる。

(16) 種村季弘／谷川渥「遍在する怪物――怪物論のトポス」、武蔵野美術大学出版編集室編「武蔵野美術」第百十九号、武蔵野美術大学、二〇〇一年、五ページ

(17) 同誌八―九ページ

(18) 前掲『黒沢清の映画術』一八二―一八四ページ

(19) 前掲『CURE［キュア］』九二ページ

(20) 同書二〇〇ページ

(21) 前掲『黒沢清の映画術』一八七ページ

(22) 森奈津子インタビュー「オカルトとサイコならサイコ・ホラーの方が本当にコワい。サイコな人間はごく身近にいるのだから」（『サイコ・ホラーの系譜――真の恐怖を読み解くための完全保存版』〔ぶんか社ムック〕所収、ぶんか社、一九九七年、一五七ページ

(23) 室井尚『ポストアート論』（風の薔薇叢書）、白馬書房、一九八八年、八九―九五ページ

参考文献

一柳廣孝／吉田司雄編『映画の恐怖』（ナイトメア叢書）、青弓社、二〇〇七年
上野昂志『映画全文――一九九二～一九九七』リトル・モア、一九九八年
岡崎京子『リバーズ・エッジ』宝島社、一九九四年
樫村愛子『「心理学化する社会」の臨床社会学』（愛知大学文学会叢書）、世織書房、二〇〇三年
黒沢清『黒沢清、二十一世紀の映画を語る』boid、二〇一〇年
鈴木智之『村上春樹と物語の条件――『ノルウェイの森』から『ねじまき鳥クロニクル』へ』青弓社、二〇〇九年

ジャック・デュボア『現実を語る小説家たち――バルザックからシムノンまで』鈴木智之訳（叢書・ウニベルシタス）、法政大学出版局、二〇〇五年
ロバート・ダーントン『パリのメスマー――大革命と動物磁気催眠術』稲生永訳、平凡社、一九八七年
「特集 黒沢清」「ユリイカ」二〇〇三年七月号、青土社
「特集 黒沢清とは何者か」「文学界」二〇〇六年十月号、文藝春秋
慶應義塾大学アート・センター編『黒沢清・誘惑するシネマ』（慶應義塾大学アート・センター／ブックレット8）、慶應義塾大学アート・センター、二〇〇一年
北小路隆志「「魔術的芸術」としての映画――黒沢清『CUREキュア』」「現代詩手帖」一九九七年十月号、思潮社

第4章　アレゴリカルな暴力の浮上
──「酒鬼薔薇聖斗」と物語の条件

鈴木智之

事物が混乱するところでは、記号はもつれざるをえない。（ヴァルター・ベンヤミン「言語一般および人間の言語について」）

はじめに

ここでは、「酒鬼薔薇聖斗」という名前で記憶されることになった少年のことを、もう一度考えてみようと思う。もちろんそれは、事件の全貌を振り返るとか、真相を明らかにするというような話ではない。彼が私たちの前に提示した物語を読み返し、その語りの形式を規定した条件──物語の条件──を検証することで、一九九〇年代以後を生きている私たちの生存の形を再考することができるのではないかと思われるからである。

彼が引き起こした事件については、すでに多くのことが報じられ、語られている。「少年」は、一九九七年二月十日、小学校六年生の女の子の頭部をショックレスハンマーで殴打し、重傷を負わせた。同年三月十六日、「人間の壊れやすさを確かめる」ための「聖なる実験」として、通りすがりの女の子の顔を金づちで殴りつけ、ナイフで切りつけた。五月二十四日、顔見知りだった年少の男の子を、自宅近くの裏山（通称「タンク山」）に連れ出して殺害し、翌二十五日、その首を切って、自分が通っていた中学校の校門に掲げ、その口に一枚の紙をくわえさせた。そこには次のような「挑戦」の言葉が記されていた。

さあゲームの始まりです
愚鈍な警察諸君、
ボクを止めてみたまえ
ボクは殺しが愉快でたまらない
人の死が見たくて見たくてしょうがない
汚い野菜共には死の制裁を!!
積年の大怨に流血の裁きを!!
SHOOLL　KILL
　学校殺死の酒鬼薔薇

さらにその後、神戸新聞社に宛てて犯行声明を書き送り、「透明な存在であり続けるボク」をせめて「空想の中でだけでも実在の人物として認めて」ほしいのだと、その犯行の動機を語り、「もっと怒りと執念を持ってぼくを追跡したまえ」と警察を挑発してみせた。

こうした彼の一連の行動は、その大胆さと残忍さで人々を「震撼」させ、「これまでの常識では理解できない若者による残酷な事件[1]」の典型として語られてきた。逮捕された犯人が十四歳だったことが、事件をめぐる言説をよりいっそう過剰に煽り立てていったことは言うまでもない。

しかし、出来事の異様さを誇示するようなメディア報道にふれながら、当時私は、彼の行動そのものは決して理解不可能ではないと思っていた。彼が発している言葉はある水準でその振る舞いの理由を伝えていたし、そのうえで、この事件には一種の——構造的な——必然性があると感じられた。酒鬼薔薇事件は、報道言説の空間に「心の闇」という言葉の乱用を呼び起こし、少年たちの心の奥底にうかがいしれない暗部が潜んでいるという印象を植えつけるきっかけになった。そしてさらには、常識では理解できない犯罪者の心を精神医学的なカテゴリーに回収しようとする動きを加速させることにもなった。しかし、社会的な応答として見れば、そのような言説の操作による防御は必要ないものであって、彼の行為はまず何より彼が語ろうとしている物語を通じて理解されるべきではないかと私には思われたのである。そして、その理解を起点に据えなければ、この出来事を呼び起こした「条件」について語ることはできないはずである、と。

しかし、彼の行動、あるいは物語を理解するとは、いったいどのようなことなのだろうか。改めて考えてみたとき、これはそれほど単純なことではない。

自らの行為を語る彼の言葉は、確かにそれまで私たちが共有してきた動機の語彙にかなうものではないし、それ以前に、私たちが「現実」と呼んできた共同的な意味世界の文法からも大きく逸脱している。だからこそ、多くの人々は「わけがわからない」という反応を示したのだろうが、同時に少なからぬ人々——私自身を含む——は、これは「理解可能である」と感じ取っていた。(2) では、このとき、私(たち)はいったい、何を、どのような意味で理解したのだろうか。

私たちが他者の言動を理解しようとするときには、他者の言葉や身ぶりの意味を、その内容に即して理解するだけではなく、その行為や語りがどのような気配を持って現れてくるのかを含めて読み取っている。例えば、ぐずっている子供の発話は、言葉それ自体が意味不明でも、そのぐずり方のなかで一つの意味を帯び、了解されていく。それと同じように、「酒鬼薔薇聖斗」の言葉も、語られた内容そのものだけで理解されるのではなく、彼が示す身構えや発話が呼び起こす雰囲気などが、言葉の内容と呼応しながら、ある種の了解を呼び起こしていったはずである。このとき、発話が醸し出す気配や雰囲気のようなものを、言葉の理解を補助する二次的・周辺的な情報と見なすべきではない。むしろ、それこそが、しばしば意味作用・意味理解の鍵を握っている。発話を取り巻く気配を含めた「言葉の立ち現れ方」に、その言語表現の形式的な条件が示されているからである。

私がここで考えてみたいのは、「酒鬼薔薇聖斗」の言葉や振る舞いの現れ方とはなんだったのかということである。そしてそれをアレゴリーという概念に引き寄せてみようと思っている。そうすることで、彼の事件を、言説の構造を規定する時代的な条件に結び付けていくこと、さらには「酒鬼薔薇」の振る舞いに何ごとかを了解してしまった私（たち）自身のありようを模索していくことができるのではないだろうか。

1　アレゴリーの浮上

アレゴリーとは、記号的秩序を食い破るようにして唐突に現れ、そこに過剰な意味を集約させようとする（何らかの定型性を備えた）形象だと、ひとまずは定義づけることができる。[3] そのような質感を備えた形象に、九〇年代を通じて、私たちは何度となく立ち合ってきたのではないだろうか――「虚構」の物語でも、また「現実」の領域でも。

例えば、辺見庸がその小説としてのデビュー作（一九九一年）に登場させた「自動起床装置」。通信社の宿泊センターに導入されたこの目覚まし装置は、「起こし屋」としてセンターに働く者たちの職を奪い、人々の労働を機械的な管理に従わせる「機械」である。それは労働の合理化と人間的自然の疎外をもたらすシステムの象徴として、まずは位置づけることができる。しかし、この装置は、そのように読み取られる「意味」にそぐわない外観と感触を備えている。「水を抜いた大きな水枕のようにみえる」濃緑色のゴムびきの袋、「エイという魚のようにもみえる」「面目なさそうにペショりとして身動きひとつしない」布袋。センターの人々は、その機能とは不釣り合いな外観と「ひょうきん」な動きについ気を許し、導入を許してしまう。こうして、実際に所内でこの機械が作動し始めると、「自動起床装置」は文脈上の意味連関を超えて、過剰な意味を集約する形象と化すのである。

あるいは、九〇年代の村上春樹が、その作品世界で描くようになった「不可解な暴力」の場面。例えば、『ねじまき鳥クロニクル』（第一―三部、新潮社、一九九四―九五年、初出：九二年）で主人公が「ギター弾きの男」と暗闘するシーン。主人公の物語には直接に関わらない傍系的なエピソードに登場してきたこの謎の男は、何の脈絡もなく（としか思えない形で）「僕」に襲いかかる。この正体不明の存在を打ち倒さなければ、「僕」は物語を進めていくことができない。

そして、岡崎京子の『リバーズ・エッジ』（初出：一九九三―九四年）に登場する死体。川べりの草むらのなかに放置され、腐乱し、白骨化しようとしているこの亡きがらは、登場人物たちが生きている物語の文脈には関わりようがない、いわば「無縁」の存在である。だが、一義的意味づけを拒絶しながらも、この死者の身体はまぎれもなく作品全体の意味が集約される場所（クロノトポス）を形成する。八〇年代の表層的な記号空間のなかにしか生きる場所を見いだせないにもかかわらず、その世界の底はとうに抜けてしまっていることをどこかで見抜いてしまった女の子たち――軽薄なのにクールな女の子たち――の世界を描いてきた岡崎が、その世界の縁に浮上させたこの生の残骸。川辺《リバーズ・エッジ》に打ち捨てられたこの死体の発見は、確実に、一つの時代の節目を告げているように思われるのである。

図1
（出典：岡崎京子『リバーズ・エッジ』〔Wonderland comics〕、宝島社、2000年、57ページ）

こうしたアレゴリーの登場を知らせるのは、その唐突な露出の感覚である。それは文脈としてのつながりを断ち切るかのように、暴力的に現れる。それは（どのような概念を代理しているのかが明示されているときでさえも）出来事や記号の自然な連関（語りの連続性）のなかでは十分にその意味を解釈することができない。にもかかわらず、その世界で語られるべきことが、その形象の裏側に充塡されていることが感受される。したがって、文脈的連関を逸脱していながら、ある種の必然性を持って浮かび上がってくる。それは、全体との有機的なつながりを欠いた断片でありながら、一挙にその全体の真相を暴きだそうとするかのようなそぶりを見せる。アレゴリーを特徴づけるのは、このいささか奇妙な（両義的な）現れ方である。

言い換えれば、アレゴリーは、それまでに語られてきた物語（記号的な意味連関）が、本質的な事柄を言い落としたまま進行してきたことを、記号的秩序の断絶によって知らしめるものでもある。だが、その形象は、隠されていた真実を直接指し示し、言い当てるような力を備えていない。だから私たちは、そこに何か本当のことが、ただしゆがんだ形で露出してしまったと感じる。アレゴリーは、覆い隠されていたものを垣間見せるがゆえに猥褻であり、奇妙に変形されているがゆえに不可解で、ときにグロテスクである。

アレゴリカルな形象は、現実の平面にもしばしば浮上してくる。それは、虚構の物語でしばしばそうであるように、暴力を伴って私たちの前に現れる。

一九九五年三月二十日、オウム真理教が東京の地下鉄に毒ガスを撒き散らした日、私たちはテレビや新聞で、防毒マスクを着け、被害者の救助に当たる消防隊員たちの姿を目にした。少なくとも私にとって、この出来事のなかで強く記憶に刻印されたのは、何よりもこの救助の場面であり、倒れている人々の搬送にあたる隊員たちが装着したマスクだった。私たちが日頃通い慣れている場所に現れた物々しい装備の人々。そこに起こっている出来事の異常性を集約的に示しているような防毒マスク。私はそこに、日常的な生活空間の破綻の印を見た。そして、そこに集約される（容易には解読しきれない）意味で、この事件を、一宗教集団の狂奔には還元できない、ある種の必然として起きた出来事と感受したのである。

一九九七年の神戸の事件にも、同質の唐突さを感じた。学校の校門にかざされた男児の首。新聞社に送り付けられた犯行声明。グラフィカルに変形された「酒鬼薔薇」の文字。そして、事件の顚末を記した日記（事件メ

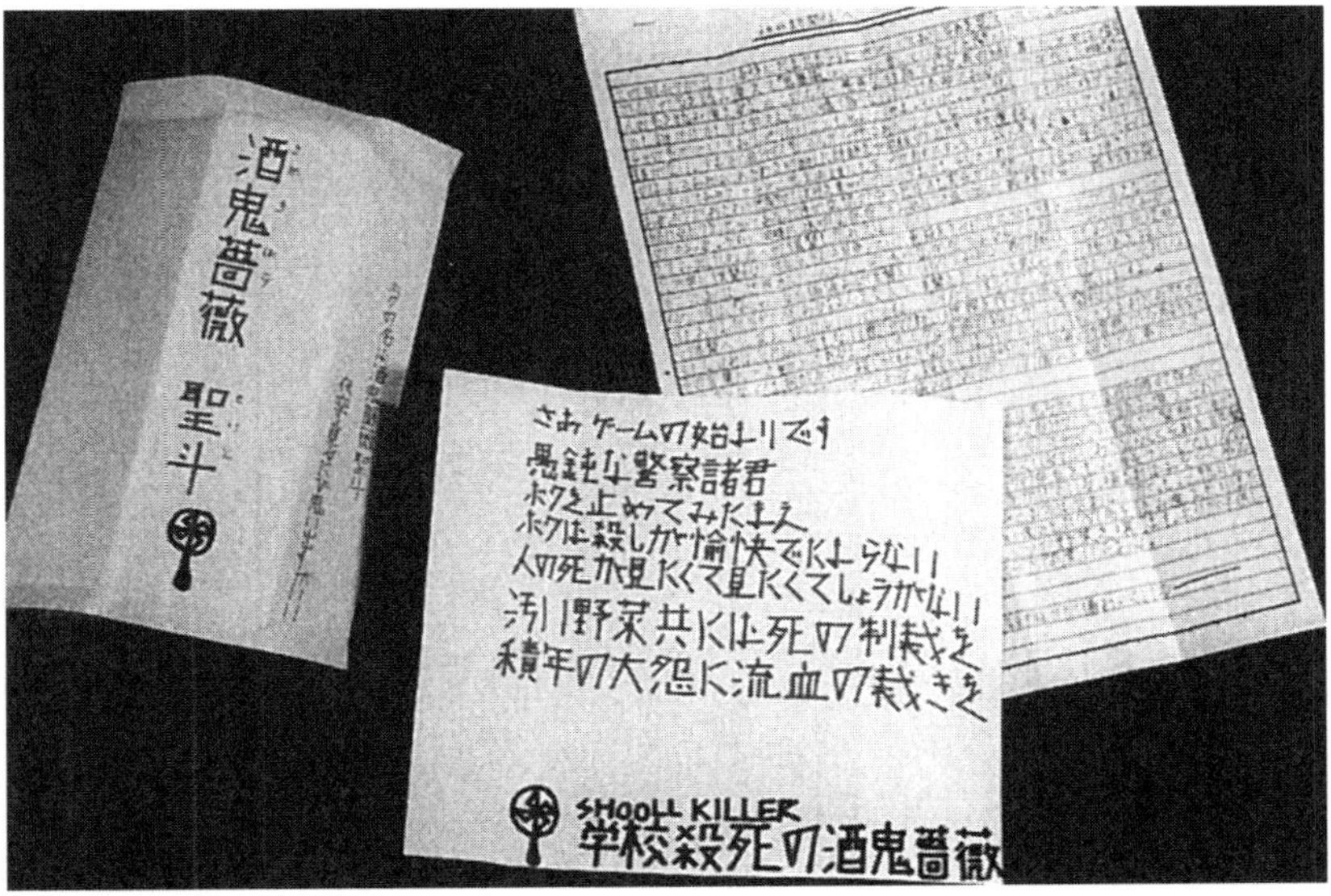

図2　神戸新聞社に送られてきた犯行声明
（出典：朝日新聞大阪社会部編『暗い森——神戸連続児童殺傷事件』朝日新聞社、1998年、71ページ）

モ）に登場する彼の「神様」。引き起こされた残忍な出来事との対照において、「犯人」の振る舞いや言葉はあまりにも不用意で、軽々しく饒舌であるように見える。だが、そうした出来事の見え方こそが、私たちにとって（つまり、実際に事件に巻き込まれた人々ではなく、報道を通じてこれを傍観した者たちにとって）、この事件の本質に関わることだったのではないか。そして、奇妙な言い方だが、どこか必然性の感覚を欠いた出来事の露出の仕方に、この事件の（構造的な）必然性を解く手がかりがある、と感じられるのである。

もちろん、オウム真理教が引き起こした事件と「酒鬼薔薇聖斗」の事件は、その主体の属性、行為の目的や動機、被害の量的な大きさ、あるいは背景となる社会的な構造などの点で、大きく性格を異にしている。しかし、両者はその現れ方において、いくつか通じ合う要素を持っている。例えば、どちらの事件も「現実の外部」で語られていたはずの物語——個人の内面にしまいこまれていた夢想や限られた人々が限られた領域で共有していたファンタジー——が、突然私たちの世界に侵入し、暴力的な出来事となって露呈してしまったように見えはしなかっただろうか。

「地下鉄サリン事件」とオウム真理教の結び付きを知ったとき、私は、教団という分離されたリアリティのなかで語られてきた物語が、堰を切ってこちら側の世界になだれ込み、あやまって多くの人を傷つけてしまったように感じた。「酒鬼薔薇聖斗」の事件でも、「バモイドオキ神」なる神様との関係のなかで紡がれていた物語が、不意に現実の地域社会のなかに持ち込まれ、何の関係もない少女や仲がよかったと言われる男の子が傷つけられ、その命が奪われることになった。(4) いずれの場合も、犯行を導いた物語と、私たちが「現実」と呼んでいる世界との接続のされ方があまりにも無造作で、それゆえに私たちから見ればその行為自体が不可解で異常なものに見えたのである。

しかし、彼らが生きていた物語そのものは、必ずしも不可解ではない。それは、ある意味では陳腐なまでの定型性を持ち、凡庸な筋立てにしたがっているようにさえ感じられる。ひとたび彼らの世界に入り込めば、それなりの理解の道筋を探し出すことができる。にもかかわらず、彼らの振る舞いが異様に見えるとすれば、それは、その物語を現実の世界に持ち込んでくる際の、不用意で短絡的な（他者への感受性を欠いた）振る舞いのせいである。そう考えれば、問われなければならないのは、「物語」と「現実」とのつながり方、「物語」を介した自己と世界（あるいは社会）との関係の結び方にある。生を導く「物語」と、人々が共同で営む意味世界としての「現実」の接続の形にこそ、九〇年代というテクスト（意味の織物）のなかに唐突に浮上したアレゴリカルな形象として、これらの「事件」を読み解くための手がかりがある。彼らの振る舞いを、一つの（時代的な）必然として受け止めるということは、彼らが語ろうとした物語の内容に即して理解するだけでなく、その物語が私たちの目前に現れるその露出の仕方をとおして、彼らの振る舞いの「根源」にあるものを見通していくということなのである。(5)

2　二つのテクスト——犯行声明と事件メモ

こうした発想に立って、「酒鬼薔薇聖斗」が発した言葉にもう少し近づいてみることにしよう。この少年が差し出そうとした物語は、現実と自己の間にどのような関係を要求するものだったのか。それは、世界とこれに包摂される（または包摂されない）生とのどのような接続面から発せられていたのか。これを、可能なかぎり彼の語りに寄り添って考えることが、ここでの課題となる。

考察の中心に置かれるのは、報道をとおして公開された二つのテクスト——一つは神戸新聞社宛に送られた犯行声明、もう一つは彼の自室の机のなかにしまわれていたという事件メモ——である。ここでは極力この二点に対象を限定し、その他の情報は、これらのテクストを理解するための文脈要素としてだけ取り上げていくことにする。

この二つの文書は、発話の文脈において性格を大きく異にしている。犯行声明は、新聞の紙面をとおして広く読まれることが想定された対社会的な発話である。これに対して事件メモは、（直接の宛先である「バモイドオキ神」以外に）具体的な読み手が想定されていない言葉、その意味では内言の表出である。したがって、二つの文章が単純な連続性を示さないのは、むしろ自然なことである。しかし、それらがひとつながりの出来事についてつづられた文章であることに変わりはない。むしろ、二つのテクストを一対のものとして読むことで、物語ははじめて十分な奥行き（立体性）をもって現れてくる。

ここでは、犯行声明を先に取り上げる。書かれた順番は事件メモのほうが早い（三月十六日、十七日、二十三日、五月八日の日付）のだが、私たちが目にしたのは犯行声明が先だった（一九九七年六月四日に神戸新聞社に届いたとされる）。

当時私は、この饒舌な犯行声明を読んで、どこか直感的に彼のことがわかってしまったように思った（その時点では彼が十四歳の少年であることも知らなかったにもかかわらず、である）。しかし先にも述べたように、この言葉を通じて私が何を理解したと思ったのかは、明確ではない。私は必ずしも、ここに書かれていることがそのまま「犯行の動機」だと信じたわけではない。むしろそれとは別の次元で、私は彼が行動を起こすうえでの「気分」を了解してしまったというほうが正しい。では、その「気分」とはいったい何だったのか。これをいまの時点でもう一度、テクストに即して振り返ってみたい。

二つの世界と本当の名前——犯行声明を読み直す

逮捕された「少年」は、捜査段階での供述で、新聞社に送った手紙（犯行声明）は、「あたかも僕の他に犯人がいるとして、その犯人像を、僕がイメージして（略）、僕がイメージしている犯人像に僕自身がなりきって」書いたもので、その内容は「あくまでも僕がイメージした犯人像が持っている動機を書いたものであり、いわば僕の創作であって、僕がB君を殺したりした理由はまったく違っている」のだと語っている。[6] つまりこれは、マスコミが犯人を三十代の男と推理していることを受けて、そのイメージを増強し、捜査を攪乱する目的をもって作られたフィクションだというのである。もしそうであるならば、ここに書き記されたことを、そのまま彼の動機と見なしてしまうことはできない。しかし、こうした虚構の構えを取ることによって、「酒鬼薔薇聖斗」という存在が発話の主体として前面に出てくることが可能になったとも言えるだろう。少なくとも彼は、物語化を通じて、自己の行為に注釈を加えている。しかも、これが意識的な「対社会的」発話だったとすれば、それは同時に、自分自身の振る舞いを社会的な言葉に「翻訳する」——「人々」に理解可能な言葉で語る——行為でもあった。そのような言表として読むとき、この犯行声明は、彼の振る舞いについて少なからぬことを教えてくれるように思われるのである。

犯行声明は、彼の名前についての確認から始まっている。テレビの報道で、自分の名前がまちがって呼ばれていたことに異議を申し立てたうえで、彼は「酒鬼薔薇聖斗」が「嘘偽りないボクの本命《ママ》」であり、「ボクが存在した瞬間からその名がついていた」のだと主張する。しかし、「悲しいことにぼくには国籍がな」く、「今までに自分の名で人から呼ばれたこともない」。この時点で二つの世界（彼が「酒鬼薔薇聖斗」という名を持つ世界と誰一人その名を呼んだことがない世界）の断絶の構図が明らかである点に着目しておこう。そのうえで特に興味深く思われるのは、「もしボクが生まれた時からボクのままであれば、わざわざ切断した頭部を中学校の正門に放置するなどという行動はとらないであろう」という一文である。殺害した少年の頭部を切って人々の目につく場所に掲げるという振る舞いは、隠されていた「名」を表すための行動だったと「酒鬼薔薇」は語っている。とすれば、「透明な存在」という言葉も、彼の名を誤って呼び続けている人々の目には自分は見えない存在なのだ、という意味に解釈できる。「生まれた時から」ずっとそのままだった自分の存在を、「実在の人間として認めて」もらうための行為が、男児の殺害であり、頭部の切断であり、その校門への掲示だった。このとき彼は、「せめてあなた達の空想の中でだけでも」と記している。「空想の中でだけでも」とは、自分は捕まることがないので実際に人々の目にはふれることがないという意味であるかもしれない。しかし、この挿入句には同時に、「あなた達」にはどうやっても「実在の自分」を見ることはできないのだという（矜持とも諦念ともとれるような）思いを感じることができる。「酒鬼薔薇聖斗」の世界と「あなた達」の世界はそれほどまでに断絶している。にもかかわらず、彼は、自分の「本当の名」をその「あなた達」に向けて告げなければならないと思い立った。これが（虚構の物語として提示された）この事件の基本的な構図である。

「酒鬼薔薇」はすぐに付け加えて、犯行は「透明な存在であるボクを造り出した義務教育と、義務教育を生み出した社会への復讐」でもあると説明している。この一文が、具体的に何を意味しているのかはわからない。男児の首を学校の門に置いたこと、「学校殺死の酒鬼薔薇」と名乗っていることから、何か実際に学校への恨みがあるのだと推測することはできるし、圧迫的な同調圧力でストレスのるつぼと化していた学校という空間がこの出来事の背景にあるのだと推し量ることはできる。[7] しかし、このテクストだけからでは、具体的な解釈の手がかりは得られない。むしろ、「義務教育」という抽象度が高い表現を用いていることを考えれば、ここで復讐の対象とされている「学校」は、特定の具体的な場所や出来事というよりも、彼が生きてきた「社会」そのものの提喩であるようにも思える。いずれにせよ、彼を「透明な存在」にしてきた「あなた達」の世界が、まずは「学校」と呼ばれ、さらに「社会」全体に重ね合わされている。その「社会」のなかでは、彼の本当の名は呼ばれたことがない。だから、彼は「切断した頭部」を校門に置くという振る舞いに及んだのである。

　この「だから」というつながりが、おそらく常識的には理解されない。しかし、この飛躍と見えるものにこそ、「酒鬼薔薇」の物語を生み出す起動力がある。そこに立ち上がっていく物語の形式に沿って彼の語りをたどるならば、その行動は（ある水準で）理解可能なものになる。賭け金となっていたのは、人々（「あなた達」）のまなざしによって構成された世界——社会的世界——が不可視の領域に排除していたものを、あらわなものにすることだった。それは、その世界を支える基本的な道徳的秩序と、その世界を了解可能なものにしていく意味秩序の双方を同時に侵犯するような振る舞いとしてしか成り立ちえない。そのような物語的直感が、ここには作動している。

　事件についての説明としては、この犯行声明の核心は以上の点に尽きる。そして、これだけですでに一定の了解が可能になるように思える。しかし、「酒鬼薔薇」自身はさらに説明を続けている。自分自身の「趣味でもあり存在理由でもありまた目的でもある殺人を交えて復讐をゲームとして楽しんで」いけば、「得るものも失うものもなく、それ以上でもなければそれ以下でもない」「新しい世界を作っていける」はずだと（やはり透明な存在である）「友人」に勧められたのだと。しかし、この言葉は、彼に行為を促したものについて、これといって新しい理解を付け加えない。その意味で冗長な修飾だとしか感じられない。「酒鬼薔薇」自身もすぐにこの「殺人ゲーム」の意味を掘り下げることを投げ出して、「今となっても何故ボクが殺しが好きなのかは分からない」「持って生まれた自然の性《サガ》としか言いようがない」と言い、自分は「殺しをしている時だけ」「安らぎを得る事ができる」のだとして、ナチュラルボーンキラーによる快楽殺人のイメージに自己像を落とし込んでしまう。その先に続く彼の言葉は、警察への挑発にしても、「ボクが子供しか殺せない幼稚な犯罪者と思ったら大間違いである」といった見えの切り方にしても、定型の反復（あるいは引用の乱用）の域を出ていない。[3] この時点で、「酒鬼薔薇」は事件の説明を実質的に打ち切って、社会に対するパフォーマンスに終始しているように思われるのである。

しかし、そうした冗長な言葉のなかにもやはり読み取るべきことはある。「酒鬼薔薇」がこうした扇動的なせりふをどこまで本気で語っていたのかとは別の水準で、こうした陳腐な定型の反復は、彼が自らの行為を社会に向けて語ろうとすれば、どうしてもこのような「型」に堕してしまわざるをえないことを、自ら告白しているようにも見えるからである。「持って生まれた自然の性」として「殺人」を快楽とする（矯正不可能な）狂気の主体。それは、社会が彼をそこに回収しようとするイメージを先取りするものでもあった。その社会の側にいる人々に向けて多くを語ろうとすればするほど、彼の自己解釈・自己翻訳は（あらかじめ流通していたテクストからの）引用に埋め尽くされ、既視感を伴うものになっていく。だが、その定型イメージの乱用という身ぶりを通じてかろうじて、彼は語り尽くされていない背後の存在を現してもいた。

犯行声明文について内田隆三は、これが「他人のテクストからの」「恣意的な引用のコラージュ」として立ち現れることは「決して偶然の結果」ではなく、「ここでは必然性を欠いた記号の群れが何か強い必然性をもって」現れているのだと指摘している。そして、「酒鬼薔薇」の言葉に「冷たい気配が漂う」のも、「この不安な必然性の湧出」によるものだという。[9] 確かに、彼の言葉から何事かを了解する者たちがまず受け取ってしまうのは、「持って生まれた自然の性《サガ》」などという言葉の表向きの意味ではなく、そのような身振りが漂わせる気配である。私たちがこの発話者と共有していたのは、言葉の裏側にほのめかされる隔たりの感覚、語られるべき世界と語るべき言葉が遠く隔たっているという感触ではなかっただろうか。

さて、彼の物語をひとまずこのように受け止めたとして、そこにはまだ了解されない点が一つ残されている。それは、彼が分断された二つの世界を生きていたとして、なぜその断絶を乗り越え、「自分の名」を人々の前に露見させなくてはならないと思ったのか、である。その一線を越えていくモメントは犯行声明からは読み取ることができない。もう一つのテクスト――事件メモ――に、この点に関わる手がかりが見いだされるかどうかを、以下で検証してみよう。

根源的カテゴリーの混乱――事件メモを読み直す

「事件メモ」という名で新聞に掲載された文章は、三月十六日に通りすがりの少女を襲い一人を殺害した日の夜から、B5判のノートに書き付けられた日記である。おそらく誰かに読まれることを想定していなかったこの文章は、彼の内面のストーリーを語るものと位置づけることができる。しかし、一方で、きわめて高い一貫性を保ち、文体にも創意を凝らしたこの文章は、読み手に対する強い意識を感じさせる。そこには、犯行声明とは別の水準での「物語化」がなされている。私たちには二つのテクストのうちいずれがより彼の真実に近いのか、判断を下すことができない。二つの文章は、一連の行動をめぐる物語の異なるバージョンである。そしてここに語られたストーリーにはやはり、彼の語りそのものを支える基本的な条件が浮かび上がってくる。

三月十六日付のメモには、次のように記されている。

愛するバモイドオキ神様へ
今日人間の壊れやすさを確かめるための「聖なる実験」をしました。その記念としてこの日記をつけることを決めたのです。実験は、公園で一人で遊んでいた女の子に「手を洗う場所はありませんか」と話しかけ、「学校にならありますよ」と答えたので案内してもらうことになりました。ぼくは用意していた金づちかナイフかどちらで実験をするか迷いました。最終的には金づちでやることを決め、ナイフはこの次に試そうと思ったのです。ぼくは「お礼を言いたいのでこっちを向いて下さい」と言いました。女の子がこちらを向いた瞬間、金づちを振り下ろしました。二、三回殴ったと思いますが、興奮していてよく覚えていません。階段の下に止めておいた自転車で走り出しました。途中、小さな男の子を見つけ、後を付けましたが、団地の中で見失いました。仕方なく進んでいくと、また女の子が歩いていました。女の子の後ろに自転車を止め、公園を抜けて先回りし、通りすがりに今度はナイフで刺しました。自転車に乗り、家に向かいました。救急車やパトカーのサイレンが鳴り響きとてもうるさかったです。ひどく疲れていたようなので、そのまま夜まで寝ました。「聖なる実験」がうまくいったことをバモイドオキ神様に感謝します。

この引用からすでに、非常に抑制が利いた創作的な文章であることがわかる。感情的な高揚や混乱については、「興奮していてよく覚えていません」とだけ記し、あとは余分な修飾を省いて淡々と事実の経過だけを語っている。それによって、自分の振る舞いを「聖なる実験」という特異なリアリティの水準に維持し、同時に（潜在的に想定されている）読み手の心に恐怖を煽り立てる効果を狙っている。

そのなかで、「人間の壊れやすさを確かめるため」という印象的なフレーズが、文章全体のトーンを導いている。それは、巧みなレトリックとして、彼の現実感覚が私たちのそれとは大きくズレていることを示している。「酒鬼薔薇聖斗」の行動をたどっていくうえでは、ここに示された「ズレ」の所在を正確に把握しておくことが必要になる。

ここでは、その現実感覚を語る修辞的な表現が「根源的カテゴリーの混乱」を示している点に注意を向けておこう。

この世界のすべての現象をいずれかの項に分類することができるような概念、とりわけ、それを適用することで私たちの生活の土台が構造化されるような概念のセットを「根源的カテゴリー」と名づけておく。例えば、「食べられるもの」と「食べられないもの」の区分は、根源的カテゴリーの一例である。食べることでこの世界から何ものかを摂り入れ、何ものかを排出して生きている私たちにとって、両者の識別は、環境世界に対する基本的な身構えを形作るうえで欠かすことができない条件となる。

「生きているもの」と「生きていないもの」の区分も、その意味で「根源的」なものである。人や動物だけではなく、土中のミミズも、風にそよぐ草木も、私たちの目には「生きているもの」として現れ、それは生きていない無機的なものとは決定的に異なるものとして、私たちに訴えかける。「生きているもの」には、それを殺して埋めてしまおうとするときでさえ、「生きていないもの」に対するのとは根本的に異なる態度が要求される。二つのカテゴリーに対する基本的な応じ方の差異が、私たちの世界に対する関係を構造化している。

「酒鬼薔薇」は、そのような根源的な区分を意識しながら、あえて誤った態度をとってみせる。「生きているもの」は「死ぬ」のであって「壊れる」のではない。誰もがそれを知っているからこそ、「人間の壊れやすさを確かめる」という修辞法が可能になる。つまりここでは、カテゴリーに対応するべき動詞が故意に誤って使用されているのである。「酒鬼薔薇」はその誤用によって、自分が生きている世界の構造の混乱とその異様さを伝えることに成功している。「酒鬼薔薇聖斗」の目に映る世界は、その基礎的な秩序を支える二項対立的な区分を確立しえていないのである。

だからこそ、語り手は「神」を召喚しなければならない。社会よりも前に、世界の根源的な成り立ちが問われなければならないとすれば、それは超越的なものとの関わりのなかでしかなされないからだ。一方で、彼が自分の行為を「神様」への報告としてつづったのは、根本的な社会規範（人を殺してはならない）を犯すうえで正当化を必要としたからである。しかし同時に、人を殺す／壊すことでこの世界の基本的な構造を確認する必要性が、神的なものとの対話のなかで生じていたからだとも言える。

そのように考えてみると、「人間の壊れやすさを確かめる」という表現は、一面において「人間が壊れる」という表現の妥当性を確かめるということの、修辞的な言い換えだったと理解することができる。それが、「人間は死ぬもの（＝生きているもの）」であることを確認したいという「人間的」な願望の表れだったとは言い切れない。むしろ物語の水準では、「人を壊すことができる」というリアリティを保つことが、自己の超越性を証明する基準となっている。だが、いずれにしてもそれは、「生きているもの」と「生きていないもの」の間に現れる曖昧な存在への「暴力」によって、根源的カテゴリーの境界を確定しようとする振る舞いだった。そして、そのような暴力の行使が許されることで、彼は（彼が自前で作りだした）「神」の超越性を確かなものにすることができる。そんな円環的な論理が、この暴力の発動には関わっていたと言えるだろう。

しかし、生命体としての有機的統一性を欠いて「壊れている」身体ほど、アレゴリカルな形象はない（「有機的なものの破片のなかに真の意味、固定された、文字に相対する等しい意味を読み取るために、全体としての有機的なものは破壊されねばならない」、そしてその「掟」からは「人体も例外となることは許されなかった」[10]とベンヤミンは言う）。「毀れて散らばっているもの」、つまり「かけら」や「残骸」としての人体を見たいという動機づけが、彼の行為（物語）の基底にある。それは、生体を廃墟として見いだすことへの欲望である（これは、川辺《リバーズ・エッジ》に打ち捨てられた「死体」を「宝物」として見つめる少年・少女たちのまなざしにも通じている）。

ところで、「酒鬼薔薇」が祀った神の名が、「バイオもどき」のアナグラムではないかという推測は、すでに多くの論者によって示されている。私も、「生きているもの」と「生きていないもの」の境界が不明確になった世界をつかさどる神として、「バイオ（生命）―もどき（にせもの）」という名はいかにもふさわしいと思う。しかしここでは、それ以前に、彼が掲げた名がアナグラムという「形式」を示していることに注意を払っておきたい。アナグラムとは、言葉がその音韻によって理解されるものとは別の隠された意味を持つことを示す形式である。つまり、言葉は真実を直接に言い表すことができず、作為的な読み込みをおこなう者にだけそれを告げるということがほのめかされている。「酒鬼薔薇聖斗」の物語に沿って言うならば、（彼自身の名と同様）「神の名」もまた二重化されているのであり、現実の世界をその表層でしか見ようとしない者には、その「本当の名前」は告げられないのである。

これもまた、語り手がどこまでそれを意図していたのかという問題ではない。何事かを語ろうとする者が採用する形式は、語り手の意図を超えてその言葉の意味作用を枠づけていくことがある。ここでは、アナグラムという形式が、表層的な記号の空虚さの裏に隠された真実を暗示している。

同様に、この「少年」が好んで使用した（暴走族文化から借用されたような）漢字表記（「酒鬼薔薇《さかきばら》聖斗《せいと》」や「学《がっ》校殺死《こうごろし》」）もまた、言語記号の冗長性を増幅させ、「意味するもの」と「意味されるもの」との有縁性を削ぐ働きをしている。ここでも、記号が過剰に飾り立てられることで、言葉は表向きに語られている以上のことを語ろうとしている、と伝えている。

このようにして見ると、「酒鬼薔薇」の語りは（少なくともその一つの位相で）常に、言葉による表出の条件をめぐって、つまりは（「本当の現実」を語る）〈言語〉の欠損をめぐって、展開されていたことがわかる。語られるべきこと――本当の名――を語りうる言葉は、「人々」には与えられていない。したがって、自らの名を告げようとする彼の振る舞いは、人々の間では俗悪な物語として流通するしかない。それでも彼は、この世界の根源的な混乱に苛立ち、その本当の姿を確かめるための暴力に訴えようとしている――自前の「神」を担ぎ出して、少年が仰々しく演じて見せた物語の根にあったものは、このような現実感覚だったと思われる。そして、この流れのなかに位置づけてみるならば、彼が最後に記した「聖名を拝受する」ための儀礼「アングリ」もまた、この世界に「本当の名」を語る言葉を回復するための行為と見ることができる。少女たちを殴打する実験では「人間が壊れやすい」ものか否かを確かめきれなかった（＝根源的カテゴリーの混乱を回収できなかった）「酒鬼薔薇」は、自らの行為によって世界の二元的な分裂を収束させなければならないと思い立つ。その「儀式」によって、彼は、この世界でもまた、「本名」で呼ばれる（＝聖名を拝受する）ことになる（はずだった）のである。

だが、どうしてそのようなことが必要なのか。先に提示した問いには、まだ十分に答えが出ていない。答えに近づくためには、語りの形式が指し示していることと、物語のなかで語られたこととのつながりに目を向けなければならない。

3　生きているものの感触

事件メモに記された物語が、現実感覚の水準で指し示していたこととは、「生きているもの」と「生きていないもの」との根源的な区分が曖昧になっているという事態だった。つまり、「生きているもの」に固有の質感がわからなくなっているということが、「人間の壊れやすさを確かめる」という行為の起源なのである。

そのように噛み砕いてしまえば、多くの人が身に覚えがあるのではないだろうか。例えば、自分が飼っている生き物をわざと殺してみる。殺すことで、さっきまで「生きていたもの」がもう「生きていない」ものに変質する、その境界の所在を確かめようとする。「死」という出来事を触感として感じ取ろうとする振る舞い。「酒鬼薔薇」の行動にもこれに通底する感覚があっただろう。

「生きているもの」が「死んでいく」のを触知することで、「生きているもの」に固有の感触を確かめようとする行為。それを単純に裏返せば、「生きているもの」もまた「生きていないもの」と同様に「壊れる」だけなのだと確認する行為――「酒鬼薔薇」の場合、それは「生きているもの」の相互的な世界を自分だけが特権的に超越する行為でもあった――に変換される。前者と後者の隔たりはもちろん小さくはない。しかし、その根にある現実感は同一のものである。

そして、改めて「酒鬼薔薇」の行為と言葉をたどり直してみると、「生」と「死」の境界、「生きているもの（死すべきもの）」と「生きていないもの（壊れるべきもの）」の境界を確認しようとする暴力の発動が〈言語〉の欠損という条件と根源的に結び付いていることがわかる。これを踏まえたうえで、いったんこの「少年」の物語を離れ、いま一度、九〇年代のアレゴリカルな形象が登場する諸場面（テクスト）に目を向けてみよう。それによって、この固有の感触をもって現れる「形象」の浮上と、「生きているもの」に固有の感触の喪失とが対のものとして語られていることが確認できるだろう。

辺見庸が「自動起床装置」によって思考しようとしたのは、「眠る―目覚める」という生体の基本的なリズムを機械的に管理することで、「生きているもの」に固有の現実が、いつのまにか変質させられていくという事態だった。実際、「自動起床装置」で、「押し上げられる」ように起こされる男たちは、「ぼく」が昔「お化け屋敷」で見た「ゾンビのゴム人形」に酷似している（「目の前の男は、上体を角度にして三十度以上も押しあげられているのに、目が開いていない。それがこわかった。起こし屋の起こしではこうはならない。男は六秒間そうやって押しあげられ、またゾンビのように沈んでいった。それからやっと目を開けた」[11]）。眠り、目覚めるという「自然」を奪い取られた人間は、すでに「屍体」と区別がつかないものになる。このテクストが問うているのは「生きているという感触の剝奪」とも言うべき事態である。物語の内に呼び込まれる形象（起床装置）のアレゴリー性は、この「生の変質」に対応している。

岡崎京子の『リバーズ・エッジ』で、「山田君」が「若草さん」を夜の河原へと連れていき、打ち捨てられた死体を初めて見せる場面は、同時進行していた「観音寺君」と「ルミちゃん」のセックスシーンと（コマ割りのなかで）交互に描き出されている。意味論的には「死」と「生」の対照をなしてもよさそうなこの二つのシークエンスは、にもかかわらず奇妙な質感の類似を示している。ドラッグを吸って快楽に溺れている二人の身体は、それにふさわしい生気を発しない。その一方で「山田君」は、「自分が生きているのか死んでいるのかいつもわからないでいるけど」「この死体をみると勇気が出るんだ」と語る。そして、彼とともに死体を見つめる「若草さん」も、「もしかするともうあたしはすでに死んでいて、でもそれを知らずに生きてんのかなぁ」と思う。[12]「生きているのか死んでいるのかわからない」という言葉は、この作品に登場する少年や少女たちに通底する身体感覚を示している。川辺の草むらに投げ出された死体は、この現実感覚に呼応するものとして浮上している。

村上春樹の『ねじまき鳥クロニクル』もまた、「生きている」ということの質感を失った人々の物語だった。そこに主題があることを、テクストは随所でほのめかしている。例えば、語り手（「僕」）は、「本田さん」に向かってこう問いかける。「つまり僕はしばらくは死んだままでいたほうがいいということですか」。その言葉は、「僕」が生きていながら「死」の状態にあることを端的に示している。あるいは、その「本田さん」のかつての戦友だった「間宮中尉」は、戦時下の外蒙古で砂漠のなかにある深い井戸に投げ込まれるという経験を持つ。彼は、「本田さん」に助け出されて生き延びることになるのだが、そのときに「私の中のある何かはもう既に死んでいた」のだと感じる。彼は自らの戦後の生活を振り返って、「私は本当の意味で生きていたわけではありませんでした」(13)と語る。生の実感を失った世界に生まれ落ちた者たちは、「死」というものを、感触として確認したいと感じている。作品の冒頭、路地に猫を探しに行った語り手に「笠原メイ」は、「人が死ぬのって、素敵よね」と語りかける。そして、「そういうのをメスで切り開いてみたいって思うの。死体をじゃないわよ。死のかたまりみたいなものをよ。そういうものがどこかにあるんじゃないかって気がするのね。ソフトボールみたいに鈍くって、やわらかくて、神経が麻痺《まひ》しているの。それを死んだ人の中からとりだして、切り開いてみたいの。いつも思うのよ、そういうのって中がどうなってるんだろうってね(14)」とささやく。作品全体に散りばめられた不可解で唐突な、しかし意味ありげな形象は、この「生」の感触が抜け落ちた世界のありようと相即的なものとしてである。

これらのテクストに共通しているのは、唐突なまでの「暴力」によってしかこの世界との闘争を継続できないということを、物語を通じて示そうとしていることである。「酒鬼薔薇聖斗」の闘争は、この物語の文法をうかつにも「現実」の世界に適用してしまったことから起きたと言えるだろう。自分だけが特権的な(超越的な)主体として、他者の生を「壊してみる」ことができるのだというストーリーを、「現実」の他者に向けて発動してしまったところに彼の過ちがあることは言うまでもない。しかし、そのストーリーを起動させた「現実感覚」は、同時代の数多くの物語の語り手が表現しようとしていたものと、通じるところがある。

おわりに

最後に、これまでまったくふれなかった一つの文脈に言及しておきたい。それは、「酒鬼薔薇事件」と阪神・淡路大震災（一九九五年一月十七日）とのつながりである。神戸という場所に結び付けて、多くの論者が、地震による街の荒廃と少年の事件の因果連関を語っている。私には、少年の心理的な現実に即して、二つの出来事がつながっていたかどうかを判断することはできない。しかし、地震による街の崩壊とアレゴリーの浮上との関係については、論理的な結び付きを見いだすことができる。むしろ、廃墟こそアレゴリカルなものの典型的な表出の場である（ベンヤミンによれば「事物の世界において廃墟であるもの、それが、思考の世界におけるアレゴリーにほかならない」[15]のだ）。「瓦礫の中に毀れて散らばっているもの」を「意味のある破片、断片」として読み上げるとき、全体との有機的な連関を欠いて孤立した形象がアレゴリーとして私たちの前に浮上してくる。地震によって崩れ落ちた「物」たちが、街並みとしての、生活の舞台としての都市空間のつながり（意味連関）から脱落し、その剝き出しの様相を露呈するとき、「現実」を語るために用いていた日常の言葉が、世界の実相を語るにふさわしい〈言語〉から遠く隔たっていることが感受されるはずである。

細見和之は、『言語一般および人間の言語について』への緻密な注釈のなかで、ベンヤミンが言う「事物の言語」の例として、阪神・淡路大震災後の「風景」を取り上げている。それによれば、「倒壊したビル、みごとに引っぺがされたハイウェイ、立ち昇る煙と炎、あたりに漂う異臭」などのすべてが「地震の言語」なのであって、「禍々しい言語という姿で」地震自らが「自分が何ものであるのか」を告げていたのである。[16]そして、物たちがその現れにおいて語る「地震の言語」「事物の言語」を「人間の言語」に「翻訳する」という企てが求められているのだと彼は言う。

だが、私たちはこの「事物の語る言葉」を丁寧に聞き取り、それを「人間の言語」に移し替える努力を重ねてきただろうか。もしそのような作業を怠ってきたのだとしたら、不完全な形であらわになってしまった「言葉」は、表出の回路を失ってどこかに鬱積し、いずれ裂け目を見いだして、奇妙な形で唐突に噴出するに違いない。その一つの形が「酒鬼薔薇聖斗」の事件だったという仮説を、私は容易に手放すことができない。この点にふれているのは、もちろん、いま私たちが再び地震(二〇一一年三月十一日)のあとを生きているからである。津波に押し流された街の光景や吹き飛ばされた「原子炉建屋」の映像、あるいはテレビの映像には一度も現れることがない多数の死体は、それ自体が、「言葉」となって語りかけている。それを自分たちの「言葉」に翻訳する作業に、私たちは急いで、また執拗に取り組まなければならない。だが、覚悟しておかなければならないのは、私たちが事物の語りを正しく表出するだけの言葉をおそらく持ち合わせていないということにある。「言葉」が語り尽くせない災厄の気配とともに立ち現れる世界に、私たちはすでに生きている――「酒鬼薔薇聖斗」の九〇年代はいまも持続する相として私たちの前にあるはずなのである。

注

(1)間庭充幸『若者犯罪の社会文化史――犯罪が映し出す時代の病像』(有斐閣選書)、有斐閣、一九九七年、二ページ

(2)宮台真司によれば、ある民放の放送局が一九九七年七月上旬におこなった調査では、酒鬼薔薇の「気持ちはわかる」という回答が、電話取材の約三分の一、インターネット取材では約半数を占めていたという(宮台真司『透明な存在の不透明な悪意』春秋社、一九九七年、三六ページ)。また、筆者も九七年十一月に自分が担当していた大学の講義で、酒鬼薔薇の犯行声明や事件メモを提示し、彼の行為の動機が理解可能かどうかを問うてみた(フリーアンサー)。「理解できるわけがない」という激しい拒絶の反応が多数派のものとして見られる一方で、二割弱の学生は、「自分には理解できる」と受け取れる回答を示している。こうした数値が何を意味するのかについては正確には解釈できないが、決してごく少数とは言えない数の人々が、酒鬼薔薇聖斗の行為を「理解できる」と語っていたことは問

違いない。

(3)「アレゴリー」という言葉の導入にあたっては、『ドイツ悲劇の根源』をはじめとするテクストでヴァルター・ベンヤミンが提示した用法を念頭に置いている。しかし、ベンヤミンの思想を正確に読み取る力は、残念ながら筆者にはない。ここでのアレゴリー概念の定義は、その上澄みを自分なりにまとめなおしたものである。またその際、ベンヤミンを意識しながら、フランスのレアリスム文学におけるアレゴリーの機能を論じたジャック・デュボアの以下のような定義も参照している。「レアリスムにおけるアレゴリーとは、結局のところ、語りの連続性から切り離された形で、意味の運動と想像力の作動とを感じとらせるような強力なイメージを指すものである。公的なセレモニーの場から場違いな形で浮かびあがる二人の恋人同士の戯れや、牢獄の監房においてなされる軽々しい誘惑の行為は、悲劇の向こうに夢想的な世界を喚起し、そこにはエロティックな味つけがほどこされる。二つの状況は少なくとも唐突であり、強く規範化された状況を問い直す働きをする。その時点において過剰な意味作用が生まれ、テクストの放つ数多くの問いがそこに向かって逆流してこざるをえなくなる。これらの凝縮的な場面は象徴的な解釈を、ただし象徴が決して固定的な形態をとりえないという意味で、流動的な性格を持った解釈を求めるのである」(ジャック・デュボア『現実を語る小説家たち――バルザックからシムノンまで』鈴木智之訳〔叢書・ウニベルシタス〕、法政大学出版局、二〇〇五年、一〇〇―一〇一ページ)

(4)宮台真司が指摘したように、それは現実と虚構の区別がつかなくなっていたというような事態ではない。むしろ、その二つの世界の関係こそが問題の焦点だったのである。

(5)内田隆三は、挑戦状や犯行声明文について、「そのテクストを語る主体の位置に何者かの像が結ばれるとしても、その像はどこかで妙に〈ぶれ〉て見える」と言い、この「少年のテクストに現れる奇妙な〈ぶれ〉について」思考することを試みている(内田隆三『国土論』筑摩書房、二〇〇二年、四四八―四四九ページ)。

(6)矢幡洋『少年Aの深層心理――「透明な存在」の言説分析』青弓社、一九九八年、一八〇ページ

(7)それは事件直後、宮台真司が盛んに展開した論だった(前掲『透明な存在の不透明な悪意』)。

(8)犯行声明のうち、とりわけ後段の表現が、「ゾーディアック事件」の犯人の覚書に類似していることから、おそらく、「酒鬼薔薇」がそれを下敷きにこの文章を書いていることが、すでに指摘されている(長門直弥編『KILLER

――酒鬼薔薇聖斗の深淵』なあぶる、一九九七年）。
（9）前掲『国土論』四五二ページ
（10）ヴァルター・ベンヤミン『ドイツ悲劇の根源』下、浅井健次郎訳（ちくま学芸文庫）、筑摩書房、一九九九年、一三八ページ
（11）辺見庸『自動起床装置』（新風舎文庫）、新風舎、二〇〇五年、一一三ページ
（12）岡崎京子『リバーズ・エッジ』（Wonderland comics）、宝島社、二〇〇〇年、六〇―六四ページ
（13）村上春樹『ねじまき鳥クロニクル』第一巻、新潮社、一九九四年、三〇五―三〇六ページ
（14）同書三五―三六ページ
（15）前掲『ドイツ悲劇の根源』下、五一ページ
（16）細見和之『ベンヤミン「言語一般および人間の言語について」を読む――言葉と語りえぬもの』岩波書店、二〇〇九年、六ページ

参考文献

朝日新聞大阪社会部編『暗い森――神戸連続児童殺傷事件』朝日新聞社、一九九八年
井口時男『少年殺人者考』講談社、二〇一一年
鈴木智之『村上春樹と物語の条件――『ノルウェイの森』から『ねじまき鳥クロニクル』へ』青弓社、二〇〇九年
山口裕之『ベンヤミンのアレゴリー的思考』人文書院、二〇〇三年

第5章　偽史への意志
――歴史修正主義と『五分後の世界』

山家　歩

はじめに

本章では、村上龍の小説『五分後の世界』を取り上げ、これを一九九〇年代の歴史修正主義的な動きとの関連のなかで検討したい。ここでは、イアン・ハッキングが提起した記憶政治という理論的観点から九〇年代に目覚ましい展開を見せた歴史修正主義の問題を検討し、そうした記憶政治的コンテキストのなかに『五分後の世界』を位置づけて、考察する。ハッキングは、『記憶を書き換える』でミシェル・フーコーの生‐権力論を論じた際に、生‐権力は、規律権力と生‐政治を二つの極とするとしたフーコーの議論を補足しながら、それに加えて記憶政治の問題系が考慮されるべきだと主張した。(1)記憶政治は、自己同一性を備えた主体の構成や管理に関わり、ミクロとマクロの次元を有している。

ハッキングが解離性同一性障害を通じて「ミクロな」記憶政治を取り上げたのに対して、本章で主として扱うのは民族や国民の記憶という「マクロな」次元の記憶政治だが、それはもちろんミクロな記憶政治的諸実践と無縁ではない。記憶の編成や再編をとおして、集合的主体（民族、国民）と個人の統治を関連づけることは記憶政治の重要な目標である。そもそもフーコーの統治性研究では群れの個人化と全体化の様式の接合のありようが問題とされていたのであり、それは記憶政治でも変わることはない。改めて指摘するまでもないことだが、近代は「記憶の装置」(手紙、写真、映画、テレビ、ビデオ、諸儀礼)を生み出し、また普及させてきた。これらの装置なしに個人の主体化や集合的な主体化の諸様態は機能しえない。

フーコーは『性の歴史I』で人間種、人口に関する調整として生-政治を論じたが、国民や民族といった集合的主体かつ客体に介入する際には記憶の管理・調整が不可欠である。(2) この点で記憶政治は生-政治的介入のための諸前提を整えると言えるが、それればかりではない。それは規律的介入の一様式でもある。このことは自己物語の「書き換え」を伴わない矯正は考えにくいことからも理解できるだろう。

ハッキングも示唆していたように、記憶政治を他の権力の軸とどのように関連づけるべきかという問題には曖昧な点もあり、これらについて詳細に検討をおこなう必要もあるが、それは別稿での課題として、本章では記憶政治論の理論的な精密化へと向かう代わりに一九九〇年代のポスト冷戦期に生じた歴史修正主義の興隆を分析したい。(3)

九〇年代の日本では、とりわけ敗戦後五十年となる一九九五年を契機として、新しい歴史教科書をつくる会(九六年に結成)に代表される歴史修正主義の動きが活発化していった。その主張は戦後の冷戦体制下でゆがめられた歴史(自虐史観)を本来あるべきもの(「どの民族も例外なく持っている自国の正史」)へと「修正」することで、日本民族としての誇りとその本来性とを回復すべきだというものだった。(4)

一九九五年八月十五日に閣議決定に基づいて発表された村山談話は、日本が「植民地支配と侵略によって、多くの国々、とりわけアジア諸国の人々に対して多大の損害と苦痛を与え」たことを「疑うべくもないこの歴史の事実」と述べ、九三年の河野談話が認めた従軍慰安婦問題への対応も示していた。この見解は、その後の内閣にも引き継がれ、一応は日本政府の「公式見解」とされることになったが、それを河野談話とともに反日売国奴的な妄言と見なし、撤回させることが歴史修正主義の運動にとって悲願となる。こうした運動を担う人々は、草の根の活動家、政治家、学者や評論家などからなるが、その重要な結節点が歴史教科書作りだった。

興味深いことに、こうした動向と精神的土壌を同じくするものとして、九〇年代には大衆小説の領域でも歴史修正主義的な志向を持った太平洋戦争の歴史シミュレーション小説が数多く出版された。これらの大半は、卓越した指導者（山本五十六や石原莞爾など）と、超兵器（戦艦、戦闘機、潜水艦、原爆など）によって、架空の第二次世界大戦が日本の勝利に導かれるか、あるいは現実の日本が陥った破滅を回避するといった形式を、判で押したように踏襲している。

自虐史観の修正と歴史シミュレーション小説はともに、「対米従属的な戦後」「アメリカニズムに染め上げられた戦後」すなわち冷戦体制を超克し、九〇年代の日本が直面していた国内外の経済的政治的苦境（バブル崩壊後の不況や自民党型政治の機能不全、冷戦後の不透明なアジア情勢）を克服できるように国家再編をおこなおうという企てと結び付いた「記憶政治的」実践である。それらは、「記憶の書き換え」を通じて、「戦後」の産物である「平和ボケ」や民主主義や個人主義による道徳的堕落を克服し、ポスト冷戦期の国家再編に対応する国民主体（集合的にも個別的にも）の「修正」を成し遂げることを目標としていた。

これに対して村上龍の『五分後の世界』は、そうした「修正主義的欲望」をある程度までは共有し、「戦後」という観念を批判するものでありながらも、この欲望を挫折させる物語にほかならない。これについては第2節で検討するが、まずは九〇年代の歴史シミュレーション小説が歴史修正主義とどのような関係にあったかを以下で考察しておこう。

1　「自国の正史」と偽史への意志

「自国の正史」という隠語

小林よしのりは、批判書が何冊も書かれるほどの反響を生み出した『戦争論』で、「大東亜戦争」について、日本というちっぽけな島国が「有色人種を下等なサル」としか見なしていない「東アジアを植民地にしていた差別主義欧米列強の白人ども」に対して「身のほど知らずながらこんな大きい戦争をやってしまったってことが驚きというか痛快である。無邪気に男の子の感覚で言えばグレイトなのである」と述べている。そして、この戦争を痛快と見なすことは、「ウルトラマンが怪獣と闘っているのを見て「すげえ」と言うことと同様だと述べている。[5]

『戦争論』で小林は、例年「終戦」の時期になるとマスメディアを通じて繰り返し強調されるあの「悲惨な戦争」の記憶に反発し、その代案として、「グレイト」で「痛快な」戦争像を描き出そうとしている。あの戦争には確かに愚かなところもあったが、人種主義的な欧米帝国主義に対する日本人の誇りを守る戦いであり、植民地支配からのアジア解放のきっかけを作った壮挙にほかならない、というわけだ。戦後日本人に植え付けられてきた偽記憶＝自虐史観を克服せよ、というメッセージを送るこのテキストはそれまで歴史書を読んだこともないような層の読者を引き付け、彼らがこれまで教科書が教えてくれなかった「歴史的真実」に覚醒し、自虐史観から脱却するうえで啓蒙的な役割を果たしたのだった。[6]

小林がこの当時参加し、大衆への伝道師としての役割を果たしていた新しい歴史教科書を作る会の設立声明（一九九六年）では自虐史観からの脱却の必要性は次のように述べられている。

> 日本人は戦後五十年間、世界を二分した米ソ二超大国の歴史観をあいまいに国内に共存させてきた。歴史教科書の記述はこの二つの混交の良い一例である。本来原理的に対立しながら、対日戦勝国として日本の歴史的過去を否定する二つの歴史観が戦後日本の知識人の頭の中では合体し、共存してきた。その結果として、日本自身の歴史意識を見失ったのである。周知の通り、冷戦終結後の東アジアの状況は猶予を許さない。

この声明文では、「どの民族もが例外なく持っている自国の正史」という本来性への希求が示されているが、それとともに「周知の通り、冷戦終結後の東アジアの状況は猶予を許さない」と述べられてもいる。小林の『戦争論』がそうであるように、この会の参加者たちの著作でもこうした「本来性の喪失」が戦後日本の諸々の堕落（そしてそれによる混迷）を端的な形で示すものとして告発されている。「正史」の回復は単に歴史事実の問題にとどまらず、集団的主体、ある種の生物学的かつ文化的な種としての日本民族の活力に関わるものと見なされている。まるで、正史を回復することなしには日本は混迷するポスト冷戦体制下のアジアを生き延びることも覚束ないかのようだ。

この種の歴史修正主義的な言説では歴史的な真理への意志が民族という主体の「力への意志」と重ねられている。だが、これは奇妙な信念ではないだろうか。

歴史修正主義の批判者は、その「誇りある歴史」の内容的ないかがわしさや荒唐無稽ぶりに関心を向けがちである。それは至極もっともなことだが、そうしたこと以上に筆者の関心を引くのは、歴史修正主義の言説に見られる過剰なまでの潔癖主義、民族の記憶や「集合的意識」を傷つけ、台無しにする歴史の汚点を可能なかぎり（その不可能性をものともせず）削除していこうとする強迫的な渇望や「真理への意志」、そして「瑕疵のない記憶」こそが国民主体を活性化し、現存の国家の混迷や国民の頽落を打ち破ってくれるはずだという記憶政治的信念である。

こうした信念は言うまでもなく国民国家を過去に投影する遠近法的倒錯に基づいている。テオドール・アドルノが「本来性という隠語」と呼び批判したような、頽落した現状（＝戦後体制）を批判し、打破するための（ナチスに加担したマルティン・ハイデガーを希釈したような）「民族の本来性」への目覚めが九〇年代の日本で歴史修正主義論者によって大真面目に叫ばれたのである[7]（もっとも三〇年代の超国家主義的なニッポン主義にしても少なからぬ知識人は当初時代錯誤的で空疎な狂信だと見なしていたわけだが）。それは勝ち馬に乗ったはずの冷戦での勝利後も「敗戦国」であり続けることを宿命づけられた、いつまでも終わらない日本の「〈敗〉戦後」への苛立ちの表明でもあった。

ポスト冷戦体制下での「偽史への意志」

九〇年代には、ポスト冷戦の地政学的状況に対応する近未来小説が数多く書かれた一方で、史実とは別の「大東亜戦争」を描く歴史シミュレーション小説が数多く発表された。[8]すでに述べたように、これらの小説のストーリは、卓越した指導者（山本五十六や石原莞爾など）と、超兵器（戦艦、戦闘機、潜水艦、原爆など）によって、架空の大東亜戦争が勝利に導かれる、あるいは現実の日本が陥った破滅を回避する、という物語形式を取っている。こうした架空の大東亜戦争を描くSFは冷戦期にも書かれていて、そのこと自体は新しいことではない。

ポスト冷戦期に特有なのは、コンピューターの発達と普及に伴いシミュレーションという概念が一般化・陳腐化したこと、そして歴史改変が身近な娯楽として消費されるようになったことである。シミュレーションによって無数の仮想世界が気楽に消費可能となったことは「歴史は別様でもありえた」という感覚をありふれたものとしていく。[9]

こうした感覚の一般化は、いつまでも「過ぎ去らない」過去、日本の戦争犯罪や侵略の罪という歴史的事実を相対化する。歴史シミュレーション小説の書き手たちは、「無数の潜在的な可能性」のなかから、ポスト冷戦期に日本が取るべき国家戦略に対応すべき歴史シミュレーションを提示してみせる。

このことは、その書き手らの多くが近未来戦争小説の書き手たちでもあるということ、歴史シミュレーション小説と近未来小説が近接するジャンルとして出版され、ほぼ同じ読者層を対象としていること、と密接に結び付いている。それ以前によく見られた、米ソによる第三次世界大戦に日本が巻き込まれる、もしくは日本がソ連に侵攻されるという冷戦的ストーリーに代わって、ポスト冷戦の近未来小説は、例えば生田直親の『凄惨！香港大会戦』では中国、霧島那智の『北朝鮮日本侵略！』では北朝鮮、志茂田景樹の『覇す』ではほかでもないアメリカが敵とされ、冷戦の枠組みを超えた戦争を想定している。[10]

こうした冷戦後という未知の事態に踏み込んでいくために国家改造を志向する意志と、歴史シミュレーション小説で偽史を志向する意志とは連動している。

ただし歴史シミュレーション小説が示すあからさまな偽史への意志は、歴史修正主義者の本来性への希求もまた「偽史への意志」（日本の過去の過ちを「こうあって欲しかった」歴史と置き換えようとする意志）にほかならないことを明らかにするものである。というのも歴史シミュレーション小説が喚起するのは歴史的事実が「別様でもありえた」という相対化の感覚であるのに対して、歴史修正主義者による本来性の希求は、「こうあって欲しかった」歴史を唯一の真実（「これ以外であってはならない」）として捏造することにほかならないからだ。

西川長夫たちが指摘するように、近代国民国家とは伝統を発明する記憶装置であり、それとともに記憶を通じて集合的および個人的なアイデンティティを生産するアイデンティティ装置である。(11) 始原に見いだされるのは歴史に汚染されない民族の記憶の「古層」などではなく、「偽史への意志」にほかならない。「はじめに偽史ありき」なのである。

歴史シミュレーション小説がこの「偽史への意志」をポスト冷戦の地政学的状況への対応という観点から積極的に肯定するのに対して、正史の回復を目指す歴史修正主義者は民族の記憶の「純潔」に強迫観念めいた執着を示すが、それは実のところ偽史への意志の変奏された姿にほかならない。だが、フーコーが言うように、この偽史への意志は、「起源にあるものの領域を復元する任務をみずからに与えながら（略）ただちにそこに起源の後退を発見する」(12) ほかないだろう。

ただし、こうした両者の違いはあまり強調されるべきではないのかもしれない。というのも「新しい歴史教科書の趣意書」でも述べられているように、歴史修正主義者たちが希求するのは、「日本国と日本人の自画像」「私たちの祖先の活躍に心踊らせ、失敗の歴史にも目を向け、その苦楽を追体験できる、日本人の物語」（傍点は引用者）だけだからだ。ありえなかった「グレイト」で「痛快な」架空の戦争を描き出す歴史シミュレーション小説は、結局のところ、その物語的欲望を増大させこそすれ、挫折させるものではない。

要するに、「日本人の物語」を共有する記憶の共同体を「回復」しようとするこの記憶政治的実践では、とどのつまりは、偽記憶だろうとなんだろうと日本民族の集合的記憶の真実らしさは、彼らが誇ってみせる歴史研究の疑似実証性よりも「民族の正史」を回復したいという欲望の切実さによって担保されている。重要なのはその欲望を共有しない者を非国民・売国奴として名指し、排除することにある。

2 『五分後の世界』と修正主義的欲望の脱構築

九〇年代の記憶政治的諸実践と村上龍

興味深いことに、九〇年代には歴史修正主義者たちのような「マクロ」な記憶を対象とする記憶政治的実践ばかりではなく、「ミクロ」な種類のさまざまな実践も活性化している。例えば、そうした実践のなかでも自らが幼少期に受けた心の傷が現在の生きにくさを生み出していると主張するアダルトチルドレンのムーブメントは話題にもなり、これまた少なからぬ数の「トラウマ系」の文化的表象を生み出した。「ミクロ」な次元でも、「マクロ」な次元でも、「トラウマ」は九〇年代後半の言説状況を理解するうえで重要なキーワードの一つだと言えるだろう。(13)

もちろん「トラウマ」への拘泥の仕方は異なるが、九〇年代の国家の再編あるいは再編への意志が「トラウマ」に関わるこれらの記憶政治的実践をそれぞれのやり方で喚起していることは疑いえない。一方でポスト冷戦期の日本の国外・国内政治的無策と、日本人本来の誇りある生からの堕落である戦後民主主義への憤懣が歴史修正主義を活性化していた。

他方、アダルトチルドレン、ＰＴＳＤなどをめぐるメンタルヘルス系の言説は、バブル経済が崩壊し、もはや右肩上がりの経済成長が期待できなくなり、急速に悪化した雇用状況などを重要な背景としていた。メンタルヘルス系の言説が勧める自己への専心や自己救済への専念は、人々が直面する多くの諸問題をこころの問題へと還元する点では、新自由主義と相互補完的なものである。問題の元凶は親によって与えられた「トラウマ」や「自分が主人公でない（両親に支配された）自己物語」にあるとされる。これに対して、歴史修正主義は、日本社会が国内外に抱える多くの問題の重大な元凶の一つが日本人の「本来的な歴史の喪失」、不当に押し付けられた「集合的偽記憶」だと告発する。

本章で村上龍を取り上げる理由は、九〇年代の彼がこれらの記憶政治的諸問題に彼なりの仕方で自覚的にコミットメントするテキストを少なからず生産していることにある。本章で中心的に論じる『五分後の世界』は、以下で見るように歴史修正主義と親和的でありながらも、それらを活気づける精神的風土に対して、一定の批判的効果を生産しうるテキストだが、その一方で村上は、二〇〇〇年代になると『共生虫』（二〇〇〇年）や『最後の家族』（二〇〇一年）といった引きこもり問題を正面から扱った小説も書くようになる。[14]「トラウマ」の問題に関する彼の主張は、シンプルにマッチョなものだ。「トラウマ」は、成功の障害になるので、癒すものではなく、それから自由になるべきものだと彼は主張する。少し長いが引用しよう。


最近キーワードの一つとして「傷をいやす」ということがあるようだ。

もちろん外傷ではない。

トラウマとでも呼ぶべきものだ。

そんなものは誰にだってある。無傷で生きてきた人間なんてどこにもいない。

もちろん程度の差はあるし、回復不能な重傷というものもあるかもしれない。

しかし、私はそんなものを認めたくはない。

そういうものを認めるような表現者だったら例えば『コインロッカー・ベイビーズ』のような作品は書かなかった。書いたとしても全然違うストーリーになっていただろう。

主人公は、東京を破壊しようとはせず、傷をいやしてくれる人を捜していただろう。

そもそも社会性や人間関係で傷はいえるものなのだろうか？

傷は、いやすものではなく、無関係になるべきものだと思う。

Ｆ１のレーサーは、走っている間、トラウマとは無関係でいなければならない。

自分の傷のことなど考えていたら、コーナーをクリアーできない。

レースに勝ったらそれでトラウマを忘れることができる。

トラウマの後遺症が襲ってくるのはレースに負けた時、ミスをした時で、それは次のレースに勝たなければ、クリアすることはできない。[15]

ここでは、九〇年代に社会の前面に浮上してきた「トラウマとその癒し」という物語の拒絶が表明されている。そしてＦ１レーサーのような卓越した人物足りえない人々はあっさり切り捨てられている。『五分後の世界』に関して村上は「『限りなく透明に近いブルー』と、『コインロッカー・ベイビーズ』と、『愛と幻想のファシズム』を足して、三で割ったような小説で、たぶん、代表作となると思う」[16]と述べている。以下で見るように『五分後の世界』もまた、歴史修正主義的な欲望を慰撫ないし鼓舞するよりも、挫折させるものである。だが、それはＦ１レーサーのような人物足りえない人々を切り捨てるだけのものではない。

『五分後の世界』

『五分後の世界』のストーリーは、連合国軍に対する本土決戦がなお継続されているパラレルワールドの日本に、主人公である小田桐が紛れ込むことで始まる。この仮想の日本では、「北海道、東北がソ連、本州の残りと九州の大半がアメリカ、四国がイギリス」、そして西九州が中国によって分割統治されていたが、冷戦下での米ソ中の対立を利用して、地下壕のネットワークであるアンダーグラウンドを拠点とする国民ゲリラ軍が勢力を伸張し

図1　村上龍『五分後の世界』（〔幻冬舎文庫〕、幻冬舎、1997年）の書影

ている。
アンダーグラウンドはアメリカこそ最大の敵と見なしながらも、危機的な状況のなかで必要に応じて、アメリカの要請に従ってソ連や中国と戦うこともある。またその一方で各地のゲリラ闘争に兵士を送り込んでいる。そのようにして「どの国の助けもかりずにいままで生きのびてきて、どの国にも降伏せず、どの国にも媚びず、どの国の文化もまねずに、すべての決定を、われわれじしんがくだしてきて、全世界に影響をあたえつづけている」[17]生存のためのゲリラ戦の「戦争機械」がアンダーグラウンドなのだ。

しかし、連合国軍による日本の主要都市への原爆投下（一九四五年八月六日に広島、九日に長崎、十九日に福岡・小倉、二十六日に新潟、九月十一日に京都・舞鶴）をはじめとする大虐殺、移民、貧困などによって、日本国民の人口は、二十六万人にまで激減し、その民族的生命は風前のともしびとなっている。そうした過酷極まりない状況のなかでアンダーグラウンドのゲリラ兵たちは生存のための戦いを継続している。

生存のためのゲリラ戦を目的として作られたアンダーグラウンドのシステムはシンプルそのものである。それは敗戦後アメリカの軍事的庇護とアメリカニズムを受け入れ、経済成長に邁進し、高度消費社会を実現した九〇年代の日本と著しい対照をなしている。戦後および戦前の日本を批判対象として浮かび上がらせるように意図してアンダーグラウンドの描写がされている。

小田桐は、彼がいた日本と「五分後の世界」のあまりにも大きな隔絶に当初は戸惑うが、やがてアンダーグラウンドで戦う誇り高きゲリラ戦士たちに感銘を受け、そのシステムのルールに適応していく。こうした小田桐のゲリラ戦士的主体への生成変化が『五分後の世界』の主要なストーリーをなしている。

この小説では、前大戦の軍指導者をはじめとする日本人の無知への批判、その反省に基づく戦略による「本土決戦の継続」＝戦争の戦い直し、大国に抑圧された第三世界の人々との連帯、そして、アメリカ消費文化を無批判に受け入れた戦後日本人の精神的荒廃への批判といった内容も見られるが、これらは多くの修正主義的な歴史シミュレーション小説にも見られる主題である。

そうした批判は小説の細部にまで書き込まれているが、戦後日本に対する批判がもっとも端的な形で示されているのは小田桐がアンダーグラウンドでマツザワという女性少尉から聞かされたシミュレーション結果である。アンダーグラウンドでは、日本が「中国に利権を求めて派兵しなかった場合から始めて、九州を占領されてポツダム宣言を受け入れるという仮定までそれぞれ」シミュレートしている。現実の日本に近似する八番目のシミュレーションは以下の内容である。

沖縄を犠牲にして無条件降伏した場合には、最終的にアメリカの価値観の奴隷状態になるという予測が出ました。経済的な発展のレヴェルには何段階かありますが、結果は基本的には同じことで、つまりアメリカ人が持つある理想的な生活の様式を取り入れて、そのこと自体を異常だと気が付かないということ、文化的な危機感は限りなくゼロに近づいていくので、例えば日本人だけが持つ精神性の良い部分を、アメリカが理解せざるを得ないような形にして発信するという可能性はなくなります（略）政治的には、アメリカの顔色をうかがってアメリカの望むような政策をとるしかなくなる。(18)

小田桐（朝のジョギング中だったためにシンプルで機能的な服装をしている）の様子などから判断してアンダーグラウンドのマツザワ少尉たちは、自分たちのシミュレーションははずれたと判断したのに対し「いや本当は今あなたが言った通りなんです、と小田桐は言おうとして止め」る。「それが異常なことだと気づくことができないぐらいの奴隷状態」のなかにいる「家畜人的な」受動性への透徹した認識と憎悪とが、村上の数多くの小説に通底する主題であることは改めて指摘するまでもないだろう。(19)

例えば、笠井潔は「この作家はデビュー作以来、戦後日本の「豊かな社会」への反感を描き続けてきた」「人間にとって最も大切な生きることの意味を忘れ、ぬくぬくと無自覚に暮らしている戦後日本人や戦後社会に対する鋭角的な違和感を書き続けてきた」と評価し、「村上龍と同年代ですから、僕も同じような感覚は共有しています」と述べながらも、その後の村上が新自由主義に回収されてしまったことを批判している。[20]

こうした村上の小説から、「男根中心主義的な欲望」を読み解くことは容易であるし、現にフェミニズム批評家たちがそれをすでに指摘している。あるいは巽孝之のように、そうしたフェミニズム批評を受けたうえで「ヘテロでマッチョな八〇年代村上龍から、クイアでフリーキーな九〇年代村上龍へのパラダイムシフト」を評価し、「混成主体」としての「おばさん」の「オーヴァー・ドライブ」を描く『昭和歌謡大全集』(一九九四年)のような小説に『コインロッカー・ベイビーズ』や『愛と幻想のファシズム』で貫かれた家父長制テロリズムを母権制テロリズムの視点からほとんどパロディー化するかのように語り直している」試みを読み取る者もいる。[21]

巽はそうした視角から見た場合、『昭和歌謡大全集』(一九九四年)が「日本もまた高度資本主義が進行すればするほど単一民族内部の差異を露呈していくことを」「日本内部の「見えない民族」の可能性を」見事に描き出していると評価する。その一方で、『五分後の世界』でのキューバを日本=アンダーグラウンドに重ね合わせることによる歴史改編は、「オリジナリティーの点で少々肩透かしを食らうかもしれない」と述べている。[22]「オリジナリティー」の問題は別としても、『五分後の世界』は、『愛と幻想のファシズム』などに濃密に見られるいかにも村上好みの「ヘテロでマッチョ」な「家父長制テロリズム」の要素を持っており、それゆえに、失われた「父権」や「民族という主体」の再構築を目指す修正主義的歴史改編小説を活気づける九〇年代の言説的状況の圏域に回収されかねない危うさをおおいにはらんでいる。また『ヒュウガ・ウイルス 五分後の世界Ⅱ』(一九九六年)では謎のウイルスが蔓延するという黙示録的な状況下を生き延びるために必要な意志の強靭さ(「アンダーグラウンド」の兵士たちが兼ね備えている)がさらに強調されていて、マッチョ的主体性とその「意志の力」の賛美こそ村上小説の真骨頂であることは明白である。[23]それに対して、巽が指摘するように『昭和歌謡大全集』

で繰り広げられる「おばさん」と若者たちの血みどろの闘いは村上自身による自己の小説の自覚的なパロディである。

しかし、テロをおこなうのが「ヘテロでマッチョな」野郎どもならば問題だが、高度消費文化をそれなりに享受している「おばさんたち」ならばいい、というのは安直すぎるPC（ポリティカル・コレクトネス）的感性だと言わざるをえない。「日本もまた高度資本主義が進行すればするほど単一民族内部の差異を露呈していく」と巽は述べているが、今日の視点から振り返るならば九〇年代はむしろバブル崩壊後の不況が、日本社会の「一億総中流幻想」を崩壊させ、資本主義的発展の不均等を容赦なくあらわにしていく時代だった。それは日本的ポストモダン、すなわち「消費を通じた差異の戯れの肯定」を挫折させていく過程にほかならなかった。

『昭和歌謡大全集』は、今日の時点から振り返るならば、グローバル資本主義によって生じた、階層間、世代間、地域間などの国民の分断が生み出しうる相互憎悪を描いていると言うことができる。それは巽が言うように高度資本主義の文化的創造性をたたえているのではなく、むしろ、そうしたポストモダンでPC的な文化主義者を批評的に揶揄しているのである。象徴的なのは、この小説で「おばさん」的主体が嫌悪を示したのは、九〇年代の失われた十年を通じて増殖していく「ニート的主体」のありようだった点だ。この嫌悪は、高度消費社会のなかで研ぎ澄まされた消費美学に反して恥じるところがない「蛮族」どもに対する嫌悪である。

九〇年代以降かきたてられていった治安への不安とは、こうした改めて回帰してきた「危険な階級」への「おばさん的」（生活保守主義的な）嫌悪と恐怖の一表現形態であることは忘れられてはならない。重要なのは、バブル経済が現出させた高度消費社会のもとでの「被虐的創造性《マゾヒスティック・イマジネーション》」を示す「混成的主体」をむやみに称賛してみせることではなく、「混成的主体化」がどのような場でなされ、そこにどのような可能性があるのかを読み解くことだろう。

『五分後の世界』で、日本国民が戦い続けるただ一つの理由として、司令官のヤマグチが挙げるのは、「外交使節団やわずかな商社員、ひとにぎりの留学生を除いて具体的に海外とかかわった」有史以来最初の日本人であり、

「日本の歴史が始まって以来、もっとも苦しみ、もっとも貴重な情報を得た人々」である「ニューギニアやガダルカナルやビルマで戦った兵士達」が、「戦闘どころか、生存さえも困難な状況」で戦い続けることによって得た、民族が生き延びていくために必要な情報を無駄にしないためである。

こうした主張についても、民族の主体性を再構成しようと試みる言説として見ることもできる。しかし、この小説で、「民族が生きのびていくために必要な情報を無駄にしないため」の戦争は、あまりにも過剰な仕方で「民族の生存」を脅かしている。このことは両義性を生み出す。

確かに、この小説では、純潔の日本人たちは、「その姿を見られるだけでもすばらしいというような、まるでF1レーサーのような圧倒的存在」だとされている。そうしたアンダーグラウンドの兵士たちの姿は小田桐が属している現実の日本人たちの家畜人的主体性（それは小説に出てくる非国民たちに重ね合わされるだろう）に対する鋭いアンチテーゼとして示されている。そして、圧倒的多数を占めるようになっている（場合によっては準国民となれる）混血児たちは、精神的にも肉体的にも劣った存在として描かれている。このことを「ヘテロでマッチョな主体」の優位を述べるものと見るのは容易である。しかし、別の可能性をここに見いだすこともできる。「民族が生きのびていくために必要な情報を無駄にしないため」の戦争の結果、純潔の日本人は、連合国軍による虐殺、移民、貧困などによっていまや二十六万人しかいない。この点について、女性兵士のマツザワ少尉は小田桐に次のように述べている。

昔、女性兵士はとても少なかったの、うちの母なんかも戦闘に巻き込まれたことはあってもちろんライフルも撃てるけど兵士ではないのよ、今は違うわ、大勢の女性兵士がいる、四十八人委員会は女性兵士が直接戦闘に参加できるのかどうかまだ結論を出せないでいるの、研究員や技術者や医師になる女性も増えてきてこの数年、出産率が急激に下がってきているのよ、このままでは二〇二五年までにアンダーグラウンドは放っておいてもほろぶって人もいるわ(24)

ミシェル・フーコーは『性の歴史Ⅰ』で、核戦争の脅威に自らの国民をさらす権力のありように関してそれは一種の自殺だとしているが、(25)そうした「生‐権力的自殺」を文字どおりの形で推し進めているのがアンダーグラウンドにほかならない。

こうした事態は修正主義的歴史改編小説にとっては到底受け入れられるものではない。例えば荒巻義雄の『紺碧の艦隊』では、日米開戦の不可避性が強調されるが、結局のところ両者は、ドイツ第三帝国という共通の敵＝悪に対抗するために手を結ぶことになる。(26)この小説で示されるのは、日米の対等な関係であり、また、ナチス・ドイツと戦前の日本の差異の強調（おそらくそのことは日本とドイツの戦後の「反省」の差異についての免罪符ともなる）であり、アメリカとの対等な関係の構築のために要請される「対米独立戦争」であり、日米の関係を安定化させるための両者に共通する明確な敵＝悪の存在の必要性（周辺事態法や現在の多くの近未来小説では中国にこの役割があてがわれる）である。「生‐権力的自殺」は回避されなければならず、殺されるべきはあくまで邪悪な敵であり、それを抹殺することが自民族の生を強化することにつながる敵でなければならない。

一方、『五分後の世界』は、アメリカを覇権国とする世界システムに対するゲリラ闘争の物語であり、世界中のゲリラ闘争と横断的に結び付く戦争機械としての日本＝アンダーグラウンドの物語である。『紺碧の艦隊』のような歴史シミュレーション小説が慰撫／鼓舞する歴史修正主義的な欲望（民族の主体性の回復）は、『五分後の世界』では、闘争の苛烈さや徹底性のために、頓挫させられることになる。戦争機械としてのアンダーグラウンドとは、国家間の通常の戦争とは異なり非正規な戦闘と見なされるゲリラ闘争によってしか存在しえない一種の「黙示録的ユートピア」にほかならない。それゆえ『五分後の世界』は、この点で、解放戦争による種的主体としての民族や国民の立ち上げの物語たりえない。この戦いは、単に横断的なゲリラ戦であるだけではなく、文字どおり「生‐権力的自殺」であるという過剰性によって、人種主義イデオロギーを挫折させてしまう。

とはいえ、こう述べたとしても、確かに、この戦いの物語は、戦後の弛緩し、堕落しきった日本人を過酷な淘汰にさらすべきだという新自由主義とも通底する社会ダーウィニズム的な要素を色濃く持っていると見ることができる。ここにとどまるならば、この物語は危機の時代のサバイバル、すなわち淘汰や適者生存を語る新自由主義と親和的なヘテロでマッチョな物語（＝腑抜けた日本人のたたき直し）だということもできる。

だが、留意すべきなのは、引用文で示唆されているアンダーグラウンドの消滅の可能性は、「ヘテロでマッチョ」な主体性の称揚とは別の物語への可能性を開く点である。こうした観点から見るならば、『五分後の世界』で示されるのは、ゲリラ戦争での日本民族の蕩尽、「生－権力的自殺」と、二等市民として描写されている、混血児たちによるアンダーグラウンドの情報＝記憶の継承、分散の物語の可能性であり、アンダーグラウンドが関与してきたとされる世界各地でのゲリラ闘争によるアンダーグラウンドの情報＝記憶の継承、分散の物語の可能性である、と見ることができる。

筆者は、『五分後の世界』は、失われた「父権」や「民族という主体」の再構築の試みでも、また民族の純化のための淘汰の物語でもなく、アンダーグラウンドが各地のゲリラ戦の記憶を分有するとともに、アンダーグラウンドの情報＝記憶もまた、「クイアでフリーキー」な混血児たちや世界各地のゲリラたちに継承されていく可能性を示唆した対抗的な記憶政治的物語として読まれるべきだと考える。それによって、『五分後の世界』は、民族の主体性の回復を企てようとする九〇年代の修正主義的欲望を根底から頓挫させるテキストと見なされることになるだろう。

おわりに

これまで見てきたように本章で検討した『五分後の世界』での記憶政治的物語は、その過剰性ゆえに、民族の主体性の回復を企てようとする九〇年代の修正主義的欲望を突き抜けている。それればかりではなく、冷戦後、社会変革に関する言説が沈滞あるいは混迷の度を増していたなかで、「蜂起への意志」の重要性を鋭く突き付けていた点でもこの物語の反時代的な姿勢は際立っている。

改めて言うまでもなく、冷戦後の日本の混迷は絶望的であり、政権交代を経てさえも冷戦体制＝戦後体制からの脱却を対米従属のいっそうの強化という方向でしか見いだすことができずにいる。(27)そんななかで日本は本土決戦とはまったく違った形で、福島原子力発電所の事故によって一種の「生－権力的自殺」を図らずも経験してしまっている。(28)

「唯一の被爆国」であることをアピールする一方で、戦後の日本はアメリカの核戦略を担う一翼として「平和的な核の利用」を、国策（エネルギー安全保障と核技術の担保という思惑）として推し進めてきた。そして、冷戦後は地球温暖化対策を追い風として、原発を戦略的輸出商品として位置づけ直し、核拡散防止に逆行するようにして核技術を拡散させようとしていた。

リスク管理の専門家の机上の計算では「現実にはありえない」ほど小さいので問題ないとされていた破局的なリスクが現実のものとなり、福島第一原発を中心とする広大な周辺地域を制御不可能な核的黙示録の舞台へと変貌させてしまった。核物理学者にして核戦略研究者である内藤酬の言葉を借りれば「限定核戦争」の戦場が福島第一原発周辺に生み出されたのであり、ここでは今後永らく「非常事態」が常態化されざるをえないことになるだろう。

しかも、アメリカが主導してきたグローバル資本主義にしても、周知のように、二〇〇七年のリーマンショックを契機に深刻な危機的状況を生み出している。九〇年代の時点で「代案はない」（マーガレット・サッチャー）かのように偽装されていた金融資本主義は、自壊してしまった。九〇年代の時点では、冷戦での勝利によって社会主義の挑戦を退けた資本主義システムは盤石なように思われ、それゆえに村上龍はアンダーグラウンドの対抗システム運動を黙示録的に描くことになったわけだが、世界金融システムそのものが自壊して例外状態が文字どおり常態化する黙示録的状況を進行させつつあるのが、現在の状況である。

震災復興や原発事故、世界金融危機という未曾有の危機に直面しているさなかにあってもこの国の政府はアメリカへの追従姿勢を強めていくほか手立てを持っていないぶざまさを呈し続けている。だが、その一方で、ローカルかつグローバルな反システム運動、中東の春の運動や金融寡頭支配に抗うアメリカ・ウォール街占拠運動やギリシャでの反格差・民主化運動などの興隆に呼応する動きが日本でも広がりつつある。

とはいえ、その一方で黙示録的危機の広がりのなかで民族の本来性の記憶に救済を求めようとする歴史修正主義的な動向がさらに活性化していくことも考えられる。国民国家とは根源的には、苦しみを国民のものとして分かち合おうとする閉じた「受苦的共同体」だと考えられるからだ。社会保障制度の根源をなす社会連帯の考え方が示すように、「受苦的共同体」としての国民国家のありようはもともと両義的だが、歴史修正主義的な言説は、人々の受苦的経験を未曾有の国難といった語彙を通じて国家と諸個人の運命の同一視へと誘い、国難の克服とそのための愛国心や本来的な記憶の回復こそ問題解決の途だという方向へと誘動していく危険がある。

これに対して『五分後の世界』が示したのは、反システム的な「蜂起への意志」と蜂起の記憶を、有象無象の者たちの間で分有していくことの可能性の物語だった。こうした方向の先に、黙示録的になってしまった状況を生き延びるための新たな対抗的物語が創り出されていかなければならないだろう。

このこととの関連で重要なのは、二〇〇〇年代に入って、アントニオ・ネグリとマイケル・ハートによる『帝国』が、ごく狭い知的ジャーナリズムの世界だけでとはいえ、二十一世紀の『資本論』として話題になったことだ。この著作はまさしく冷戦後の湾岸戦争の衝撃を受け止め、グローバル資本主義が帝国主義から帝国の段階へと進化を遂げていることを指摘するとともに、マルチチュード（「有象無象」）こそ帝国とグローバル資本主義、それと結び付いた生‐政治に対抗する新たな変革主体だと主張している。[29]

しかし、そこでは、記憶政治的問題はほとんど考慮の外に置かれている。マルチチュードはあたかもグローバル資本主義やそれと結び付いた帝国に対抗すべくおのずと生成するかのように捉えられているのだ。だが、ルイ・ボナパルトを論じたカール・マルクスや受動革命を論じたアントニオ・グラムシが気づいていたように、集合的であれ、個人的であれ、主体性の生産は記憶政治と無縁ではありえない。(30) 政治的抗争はなにがしかの仕方で常に、記憶や忘却をめぐる記憶政治的抗争の次元を伴っている。(31)

この点で『五分後の世界』が打ち出したのは、闘争を横断的なものとしうる記憶の分有の可能性であり、そこにこそこの小説が現在の黙示録的状況下で「生きのびるため」に読まれるべき要諦が存在するだろう。

注

(1) イアン・ハッキング『記憶を書きかえる——多重人格と心のメカニズム』北沢格訳、早川書房、一九九八年、二六〇—二七二ページ

(2) ミシェル・フーコー『性の歴史I——知への意志』田村俶訳、新潮社、一九八四年

(3) ここでは考古学と系譜学の関係といった問題にも到底立ち入ることはできないが、記憶政治を理論的に練り上げるうえでは『言葉と物』でのフーコーの議論も重要である。ここでフーコーは、近代のエピステーメで「厚みのあるしっかりとした歴史的現実になった言語は、伝統と、思考の無言の慣習と、民衆の晦冥な精神との場を形成する」(ミシェル・フーコー『言葉と物——人文科学の考古学』渡辺一民/佐々木明訳、新潮社、一九七六年、三一八ページ)ことを指摘している。フーコーは『言葉と物』で「労働し、生き、話す人間」とそれを客体とする人間諸科学が近代のエピステーメで登場することを主張していたが、この「話す人間」とは「話し、記憶する人間」である。これらの問題に関しては現在準備中の別稿で詳細に論じたい。

またフーコーは『自己と他者の統治』でフランス革命をめぐるカントによる啓蒙の問いに関して本章とは重なる議論をおこなっている(ミシェル・フーコー『自己と他者の統治』〔「ミシェル・フーコー講義集成12——コレージュ・ド・フランス講義1982—1983年度」〕、阿部崇訳、筑摩書房、二〇一〇年)。この点に関しても別稿で検討したい。

(4) 「新しい歴史教科書をつくる会」(http://www.tsukurukai.com/)

(5) 小林よしのり『戦争論』小学館、一九九八年、二八—二九ページ

(6) 例えば、「mixi」などの読者評を見ると、「文字が多くて大変だったが、今まで知らずに来た歴史の真実を学んだ」

「今まで知らなかった事実を知り、日本に誇りが持てるようになった」といった感動に満ちた感想がたくさん書かれている。この問題にはこれ以上立ち入らないが、小林よしのりの本を「学習書」として読んでしまうような層の人々には、どれだけ学問的にこの本を批判しても効果はあまりないことは明白である。

（7）テオドール・アドルノ『本来性という隠語——ドイツ的なイデオロギーについて』笠原賢介訳（ポイエーシス叢書）、未来社、一九九二年

（8）その一部を挙げるだけでも以下のものがある。佐治芳彦『世界最終戦争——甦る石原莞爾』（ベストセラーシリーズ・ワニの本）、ベストセラーズ、一九九二年、桧山良昭『大逆転！幻の超重爆撃機「富嶽」』（カッパ・ノベルス）光文社、一九九三—九八年、谷恒生『超大本営・戦艦大和出撃！』（Tokuma novels）、徳間書店、一九九三年、田中光二『新・太平洋戦記』（カッパノベルス）光文社、一九九三—九八年、横山信義『修羅の波濤』中央公論社、一九九四—九七年、霧島那智『史上最強の連合艦隊総進撃』（Joy novels）、有楽出版社、一九九八—九九年、荒巻義雄『紺碧の艦隊』（Tokuma novels）、徳間書店、一九九〇—九六年、同『旭日の艦隊』（C novels）、中央公論社、一九九二—九六年、荒巻義雄『紺碧要塞の戦理論』（Tokuma novels・戦略裏読みシリーズ）、徳間書店、一九九二年、同『紺碧の艦隊世界戦略』（Tokuma novels）、徳間書店、一九九七年

（9）例えば荒巻義雄の『紺碧の艦隊』各巻の巻末にある読者と筆者のやり取りから判断すると（もちろん著者や編集者による選択によるバイアスがあるが）、このジャンルの小説の読者（高校生や大学生が中心）の大半は、文学もしくはSFというジャンルの小説に関心を持っているというよりは、むしろ、戦略シミュレーションゲームや漫画（かわぐちかいじの『沈黙の艦隊』〔講談社、一九八八—九六年〕など）への関心、兵器や軍事への関心から、これらの小説を読んでいるように思われる。

（10）なお本章では言及してこなかったが、一九九〇年代の地政学的想像力を論じるうえでかわぐちかいじの漫画『沈黙の艦隊』を無視することはできないだろう。この漫画は、八八年に連載を開始（九六年に終了）して、連載当初から話題を呼んでいたが、湾岸戦争を契機に広く注目されることになった。紙幅の都合上その詳細な分析は省かざるをえないが、ここでは、最新鋭の原子力潜水艦の武力と船長である海江田四郎の卓越した指導力によるアメリカのくびきからの日本の独立と世界政府の可能性が描かれ、冷戦後の新秩序に関する独自の世界観が示されている。国際連合中

心主義という新秩序によるパックスアメリカーナの克服は、『五分後の世界』の反米ゲリラ闘争とともに、冷戦後むしろ再編強化されていったアメリカへの軍事的・外交的従属に対するオルタナティブを提示するものだった。かわぐちがその後『ジパング』という歴史改変の物語を執筆している点も興味深いがここでは立ち入らない。

(11) 前掲『言葉と物』三五五ページ

(12) 西川長夫『〈新〉植民地主義論――グローバル化時代の植民地主義を問う』平凡社、二〇〇六年

(13) もちろん、こうしたトラウマのインフレーションは、生物主義的な立場に立つ主流派の精神科医からはいかがわしいことと見なされている。例えば、岩波明『やさしい精神医学入門』(〔角川選書〕、角川学芸出版、二〇一〇年)は、生物主義とトラウマ言説の関係に関する問題について指摘しているが、ここでは立ち入らない。

(14) 村上龍『共生虫』講談社、二〇〇〇年、村上龍『最後の家族』幻冬舎、二〇〇一年

(15) 村上龍『①死なないこと②楽しむこと③世界を知ること――すべての男は消耗品であるvol.4』(幻冬舎文庫)、幻冬舎、一九九九年、八〇―八一ページ

(16) 同書二一三ページ

(17) 村上龍『五分後の世界』(幻冬舎文庫)、幻冬舎、一九九七年、一四四ページ

(18) 同書一五六ページ

(19) 村上自身が言及しているが、この主題は『コインロッカー・ベイビーズ』(講談社、一九八〇年)や『愛と幻想のファシズム』(〔講談社文庫〕、講談社、一九九〇年)、『インザ・ミソスープ』(〔幻冬舎文庫〕、幻冬舎、一九九八年)などに共通している。

(20) 笠井潔『探偵小説と叙述トリック――ミネルヴァの梟は黄昏に飛びたつか?』(Key library)、東京創元社、二〇一一年、三〇二―三〇三ページ。本章での議論は『〈戯れ〉という制度』(作品社、一九八五年)をはじめとする笠井の一連のポストモダン批判にも多くを負っている。また保守主義の立場からアメリカニズムと日本に関して同様の見解を示す代表的なものとしては(もちろん反米ラディカリズムは拒絶するが)佐伯啓思の議論がある(佐伯啓思『現代民主主義の病理――戦後日本をどう見るか』〔NHKブックス〕、日本放送出版協会、一九九七年)。

(21) 巽孝之『日本変流文学』新潮社、一九九八年

(22) 同書、村上龍『昭和歌謡大全集』(集英社文庫)、集英社、一九九七年
(23) 村上龍『ヒュウガ・ウィルス 五分後の世界II』(幻冬舎文庫)、幻冬舎、一九九八年
(24) 前掲『五分後の世界』一七七ページ
(25) 前掲『性の歴史I』
(26) 前掲『紺碧の艦隊』(全二十巻)
(27) 対米従属路線を取りながら、歴史修正主義的な主張を唱えることの「荒唐無稽」は、その後、河野談話の見直しをもくろんだ安倍晋三内閣がアメリカの従軍慰安婦決議に際して見せたぶざまな対応が示したとおりだ。
(28) 日本の原子力政策は冷戦下でのアメリカの核戦略と不可分に結び付いてきた。この問題に関しては、次の論文で検討したい。山家歩「核の時代の超克」、石塚正英編『近代の超克(仮)』所収、未来社、二〇一三年(予定)
(29) マイケル・ハート/アントニオ・ネグリ『〈帝国〉――グローバル化の世界秩序とマルチチュードの可能性』水島一憲/酒井隆史/浜邦彦/吉田俊実訳、以文社、二〇〇三年
(30) マルクス『ルイ・ボナパルトのブリュメール一八日』横張誠/木前利秋/今村仁司訳(「マルクス・コレクション」3)、筑摩書房、二〇〇五年、アントニオ・グラムシ『新編現代の君主』上村忠男訳(ちくま学芸文庫)、筑摩書房、二〇〇八年
(31) 記憶政治と政治的抗争の問題に関しては、日本浪漫派的な超国家主義者保田與重郎を取り上げた次の論文で扱った。山家歩「追放と栄光――保田與重郎のナポレオン論について」、石塚正英/工藤豊/中島浩貴/山家歩編著『戦争と近代――ポスト・ナポレオン二百年の世界』所収、社会評論社、二〇一一年

第６章　銀水晶に解放された関係性
——美少女戦士セーラームーンに欲望するファン

小林義寛

はじめに

「聖なる王権」の理論に従えば、王の身体は国土そのものである。それゆえ、王の死は国土の死でもあり、新たなる王の即位とともに国土が再生される。すべての災厄は旧王の死とともに放逐され、新王の即位によって国家は再生される。

しかし、元号が改まって、世界秩序の再編とも言える事態をよそに、もはや「失われた何十年」にもなるが、いままた経済的な疲弊が始まった。もっとも、バブルの崩壊によって金融経済などに大打撃はあったが、繁栄の象徴として語られるジュリアナ東京の開店（一九九一年）などを考えると、そのあとに続く「失われた」時代は、単純に「崩壊」に起因するわけではないようにも思える。ともあれ、それはものの見方の問題でもあるし、見方によれば「失われた何十年」自体が「泡のように消えた」異常な状況からの再生だったのかもしれない。そして、その後の、多くの未曾有の事態も、新たなる再生の序曲なのかもしれない。

どちらにせよ、「かつて神であった」存在の死のあとに始まる一九九〇年代に生じた出来事の多くは、ぼくたちの想像を絶するようなものばかりだった。現在まで続いている経済的な疲弊、宗教団体をかたる集団の犯罪を含めた諸行為、関西地区を襲った巨大地震、「十四歳」に代表される猟奇的な事件など。こういった「危機」とも言える事態とともに、たとえどんなに政権が変わろうとも進行しているいくつもの政治経済的な状況。これらのことを考えると、ナオミ・クラインが言う「災害資本主義」[1]の議論を、日本にも適応することができるように感じないこともない。八〇年代に中曾根ドクトリンと呼ばれた枠組みが九〇年代の危機とともに現実化し、そうして二十一世紀の現在の危機においてさらに実現化しつつある、と。

このようにしてみると、巷間語られる、九〇年代の転換とか、九五年以後とか、戦後レジームの変革とか、構造転換とかは、いったいなにを意味しているのだろうか。確かに、九〇年代的とか、九〇年代風とかで表されるような事象はあるように思われる。しかし、それらはある種の「構造」とか、制度諸形態、あるいは「体制」などといったような、強固な枠組みの変化だったのだろうか。むしろ、表層レベルでの移り変わりだったのではないだろうか。その意味では、テクノロジカルなシーンや、ある傾向性があったとしても、それらは現在まで保持されている枠組みのなかにあるか、あるいは現在も含めて変動の途上にあるのかもしれない。

ところで、九〇年代は、日本のマンガやアニメーションなどの、いわゆる「オタク文化」が海外からも大きく注目され始めたと新聞やテレビなどのマスメディアが伝えた時代でもある。実際には、手塚治虫などの一部を別にしたとしても、八〇年代には、場合によっては七〇年代にも見られたアニメの輸出[2]を介して注目されていたのだが、一般的に九〇年代以後とりわけその半ば以後の日本アニメブームが意義深く、「ネオジャポニスム」などを派生させたかのように語られる。それは、例えば、フランスでの日本ブームを伝えている「朝日新聞」二〇〇四年十月二十六日付の国際面（六面）の記事「ジャポニスム　フランス再燃」で、同年にフランス・アビニョンで開催された現代日本アート展を企画したフランス人が語った言葉、「経済成長が止まり、大震災やオウム事件などに見舞われた九〇年代半ば以降の日本文化が面白い」からもわかる。

その意味では、東浩紀が指摘するように、一九九五年に一つの転換点があるのかもしれない。[3]しかし、東の議論は興味深いとしても、先にも記したように、そこに隔絶した差異があるような断絶を見いだせるほどには単純ではないように思われる。

とはいえ、一九九五年は、社会現象にもなった『新世紀エヴァンゲリオン』（GAINAX制作、テレビ東京系放映、一九九五―九六年。以下、『エヴァンゲリオン』と略記）が放映された年でもある。『エヴァンゲリオン』は、当時の十四歳問題とも関連づけて語られ、九〇年代アニメの代表作と言われる。一般に、『エヴァンゲリオン』の放映とともに、この時代のアニメ・ブームが始まったとされる。[4] しかし、ぼく自身の調査経験[5]からすれば、九五年にはブームはとうに始まっていた。[6] また、『エヴァンゲリオン』が画期的である点や、いわゆる「エヴァ以前」と「エヴァ以後」というように語ることの多くに異論があるわけではないが、『エヴァンゲリオン』を九〇年代の最も代表的なアニメとすることに、ぼくには若干の躊躇がある。

そもそもほぼこの時期に、海外で、現在では単に「アニメ」で通用するものに対する「ジャパニメーション」という呼称が定着するが、その代表的なアニメ監督として挙げられるのが大友克洋や押井守である。けれども、両者ともに、八〇年代から注目を集めていた。大友を例に挙げれば、ジャパニメーションの代表作とも言われる『AKIRA』の公開は一九八八年である。また、その物理的な破壊の描写などで高い評価を受けたマンガ『童夢』の単行本発売は八三年のことだ。

他方で、この時代に国内だけではなく世界を席巻したアニメには、『ポケットモンスター』と『美少女戦士セーラームーン』（以下、『セーラームーン』と略記）とがある。[7] 両者ともに、メディアミックスあるいはクロスメディアとも相まって、圧倒的なポピュラリティを確立し、海外でも絶大なる支持を得ていた。また、『エヴァンゲリオン』とは違った意味で、多方面に影響を与え、大きなブームともなっていた。特に、『セーラームーン』は、マンガ版、アニメ版ともに一九九二年から九七年まで続き、九五年という年を挟んで人気を持ち続けたし、のちにも指摘するが、「少女」を主たるターゲット・ユーザーとしながらも、性別や世代さえも超えて人気を得ていた。その意味では、九〇年代を最も代表するアニメと言えるのではないだろうか。そこで、ここでは、『セーラームーン』について考察しようと思う。ぼく自身にとってみれば、再び『美少女戦士セーラームーン』について考えてみることになる。『テレビジョン・ポリフォニー』[8]で、「魔法少女」について考察し、『セーラームーン』を中心に、ファンダムでのファン・フィクションを概観して以来、十数年ぶりだ。この章は、そこでの議論を踏まえて、考察するつもりである。それゆえ、以下、『テレビジョン・ポリフォニー』での関連する議論を若干パラフレーズしながら、展開することにする。なお、ここでは、第一期の「ダークキングダム編」を中心に議論を進める。それは、以下に詳論するが、第一期にこそ大きな意義を見ているからである。

1　セーラームーンのテクスト

物語

『セーラームーン』の物語を見る前に、「魔法少女アニメ」あるいは「魔女っ子アニメ」と呼ばれるテクスト群を簡単に素描しておこう。

「魔法少女アニメ」は一九六六年の『魔法使いサリー』から始まる。東映動画（現・東映アニメーション）制作、NET（現・テレビ朝日）系放映で、ターゲット・ユーザーは、実際のオーディエンスには男の子や成人もいるとしても、小学生からローティーンの「少女」である。東映アニメーション、テレビ朝日系、「少女」という組み合わせは、その後、八〇年代に若干の中断があるにしても、二〇一二年現在の『スマイルプリキュア』まで、半世紀近くの長きにわたり続いている。また、八〇年代の中断期およびそれ以後には、東映魔法少女シリーズ以外の魔法少女アニメが多種、制作・放映されている。そのような状況からすると、魔法少女アニメは『魔法使いサリー』以来、ほぼ半世紀の間、継続して制作・放映され続けている。[9]

これらのテクスト群は、小松和彦に代表される儀礼主義的な視点[10]からすると、通過儀礼物語であり、主人公である少女（たち）の成長物語である。基本的には、主人公の移動あるいは属性の変容に着目し、サリーに代表される「サリー型」（「異界→人間界→異界」型）、『ひみつのアッコちゃん』（東映動画制作、NET系放映、一九六九—七〇年）のアッコに代表される「アッコ型」（「人間界→異界→人間界」型）の二つの型に分類できる。[11] ここで重要なのは、「魔法」などの特殊能力の象徴的な意味である。

通過儀礼には分離、境界、統合という三つの局面がある。[12] このうち、魔法少女たちが位置するのは境界だが、境界状態は聖別された状態であり、社会的な有徴項として、徴づけがなされる。すなわち、「魔法」は境界状態の少女の徴としての能力であり、非日常の異界の象徴でもある。

それゆえ、魔法少女たちの活躍は、彼女たちが有徴項として聖別された存在となる、非日常的な時間と空間とに限定される。構造的劣性としての彼女たちは非日常の時空で活躍し、成長し、そうして再び日常へと帰る（サリーは魔法の国へ、アッコは変身できなくなる）。それが魔法少女の基本的な物語だ。その意味では、境界状態という限られた期間だけが魔法少女たちに与えられた、活躍できる期間である。しかし、境界状態は社会的に無時間の期間であり、日常の構造に対する反構造でもある。だから、彼女たちがどのように活躍しようとも、それは境界状態、すなわち日常の構造が逆転した反構造だからであり、日常の構造ではそれは許されない。日常では少女の活躍の場はないのだ。こうしてみると、魔法少女アニメとは、あたかも彼女たちが活躍しているように見えて、その実、少女が活躍することがありえない日常の再確認でもある。「魔法」を持たない「普通」の女の子は「女の子らしく」生きなければならない。男の子のように活躍してはいけない、のである。

さて、『セーラームーン』の物語は基本的には「アッコ型」に属する。主人公の月野うさぎが黒猫ルナと出会うことからセーラームーンとして変身できるようになり、他の四人の戦士とともにダークキングダムと戦い、その戦闘を経て、地球の平和のために殉死する。その際、彼女たちは、戦士としての記憶をすべて失い、変身できるようになる以前の状態で、「奇跡」的に再生する。最終二話では図式どおりに「死と再生」が演じられ、また、アニメの初回と最終回とを比べると、両者はほぼパラレルに対応、言い換えれば、変身できていた期間はまったくの無時間のように描かれる。

銀水晶の力を解放し、自らの死と引き換えに世界を救ったあと、奇跡的に再生するまでの間に語られる、うさぎのモノローグは示唆的である。ドジで間抜けなわたしの、なにもない、いつもの日常が賛美され、そこに戻ることが希求される。


朝目覚めると真っ白なレースのカーテンが風にそよいでる／部屋の鳩時計が七時を告げて、「いつまでも寝てると遅刻するわよ」てママの声／わたしはまどろみながら、もう三分だけ寝させて、なんて思うの／毎日同じように遅刻して、先生に廊下に立たされて、テストで赤点なんかとっちゃう。学校帰りにみんなで食べるクレープ、ショーウィンドウに飾られたパーティドレスにうっとりして、ちょっとしたことが楽しくてうれしい／そんな、そんな普通の生活に戻りたい／戻りたい(13)

そもそも戦士たちの闘い自体、後半に世界の危機が前面化するが、それまでは、身近で等身大の世界のなかで展開される。彼女たちが守る平和は、なにもない身近な平和であり、彼女たちの敵は乙女の夢や心を踏みにじるような存在である。

乙女の夢――戦士たちの夢は、好きな彼とキスをすること（火野レイ）だったり、彼のためにお弁当を作ること（木野まこと）だったりする。たとえ男勝りの設定だろうとも、ひそやかな「女の子」らしい夢を持っている。そうして、彼女たちはいつでも愛に拘泥し、ロマンチックな愛を夢想し続ける。彼女たちの恋愛観は、きわめて規定的なジェンダー関係のなかにあり、それを疑問視したり、混乱させたりすることはない。

うさぎが命を賭けて守り、信じ続け、死んだあとに戻りたかったのは、そんな「女の子」のありふれた日常の世界だ。

さて、先に「基本的にはアッコ型」と述べたが、『セーラームーン』の物語には若干別の様相も加わっている。

それは、月と地球とをめぐる前世の記憶である。うさぎたちセーラー戦士、クリン・ベリル、地場衛＝タキシード仮面らは皆、その前世の記憶に拘束されている。

日渡早紀の『ぼくの地球を守って』と共振しているようなこの設定は、他方で、三十世紀（マンガ版は二十一世紀）の未来世界にも規定されている。三十世紀は、うさぎと衛による王政の世界であり、二人の間に生まれた娘である「ちびうさ」が『美少女戦士セーラームーンR』の登場人物でもあり、『美少女戦士セーラームーンR』以後の物語のキーとなる（マンガ版では、ちびうさの登場は第一期のラスト）。[14]

セーラー戦士たちにとっては、前世の記憶としての過去だけではなく、未来さえも確定されている。その意味では、彼女たちの現在の闘いは、確定された未来を脅かす存在との闘いであり、未来の「ゆらぎ」、未来の不確定性を縮減させるための闘いでもある。彼女たちが闘う敵は、現在の「日常」を脅かすだけではなく、確定された未来をも不確定化する。それゆえ、彼女たちは、現在をアリーナと化す。なにもなく、変わらない日常と確定された未来を守り続けながら、彼女たちは成長し、あらかじめ決められた世界へと帰っていく。

考えてみれば、彼女たちは常にアンビバレントだ。彼女たちの行動は過去と未来に規定されている。彼女たちが望む日常は「終わり」が約束されている。現在のアリーナは、その「終わり」へ向けての闘いである。日常を望みながら、日常の「終わり」は約束されていて、しかも日常を守る闘い自体がその「終わり」を保証してしまう。なにもない、ありふれた、けれども彼女たちが信じ続けたい日常を守るために、アリーナへと身を投じながら、闘いの合間、つかの間の日常を謳歌する。その結果、成長した彼女たちを待ち受けるのは、そうした「日常」の終わりだ。それでも、彼女たちは闘わなければならない。そうしなければ、確定した未来だけでなく、この日常さえも失われてしまうから。

彼女たちの未来は予告されている。だが、「日常」が終わったあとに、彼女たちを待ち受けているのは、また別の日常だ。しかも、それは、銀水晶の力によってほぼ永遠とも言える。彼女たちが闘いを終えたとき、そうして訪れる確定された未来はミレニアムである。[15]三十世紀、それは、王女となったうさぎが衛とともに、永遠に続く至福の時を過ごす時空である。

　このようにしてみると、戦士たちが過ごす日常の位相も若干異なってくる。すなわち、単に変身して敵と闘うアリーナが境界なのではなく、変身できるようになった十四歳を含め、「少女」の時代全体が境界なのだ。ありふれていてなにもないが彼女たちが謳歌できる日常は、やがて終わりを迎える。寝坊したり、赤点をとったり、恋をしたり、彼氏や恋というものに憧れたり、夢を見たりする時間はいつしか終わる。その「少女」の時空自体が境界状態――アノマリーな、「日常」とは異なった時空なのだろう。それゆえ、「少女」未満のちびうさは見習い戦士でしかない。

キャラクター

　セーラー戦士は、斎藤環も指摘するように[16]、戦闘美少女である。闘う少女の形象自体は古くから見られるが、アニメで、サポート役などではなく、自ら積極的、「主体的」に戦闘に参加するキャラクターはセーラー戦士以前にはそれほど多くは見られなかった。特に、戦隊物よろしく集団で戦闘に関わるような設定は、『セーラームーン』以後に増加する。その点で『セーラームーン』は少女向けアニメの歴史のなかでも画期的なテクストと言えるし、「少女向け」という枠を取り除いてアニメ全体のなかに置いたとしても、このテクストを基点に、闘う少女の形象の変容を考えることができる。

　また、その形象の点からも、『セーラームーン』のテクストは、多様な意味で注目を浴びた。それは、ターゲット・ユーザーが「少女」でありながら、当の「少女」だけではなく、世代や性別を超えて、大きな人気を得たからだ。その様子は、先の斎藤を参照しながら、石田美紀によって、次のように表される。「『美少女戦士セーラームーン』に夢中になったのは、製《(ママ)》作者が視聴者として想定していた少女だけではなかった。（略）しかし、児童でも女性でもない層、いわゆる「おたく」を自認する男性たちもこの作品に熱狂した。そして興味深いことに、年齢・性別ともに異なる視聴者を惹きつけたのは、実は同じ対象、すなわち「美少女戦士」という存在だった」[17]

ここで、石田は「おたく」と言っているが、『テレビジョン・ポリフォニー』でも指摘したように、このキャラクターに熱い視線を送っていたのは、単に「おたく」に限ったことではない。男性視聴者、とりわけ若干年齢が上の「お父さん世代」と言ってもいい層も含まれている。または「お母さん世代」も。それゆえ、『セーラームーン』のブームによって、タキシード仮面に扮した「お父さん」と、母娘のセーラー戦士あるいはセーラームーンな母とちびうさな娘、というようなファミリー姿が、コミケやコスプレパーティーなどの場にかぎらず、見られたりしたのだ。

また、石田はパロディによるエロチックなアニメーションの例を挙げているが[18]、セーラー戦士の意匠やせりふなどは、それ以外の「男性領域」にも無数に浸透していた。AV作品、風俗関係のビラや看板などの広告、その他多くの主に「成人男性向け」と言われる領域、しかも決してマニアックだったり「おたく」目当てと思われないものにまで、セーラー戦士あるいはそれと類推可能なものが広がっていた。

このようなことからすると、男性にとって、『セーラームーン』とエロチックなものとの間に、何らかの連関があったことが推測されうる。

例えば、現在ではちょっと長く感じられる膝下ほどのスカート丈のセーラー服姿の月野うさぎが、「超」と言っていいほどのミニスカート姿のセーラー戦士に変身する。その変身の過程——石田が見事にその様子を描写しているが[19]——でのレオタード姿——それは、メーヴェで飛んでいるナウシカを背後から捉えたアングルを見た多くの男性が「ノーパン」と勘違いしたように、一見透けているとか、裸身かも、と勘違いされただろう。あるいは、変身場面でティアラが額に現出するときのうさぎの表情に「恍惚感」を読み取ったり。はたまた、人間のエナジーが奪われる様態は、ドラキュラがそうだったように、なぜか圧倒的に女性が吸血の対象であり、過去の多くのドラキュラ映画が性的なものの想起を偽装したのと同様な感覚を。さらには諸場面で苦痛にゆがむ戦士たちの表情。こういったものに、男性たちの欲望は備給され、萌えていたのだろう。

思い起こせば、セーラー戦士にかかわらず、多くの子供向けコンテンツのなかの女性戦士の存在は、成人男性とりわけ「お父さん」を含めた「おじさん」の視線、欲望といったものを前提としていたのではないだろうか。例えば、アニメではないが、八〇年代東映特撮の宇宙刑事シリーズ（テレビ朝日系放映の『宇宙刑事ギャバン』〔一九八二―八三年〕、『宇宙刑事シャリバン』〔一九八三―八四年〕、『宇宙刑事シャイダー』〔一九八四―八五年〕）の叶和貴子や森永奈緒美、九〇年代のスーパー戦隊シリーズの千葉麗子（『恐竜戦隊ジュウレンジャー』〔東映制作、テレビ朝日系放映、一九九二―九三年〕）やさとう珠緒（『超力戦隊オーレンジャー』〔東映制作、テレビ朝日系放映、一九九五―九六年〕）などの特撮ヒロイン――古くは、『人造人間キカイダー』（東映制作、NET系放映、一九七三年）のビジンダーだった志穂美悦子――の存在、あるいは悪役ヒロインには、当のターゲット・ユーザーである年齢層の少年たちとはなじみがない、AV女優やグラビア・アイドルたちが多く起用されている。[20] 彼女たちは、そのコスチュームもあわせて、少年たちだけでなく「おじさんたち」の欲望をも、備給したはずである。アニメでも、旧作の『キューティー・ハニー』（東映動画制作、NET系放映、一九七三年）や『デビルマン』（東映動画制作、NET系放映、一九七二―七三年）、第一シリーズの『ルパン3世』（東京ムービー制作、日本テレビ系放映、一九七一―七二年）などを代表とする成人男性のエロチックな視線を前提にしたコンテンツはもちろんのこと、『科学忍者隊ガッチャマン』（タツノコプロ制作、フジテレビ系放映、一九七二―七四年）の白鳥ジュン、あるいは『魔女っ子メグちゃん』（東映動画制作、NET系列放映、一九七四―七五年）、その他、男性の欲望と関わる女性キャラクターの存在は多く見られるし、女性や少女キャラクターの不必要とも言えるエロチックな形象が挿入されるシーンは多く見られる。例えば、なぜどこでもドアの先にはしずかちゃんの入浴シーンがあるのだろう。ワープの際に森雪が下着姿になるのはなぜなのだろうか。

けれども、このエロチックな形象は単純に男性の欲望との関係でだけ問われるのだろうか。特に、魔法少女のなかに見られる女性キャラクターのエロチックな形象は、確かに少年や成人男性といったオーディエンスの欲望を駆り立てるかもしれないが、当の少女あるいは女性にとってはどうなのだろうか。

ここで、『セーラームーン』に戻ろう。石田が『セーラームーン』のエピソード（第二十一話）を紹介しながら指摘するように、[21] セーラー戦士は「エッチ」でなくてはならない。「性的な存在であることへの無自覚さと無防備さのために、セーラー戦士たちは欲望の対象になる[22]」が、彼女たち自身も、自らが「エロティックな存在である、という強烈な自覚が存在[23]」する。けれども、「あくまでも子ども向けだった『美少女戦士セーラームーン』で、性的なものは表向き取り扱われてはいない。しかしながら、受け手は抜け目なく、少女の身体とそれが見せる運動という表層に、エロティシズムという深層を読みとっていた。（略）それらは「美」のもとに隠蔽され、あくまでも「無自覚」という構えを取っていたのである[24]」。

斎藤環の『戦闘美少女の精神分析』に依拠しながら、エロチシズム、あるいは性的な存在であることへの「無自覚」さや「無防備」さのために、彼女たちは男性の欲望にさらされる。しかし、第二十一話のエピソードを例に、彼女たちが、自らがエロチックな存在であることを自覚していることが示される。そこで石田は「美」を提起するのだが、はたしてオーディエンスにとってそれは「美」だったのだろうか。

このことは石田の問題設定——石田の問題設定はあくまでも「美」との関係での少女アクションである——とは異なる。けれども、「美」を除いた議論は示唆的だろう。少女キャラクターは、エロチックな存在であることを、「無自覚」「無防備」であるかのように振る舞う。しかし、それは「構え」であり、「無自覚」「無防備」なわけではない。それは、例えば、『魔女っ子メグちゃん』の主題歌に典型的に表れているだろう。

子どもだなんて思ったら／大間違いよ／女の子／ふたつの胸の膨らみは／何でもできる証拠なの／お化粧なんかはしなくても／あなたはわたしにもう夢中／真珠の涙を浮かべたら／男の子なんていちころよ／魔女っ子メグはあなたの心に忍びこむ[25]

魔法少女は、前節で見たように、境界状態、アノマリーな存在である。その両義性ゆえ、性的な存在であることに自覚的であるとともに、あたかも「無自覚」なのだろう。そして、それは魔法少女だけではなく、ある種の少女――どっちつかずの、大人でも子供でもない――の特性でもあるだろう。少女および少女文化のこうした特性は、大塚英志による七〇年代少女マンガ、とりわけ二十四年組に焦点を当てた考察[26]にも見られる。

さて、先の石田の議論では、「受け手は抜け目なく」「エロティシズムという深層を読みとっていた」が、「それらは「美」のもとに隠蔽され」ていた[27]。斎藤環に依拠してはいるが、ここで石田が指摘しているオーディエンスは男性だけに限られていない。ターゲット・ユーザーである少女も含めて、多くの女性はセーラー戦士たちがエロチックな存在であることを読み取っていた[28]。おそらく、単純に戦隊物や正義のヒロインというだけなら、あれほどの人気を博しえなかっただろう。彼女たちのエロチシズムが、オーディエンスの心をくすぐったからこそ、『セーラームーン』はポピュラリティを確立したのだ。そこには欲望がある。セーラー戦士たちはエロチックである。しかも、彼女たちは「かわいい」のだ。すなわちそこには「かわいい」という形象がある。

「かわいい」の向こうにほのかに見えるエロチシズム、それが彼女たちのキャラクターという形象である。言い換えれば、セーラー戦士は「エロかわいい」のだ。その意味では、先に引用した『魔女っ子メグちゃん』の主題歌は的確である。子供ではなくて女の子――とはいえ、歌詞のなかの女の子は、大人にはなりきれていない女の子であり、それにもかかわらず、男性を魅了するものとして描写されている。あるいは、倖田來未が『キューティー・ハニー』をカバーして、「エロかっこいい」や「エロかわいい」といったように評されたことからも、「かわいい」とエロチシズムの結び付きは容易に理解されるだろう。しかも、当の『キューティー・ハニー』自体、永井豪による原作（一九七三年連載開始、『週刊少年チャンピオン』秋田書店）は別としても、アニメに関しては、東映魔法少女シリーズの亜流であり、リメーク版でもある『キューティーハニーF』（東映アニメーション制作、テレビ朝日系放映、一九九七―九八年）は、『セーラームーン』シリーズ終了を受けて作られた東映魔法少女シリーズ作品の一つでもある。

いつの頃からかはわからないのだが、おそらく「かわいい」とエロチシズムとは、「かわいい」という言葉の、現代的な用法のかなり早い段階から結び付いていたのではないだろうか。[29] ただ、ある時期までは、それが「エロかわいい」のように明示化されていなかっただけではないのだろうか。

このことに関しては、建築デザインを前提としてはいるが、真壁智治◎チーム・カワイイによるプロジェクトが示唆的である。[30] 同プロジェクトでは、モダンデザインとの対比や社会状況との関連で、「かわいい」のパラダイムを探求している。そこでは、母系社会や母性原理など若干の検討の余地があると思われる議論もあるが、いくつかのマトリックスを展開し、「カワイイの気象図」を構成している。[31] その「気象図」をもとにした考察には、「かわいい」のアモルフな性格がよく表現されている。「規定が曖昧だから、カワイイとは本来相いれない感覚も緩く取り入れてカワイイ感性を拡張することができるのではないか。／「カッコカワイイ」・「シブカワイイ」・「キモカワイイ」・「オバカワイイ」・「エロカワイイ」・「ミニマルカワイイ」などが、カワイイ感性域として拡張している」[32]

彼らが作成したマトリックスでは、「不完全さ」「幼さ」「緩さ」「柔らかさ」「淡い」「不揃い感」「不合理感」「はかなさ」「浮遊感」「アンバランス」「間抜け」「曖昧」などのような領域を中心に、「かわいい」は位置づけられる。[33] この、「かわいい」が位置づく全体は、総じて前節で議論した境界状態の、アノマリーなありようと類似している。そこからすると、どっちつかずで分類不能な状態、あるいは少女たちが置かれた社会的状態、そういった状態は容易に「かわいい」という認識と結び付きやすい。

さて、プロジェクトの見解に従えば、「かわいい」の拡張が「エロ」との接合を可能にする。しかし、はたしてそうなのだろうか。そもそも「かわいい」の概念あるいは感情構造自体が「エロ」の要素を懐胎していたのではないだろうか。堂々めぐりなように思われるかもしれないが、あえて『魔女っ子メグちゃん』の主題歌を思い起こしてみよう。

少女には、いまだ成熟しきれていない「幼さ」と、それに伴う「純粋さ」や「無垢さ」などがある。これらの要素はすべからく「かわいい」に結び付く概念である。と同時に、少女は性的身体性を兼ね備えている。その両と「かわいい」と「曖昧さ」、アノマラスな「不合理さ」など、これらも「かわいい」と容易に結合しやすい。他方で、その性的身体性は、エロチックな存在として、欲望の対象としての形象さえも兼ね備えている。しかも、いまだ誰の所有でもない――決して所有されざる――ふれることが不可能な対象、接触が許されない存在ゆえに、備給される。言ってみれば、少女は、メアリー・ダグラスの議論で言うタブーのようでもあり、[34]ジュリア・クリステヴァの言うアブジェクシオン、「恐怖の権力」[35]でもある。

ところで、先にも挙げたが、大塚英志による二十四年組少女マンガ家、とりわけ萩尾望都に関する議論[36]を振り返っておこう。大塚はそこで、萩尾のマンガを分析しながら、二十四年組少女マンガ家の革新的な表現の誕生を、そのマンガ史的由来や社会的な状況――七〇年代のフェミニズム――と関わらせながら、考察している。そうして、二十四年組とりわけ萩尾が性的身体性に自覚的だったことが確認される。ここで大塚の議論が重要なのは、単純にマンガを分析しただけではなく、また、マンガ表現史の文脈に位置づけただけでもない点である。二十四年組の試みが当時の社会的な文脈に置かれ、そのうえで、彼女たちのマンガ表現に性的身体性の自覚が見いだされた。それは、当然に彼女たちだけの問題ではないだろう。当時の文脈は、自覚していようが自覚していまいが、多くの読者たちも共有していた。また、彼女たちに影響を受けた多くのマンガ家たちも、それを共有している。しかも、二十四年組の読者や影響を受けた者を「高踏派」と位置づける見解[37]もあるが、影響を受けたのは単純に「高踏派」と言われる者たちばかりとは言い切れない。[38]例えば、のちの「やおい」表現や「猫耳」などを見れば、そのことは理解できるだろう。

二十四年組が登場した七〇年代、それは大塚が随所で指摘しているように、多くのファンシー・グッズに代表されるような、現代的な「かわいい」テイストが普及していった時代でもあり、その担い手としての少女が、「マス」として、消費の主体として登場した時代でもある。また、先に繰り返し言及した『キューティーハニー』や『魔女っ子メグちゃん』なども、七〇年代のものである。東映魔法少女シリーズの別の例を挙げれば、『魔法のマコちゃん』（東映動画制作、NET系列放映、一九七〇―七一年）――七〇年十一月が放映開始だが、全四十八話のために、実質的な放映の中心時期は七一年である——が挙げられる。東映魔法少女シリーズの三作目として制作され、アンデルセンの『人魚姫』をモチーフにし、ターゲット・ユーザーを少し高めに設定し、主人公の年齢も高め——マコちゃんは中学二年生（十五歳）で、現在までの東映魔法少女シリーズ全体からすれば高くはないが——にして、テーマは恋愛に設定された。そのため、マコちゃんは性的身体性も随所ににじませていた。

あるいは、別の例を挙げれば、その歌詞も含めて性的身体性を少女性のなかに、陰に陽に顕在化させていた山口百恵の登場も、同時代である。

あなたに女の子の一番大切なものをあげるわ（略）
誰でも一度だけ経験するのよ
誘惑の甘い罠(39)

とか、

あなたが望むなら
わたしなにをされてもいいわ
いけない娘だと噂されてもいい
恋するときに身体のすみで
別のわたしが目を覚ますの(40)（略）

といった歌詞が、いまだ幼さを残す中学生の山口百恵によって歌われていた。

このようにしてみると、消費主体としての少女と「かわいい」とが普及していった七〇年代には、「かわいい」と性的身体性との結合が、明示的ではないものも含めて、随所に見られる。すなわち、「かわいい」の普及にあたって、「エロかわいい」のように明示的でないとしても、その概念にはエロチシズムとの結合が見られるのだ。だからこそ、このことは、単純に二十四年組の表現の問題とは言い切れない。二十四年組の後継者や読者だけではなく、また、自覚しているかいないかにかかわらず、さらに言えば男女や年齢を問わず、「かわいい」カルチャーあるいはその関連領域はエロチシズムと接続していて、表象あるいは形象をとおして、それに接していた。

さて、再び『セーラームーン』に戻ろう。

先に石田美紀の引用も含めて示したように[41]、セーラー戦士は性的身体性に関して「無自覚」を装いながら「自覚的」である。そして、オーディエンスも、いわゆる「おたく」男性を含め、男女を問わず、それを認識している。セーラー戦士のエロチシズムあるいは性的身体性に関して、石田はそれらが「美」によって隠蔽されていると捉えたが、ここでの議論では、先に見たように、「かわいい」との関連で捉える必要があるだろう。すなわち、「かわいい」そのものが直接的にエロチックなものではなく、あるいは顕在的かつ直接的に結合している――言い換えれば、「「かわいい」＝エロチック」なわけではない。けれども、「かわいい」はエロチシズムと接続しうる。それればかりではなく、おそらく一般的に「かわいい」は対象を覆い隠す。あるいは、想像的なもの、ベール、代替……などといったような、「なにか」なのかもしれない。それ自体は存在も対象もなく、明示し、指示しうるものもなく、意味されるものは常に流動し、漠然としたアモルフなシニフィアンとも言えるような、「なにか」。

セーラー戦士たちの性的身体性は、その「かわいい」に覆われ、包まれている。それゆえ、彼女たちは、そもそもから――セーラー戦士にならなくとも、少女という、ただそれだけでエロチックなのだ。けれども、少女のアノマリカルな位置づけは、性的身体性を準備しながらも、「かわいい」と接続し、包まれる。エロチックなものは「かわいい」のむこうにほのかに見えるかもしれない。セーラー戦士たちは、その表面上の形象も含めて、さらにその性的身体性をあえて顕在化させる——ある意味ではぎりぎりのライン、絶対領域の極限的な領域の極限近くにまで。それにもかかわらず、彼女たちは、単純に「エロ」いわけではなく、健康的だったり、幼さを残していたり、純粋さや無垢さ、初恋の純真さのようなもの、そんな「淡い」「曖昧な」感覚を漂わせている。言い換えれば、エロチシズムには常に「かわいい」領域が随伴する、「大人」ではなく境界的な存在。それが彼女たちの形象としてのキャラクターなのだ。

2 セーラームーンのファン・フィクション

ファン・フィクション

現状から言えば、「同人」なり「同人誌」という言葉は、非常に広い意味で使われているようにも、また、かなり限られて使われているようにも、思われる。もっとも、「同人」が同好の士を意味し、その同好の士による雑誌が「同人誌」だとすれば、それはそれでいいのかもしれない。

ところで、おそらく現在において「同人誌」といった場合、「アララギ」とか「白樺」とかというような、日本近代文学史に登場するような雑誌をイメージする若者はまずいないだろう。多くの若者は、まずコミックマーケット（以下、コミケと略記）やその他のファンダムで流通するようなメディアをイメージすると思う。一般的に、ファンダムで流通するメディアを英語で表せば、ファンジンあるいは略語のジンと言えるだろう。しかし、現在の若者がイメージする「同人誌」は、英語で言う、zineという略語、fanzineという短縮語、あるいはfan magazineという語がカバーしている基本領域、ファン・サークルにおけるファンの雑誌とも言える領域を、大きく超えているようにも感じられる。

例えば、ぼく自身の授業での経験ではあるが、授業中に「同人誌」について話題が及ぶと、ニヤリとしたり、喜んだり、嫌悪感をあらわにしたり、顔を背けたりなど、学生たちによって多様な反応が見られる。彼・彼女たちがそこでイメージしているのは、エロだったり、やおいだったり、ジュネ系だったりといった、いわゆる二次創作なのだろう。それぞれ思い浮かぶものによって個々に反応が異なるのだろうが、ぼくの授業の場合、法学部という学部の事情ゆえかな、と思える反応もある。つまり彼・彼女たちが想像しているのは、多くはパロディやパスティーシュによって創作された二次創作だが、「二次創作＝同人」というわけではないことの理解がどの程度あるのかは、かなり不安である。かつ、コミケなどのファンダムやファン活動、ファンジンということに関する理解がどの程度なのか、そもそも二次創作に対する理解自体がおぼつかないような感覚は、ぼく自身の調査や授業の経験から、たびたび感じる。

だからなのだろう、平気で三次創作とか多次創作とかの言葉が使用できるのは、と思う。そもそもこの場合、「二次」というのは、文字どおりの「二」を意味せず、英語で言えば derivative、枝分かれした、派生的な状態を表している。そのため、二次創作自体に、文字どおりの「二次」はおろか、「三次」「四次」といった「多次」が含まれている。

また、例えばコミケを一回りすればわかることなのだが、そこで流通しているメディアは二次創作ばかりではないし、「オンリー」などの小さなイベント[42]を除けば、特定の番組や作品、ジャンルを対象としているファン・サークルによるイベントというわけではない。そこで流通しているのは、ジョン・フィスクが言う第三次テクスト[43]だけではなく、非常に多種多様なテクスト群である。おそらくそれは、コミケの成功が「同人誌即売会」という形式をとったことに由来するのだろう。

二次創作は、英語で言えば、一般的に fan fiction と呼ばれるものに相当する。ファン・フィクションとは、フィスクの第三次テクストに含まれ、ファンによって創造されたテクスト群を指す。それらは、パロディ、パスティーシュ、元のテクストの欠落を埋めたり、接ぎ木をしたり、異種テクストを結合したりして作成される。生産も消費も、基本的にはファン・コミュニティやファンのイベント——日本では、コミケなどの同人誌即売会やイベントなど――でなされる。近年ではウェブを通じた流通が大きな割合を占めるようになっているが、そこでも、程度の差こそあれファンが生産者であり消費者でもある。[44] その意味では、大塚英志が、コミケを例として示したように、物語消費の最終局面として示した可能的世界のようにも見える。[45]

このようなファン・フィクションの形態の一つに、「やおい」と呼ばれるテクスト群がある。[46]「やおい」とは、一般的に、自嘲的に「やまなし・おちなし・いみなし」と自らのパロディを称したことに由来すると言われる、パロディの形式をとった女性によるファン・フィクションである。基本的には読者も作者も女性であり、メディア・テクストの登場人物である男性キャラクター同士の関係を「恋愛」として読み解いていく。

このようなパロディの形式は、おおよそ七〇年代に、程度や表現形式、呼称などに相違は見られるが、多くの「メディア先進国」でほぼ共通に見られるようになった現象である。日本の場合、『キャプテン翼』の登場によって、「翼×小次郎」などのような『キャプ翼』のファン・フィクションがブームとなり、コミケだけを見ても八〇年代に、女性参加者の飛躍的な増大を見た。[47]

銀水晶に解放された関係性

先にも取り上げた二十四年組は少女マンガに革新的な表現領域を開拓したが、その二十四年組の少女マンガにも多く描かれるような、少年同士の恋愛を考察して、藤本由香里は関係性に着目した。[48]

一般的に、「やおい」や「BL」といったジャンルは二十四年組の影響を、直接的・間接的に受けていると言われる。そのためか、「やおい」への言及には関係性が強く主張される。また、女性を忌避するような表現であることが「やおい」の特徴でもある。以下、男性側から斎藤環、女性側からは、当の「やおい」作家でもあった野火ノビタ（榎本ナリコ）の議論を紹介して、それを確認しておこう。

斎藤環は、男性「おたく」と「やおい」を好む女性との欲望のありようの差異に注目する。[49] すなわち、男性の欲望は所有する欲望――それはファルスの欲望であり、支配する欲望である――なのに対して、女性は関係性への欲望である。言い換えれば、「やおい」表現で重要なのは男性同士の関係や関係の落差——位相差——であり、女性の欲望は「なりたい」欲望として関係性への同一化、を欲望する。そのため、「やおい」の男性同士のホモセクシュアルな関係は、それが男性同士ということよりも、両者が均質な存在であることが重要であり、「やおい」表現での女性の排除は、自分が同一化する拠点、つまり女性の視点の不必要を意味し、男性の「おたく」とは異なり、女性が「欲望の主人」となることを意味しない。それは、キャラクター同士のファリックな関係性そのものへの同一化の試みであり、女性が自らの主体を抹消し、関係性に同一化することで享楽を得る、という。

野火ノビタは、①「受け」に対する感情移入、②「攻め」に対する感情移入、③欲望の代謝＝愛（関係性）、という三つの様態から「やおい」を考察する。[50]

①の場合、女性は女性としての現実の肉体を放棄し、「受け」の男性に自己を代行させることで自らの肉体を使用しない性行為をおこなう。その際の「やおい」のメリットは、現実の肉体による性行為へのコンプレックス、性行為自体への嫌悪・憂鬱などがなく、当事者でないことからも安全が確保されることにある。

②の場合、一般的に男性が肉体関係の主体、欲望者であり、身体機能上も常に行為者であるが、この場合には、「受け」が欲望の対象となり、欲望しているのは女性である。現実の女性としての肉体では男のような行為は不可能、すなわち現実の肉体はペニスがないために不能である。しかし、「やおい」ファンタジーのうえではペニスを獲得し、欲望者、行為者、主体となる。その意味では、「攻め」は欲望を仮託する道具でもある。この場合の「やおい」のメリットは、欲望の主体となることで、客体として「愛されないかも」というリスクや犯される恐れなどがなく、客体である相手を支配・コントロールできることにある。けれども、男性になり代わるが同性愛者ではない。欲望の対象である男性を自由に支配、コントロールすることは、相手の男性を去勢し、そのペニスを自分のものにし、去勢された「受け」男性を犯すことでもある。

③の場合は以下のように説明される。「やおい」には、多くの場合、「受け」と「攻め」への相反する感情移入の共存が見られる。そこには、「愛する」のも「愛される」のも彼女自身という、閉じた回路が成立する。その

うえで、彼女たちは、さらに関係性（あるいは「愛」）を欲望する。つまり、そこには三つの欲望、「受け」として「愛されたい」、「攻め」として「愛したい」、「愛し愛される」関係性自体＝愛、が見られる。「やおい」が単純なポルノグラフィーでない理由は、その「関係性＝愛」にある。関係性の要請がない、原初的な欲望だけの場合には相手の事情が無視されるが、「やおい」はそうではない。「やおい」に機能しているものは単なる快楽の消費（その意味では当事者はそれぞれ孤独な点）ではない。「やおい」に機能しているのは、「愛」の交換・交易であり、孤独な点を結ぶ線である。そして、それを女性が欲望する。すなわち、女性は、単一のキャラクターでなくカップリング、言い換えれば、関係性の構築に快楽を見いだす。しかし、普通の男女間の関係性は男性同士の関係性とは異なるし、男女間の関係性には性愛が介在する。そのため、欲望する者とされる者、主体と客体などが生起し、それによって、女性の精神と肉体は分断される。彼女はただ女となり、それゆえ彼女自身の存在は無視される。そこには対等な関係性はない。そうした不当な男性に対する女性の対処にはマンヘイトとウーマンヘイトの二つがある。マンヘイトは男性との関わりを拒否し、攻撃的になり、競争者として張り合う。それに対して、ウーマンヘイトは、自分が女性であることについて、自分自身をさげすみ、性差別は不当と感じながら自罰的になり、男性と同様に女性に対して差別的になる。そのため、自分や同性が女性らしく振る舞うことを嫌悪し、女性として男性を欲望することに違和感を持つ。彼女は、自分自身でありたいが、男性だったなら「男の友情」も可能なのだが、女性であることは不都合でしかない。「やおい」ファンタジーはそれに対して、女性であることで受ける理不尽さから無縁でいられるし、愛されるために「媚びる女」になる必要もなく、女性の劣位を想起させる肉体が不在であるから劣等感もないし、肉体を排除することでセクシュアリティによる差別もない。けれども、性的ファンタジーには肉体が必要不可欠であるため、「やおい」は男性の肉体を描く。「やおい」はマンヘイトでもありウーマンヘイトでもある。若干長くなるが、野火の言葉を引用しよう。

> 「受け」も「攻め」も二重の意味を持つ。すなわち、「受け」とは彼女たちの手によって去勢され、欲望す

る主体から欲望される客体へと変容させられた男性であり、「攻め」とは男性から奪い取ったペニスを自ら装着し、欲望される客体から欲望する主体へとなり代わった彼女たちである。と同時に、「受け」とは女としてではなく自分自身として完璧に愛されたい彼女たちの理想の姿であり、「攻め」とは満たされぬ愛を補完するあこがれの王子なのだ。ただしそれは見かけだけをきらきらしく美化する虚飾ではなく、ただ魂の素直な願いなのである。

これらは自らの女としての肉体および立場を、男性のそれと比べて不全であると認識し、それゆえに対等な関係において愛されることを切望しながらも、同時に失望してしまったことに始まるダブルミーニングなのだ。どちらを見落としてもならない。

「やおい」はこれらすべてで一個の、複雑に葛藤した回路なのだ(51)。

斎藤、野火ともに、両者に見解の相違が見られる部分があるとはいえ、女性を排除して男性同士の関係性を描く点に意義を見いだしている。それは同人誌も含めた「やおい」に関する多くの議論にも見られる。その主張はフェミニストの議論のようにも思えるが、彼女たちがフェミニストだとは断言できない。明らかにフェミニストとしての立場をとる場合、そうではないが説明のしやすさとしてフェミニストとして語る場合、そのような思考とはまったく無関係に語る場合など、多様な立場があるだろう。また、そのような主張は、ぼく自身のフィールド調査の過程でも多く耳にした。もっとも、ぼく自身のフィールド調査に関しては、ぼくが男であるために返された回答の部分もあるだろう。ぼくが男性であることに由来する関係性がもとになって語られた言葉だ。だが、この場合にも、彼女たちの立場は多様だ。

ところで、『セーラームーン』の登場は、そのような「やおい」を愛好する女性たちの一部に変化をもたらした。女性を排除してきたにもかかわらず、『セーラームーン』のファン・フィクションとして、女性同士の関係あるいは男女間の関係を「やおい」の手法を用いながら、描くような同人作家やそのようなテクストを愛好する女性読者が見られるようになった。そのような変化の様子は、天真楼亮一[52]や水沢晶[53]などの評論系同人誌からも確認することができる。

単純なことだが、『セーラームーン』には男性キャラクターが少なく、主要キャラクターは女性である。そこに起因した作風、と言えないこともないし、そのような者もいるだろう。けれども、それだけではすべてを説明したことにはなっていない。当然だが、その理由だけでは、「やおい」のなかにあった女性排除の要素が解消されていることの説明ができない。

ここで、ヨコタ村上孝之による「やおい」に関する議論を見ておこう。[54]

ヨコタ村上は、いわゆる「乙女チック」マンガに関する考察を前提に、木原敏江の『摩利と新吾』を読み解きながら、女性による男性同性愛の受容について議論を展開する。そして、「「ボーイズラブ・コミック」での男性同性愛は、ホモセクシュアルであって、同時にヘテロセクシュアルだ[55]」と位置づけ、『摩利と新吾』を次のように読解する。

男である新吾が（女である読者とともにだが）男である摩利を好きだし、女である読者が（女みたいであるけれど）男である摩利を好きだから。したがって、ここでのホモセクシュアリティは、男性同性愛（摩利と新吾）でもあり、同時に、女性同性愛（女性の読者と「女」としての摩利）でもあるのだ。[56]

その結果、ヨコタ村上は、「やおい」についての代表的とも言える議論とは若干異なった見解を展開する。それは、少女マンガは、「異性愛的秩序、男性同性愛、女性同性愛、それらはすべて異なりながらも、互いを置換していくものとして」存在し続けたジャンルであり、そのためアイデンティティが「少女マンガのテキストのなかでしばしば両義的」に表れ、「もし読者が少女マンガを通じて主体性の形成をしているならば」「アイデンティティの複数性を喚起するテキスト」と言える。[57]

ヨコタ村上の議論が示唆的なのは、セクシュアリティとアイデンティティの複数性という視点にある。そもそも少女マンガがそのようなテクストだとするならば、そして、読者もそれによって「喚起」されるのであるとすれば、『セーラームーン』のファン・フィクションが異性愛や女性同性愛を描くことになったのは容易に理解できるだろう。六〇年代に原型が確立した少女マンガだが、[58] おそらく二十四年組や「乙女チック」などの登場する七〇年代を中心にセクシュアリティの複数性を懐胎していたのだろう。それらに直接的・間接的に影響を受けながら、ファンは「やおい」という表現を発展させていった。その「やおい」は、野火の主張もそう捉えうるが、アイデンティティの複数性とも言える。そうして、九〇年代に『セーラームーン』の登場によって大きな変化が訪れる。「やおい」に見られた関係性の欲望がセクシュアリティの複数性へと開かれていった。もはや男性同性愛だけではなく、『セーラームーン』のテクストをめぐって、異性愛、女性同性愛といったものも含め、多様な愛の形式が展開される。そこでは、読者も作者も、男性でもあり女性でもあり、かつそのどちらでもある。性の単一性さえ超えて、アイデンティティが複数化される。比喩的に言えば、月野うさぎが銀水晶を解放したとき、彼女たちのセクシュアリティとアイデンティティも解放されたのだ。

しかし、それではなぜ『セーラームーン』だったのだろうか。それは「かわいい」からだ。それゆえ、エロチックでもある。セーラー戦士の性的身体性は、それを媒介にして、女性に性的表現の空間を広く開拓したのだろう。それは、例えば一九九四年十二月三十日開催の「コミケット47」で、男性向け創作同人誌のあたりを歩いていたぼくに向かって、「おにいさん、さびしい暮れとお正月のオカズにいかが」と声をかけてきたことをきっかけにインタビューをした女性からもうかがえる。彼女は『セーラームーン』の男性向け同人誌を描き、それを売っていたのだが、男性のぼくからしてもかなりエッチに感じられた。そこで、「女の子なのに抵抗ないの？」と聞くと、「女だからこそ女の気持ちがいいとこ、わかるんじゃない」と、あっけらかんと答えた。

銀水晶は、女性の性的表現さえも解放した。それは、ある意味、小谷真理の言葉で言えば、テクノガイネーシス、つまり女性状無意識の姿なのかもしれない。[59] 彼女たちは、『セーラームーン』をとおして、テクストに描かれない隠された女性性、女性の快楽を見いだした。それはクリトリスの覚醒である。セーラー戦士は、快楽とは無縁な「純粋無垢の処女の少女」ではなく、積極的にエロチックな存在であるゆえ、女性は彼女たちの快楽を肯定し、それを表現に変えたのだ。

おわりに

九〇年代論でありながら、かなり時代をまたぎながら展開してしまった。けれども、時代には連続と断絶がある。『セーラームーン』をとおして、「かわいい」とエロチシズム、女性の性的表現の空間を考えてみた。そのための回り道でもある。現在、書店をのぞけば、女性向けのたくさんのエッチなマンガや小説が並んでいる。ときには「少女コミック（少コミ）」のように問題視されるものもある。しかし、男性には許されている領域がなぜ女性には許されていなかったのだろう。女だってエッチなはずだ。そういった意味で、現在の状況は『セーラームーン』のファン・フィクションを考えることから理解できるのではないだろうか。というより、『セーラームーン』が転回点としてあるように、ぼくには感じられる。そのことを検討してみたのが本章である。

さて、二〇一一年末、『セーラームーン』のシリーズディレクターだった幾原邦彦のアニメが終わりを迎えた。『輪るピングドラム』（Brain's Base制作、毎日放送系放映、二〇一一年）だ。かなり画期的な作品だったように感じられた。幾原に注目し、『セーラームーン』と『少女革命ウテナ』（J.C.STAFF制作、テレビ東京系放映、一九九七年）を考察した石田美紀は、これをどのように語るだろうか。

二〇一一年はもしかしたら大きな転換点になるかもしれない。アニメだけで見ても、『魔法少女まどか☆マギカ』（シャフト制作、毎日放送系放映、二〇一一年）と『輪るピングドラム』あるいは『ベン・トー』（david production制作、独立局系放映、二〇一一年）や『ゆるゆり』（動画工房制作、テレビ東京系放映、二〇一一年）が放映された。これらはこのあと、なにをもたらすだろうか。そして、それは九〇年代とどこが異なるのだろうか。なにも変わらないという可能性もあるが、しばらくは楽しみにしていよう。

注

(1) Naomi Klein, *The Shock Doctrine: The Rise of Disaster Capitalism*, Picador, 2007.

(2) そのあたりの事情は、例えばクエンティン・タランティーノ(特に『キル・ビル』〔二〇〇三年〕の特典映像などにその事情が語られている)やウォシャウスキー兄弟(特にタツノコプロによるアニメ『マッハGO GO GO』〔タツノコプロ制作、フジテレビ系放映、一九六七―六八年〕の実写化『スピード・レーサー』〔二〇〇八年〕)などからもわかるだろう。また、有名なことではあるが、『UFOロボ グレンダイザー』(東映動画制作、フジテレビ系放映、一九七五―七七年)が七〇年代末のフランスで大ブームになったことなども挙げられる。

(3) 東浩紀『動物化するポストモダン――オタクから見た日本社会』(講談社現代新書)、講談社、二〇〇一年

(4) 例えば、「Wikipedia」の『新世紀エヴァンゲリオン』の項目には、「本作の成功はアニメブームに繋がり、放送後の一九九七年頃からは首都圏でテレビアニメが週約五十本放送される空前のブームとなった」とある(二〇一一年九月現在)。

(5) 小林義寛「ゲーマーはエロと戯れるか?」、東園子/岡井崇之/小林義寛/玉川博章/辻泉/名藤多香子著『それぞれのファン研究――I am a fan』(ポップカルチュア選書・レッセーの荒野)所収、風塵社、二〇〇七年、一一九―一五三ページ参照

(6) 本章注(5)の文献でも記したが、ぼくは、一九九四年からのフィールドワークでは草の根BBSを中心に参与観察をおこなっていたが、その調査過程でインフォーマントに連れられて多くのアニメや声優のイベントにも参加した。その際の入場整理券の入手困難さやビデオ・LD・CDなどの初回限定版の入手困難さ、池袋や秋葉原の様子、その他多くの状況からすると、ブームはすでに始まっていたように思われる。

なお、ぼくの草の根BBSでの調査に関しては、小林義寛「from Folk to Filk――「密猟的文化」あるいは草の根

の創造的活動の可能性へむけて」（「生活学論叢」Vol.1、日本生活学会、一九九六年、九七―一〇六ページ）も参照のこと。

（7）例えば、Poitras によると英語圏のファンダムは、The Astro Boys Generation、The Early Fans（Old Timers）、The Yamato Generation（The Star Blazers Generation）、The Robotech Generation、The Akira Generation、The Sailor Moon Generation、The Otaku Generation と世代区分される。こうした名称からも、『セーラームーン』の影響の大きさを推し量ることができる。Poitras, G, *Anime Essentials: Evert Thing a Fan Needs to Know*, Stone Bridge Press, 2001, pp.30-33.

（8）小林義寛「テレビ・アニメのメディア・ファンダム——魔女っ子アニメの世界」、伊藤守／藤田真文編『テレビジョン・ポリフォニー——番組・視聴者分析の試み』所収、世界思想社、一九九九年、一八二―二一五ページ

（9）八〇年代の他局・他制作会社の作品には、スタジオぴえろ制作、日本テレビ系放映の『魔法の天使クリィミーマミ』（一九八三―八四年）に代表される「ぴえろ魔法少女シリーズ」や葦プロダクション（現・プロダクション リード）制作、テレビ東京系放映の『魔法のプリンセス ミンキーモモ』（一九八二―八三年）などのテクスト群がある。なお前掲「テレビ・アニメのメディア・ファンダム」一九八―一九九ページに、一九九七年の『キューティーハニーF』までだが、一覧表を掲載してあるので、参照されたい。ただし、この一覧表には、基本的にはターゲット・ユーザーが「少女」であるものだけに限定している。そのため、二〇一一年に大反響を呼んだ『魔法少女まどか☆マギカ』のようなテクストは含まれていない。『魔法少女まどか☆マギカ』は深夜放送であり、かつそこから想定できるようにターゲット・ユーザーは「少女」ではないためである。

ところで、『魔法少女まどか☆マギカ』自体は、そのダークファンタジーとしての構造、従来の魔法少女像への挑戦、タイムリープなど、近年の問題系に関連させて考察する意義があるだろう。

（10）小松和彦『神々の精神史』伝統と現代社、一九七八年。儀礼主義的アプローチとは、儀礼の構造を物語分析に応用するアプローチである。小松和彦は、単にウラジミール・プロップの形態論だけではなく、その後のアラン・ダンデス、クロード・ブレモンなどによる形態論の展開や、クロード・レヴィ＝ストロースの構造分析などを前提に、儀礼主義的なアプローチを展開した。

(11) 詳細は、前掲「テレビ・アニメのメディア・ファンダム」二〇〇―二〇一ページを参照。

(12) アルノルト・ファン・ヘネップは、ある社会的状態から他の社会的状態へと社会的境界を超える通過儀礼を考察した。通過儀礼には、日常から非日常への分離、非日常の聖別された状態である境界、新しい社会的状態での日常への統合、という三つの局面があり、この儀礼の過程では死と再生が象徴的に表現される。アルノルト・ファン・ヘネップ『通過儀礼』綾部恒雄／綾部裕子訳（Kobundo renaissance）、弘文堂、一九七七年、アルノルド・ヴァン・ジェネップ『通過儀礼』秋山さと子／弥永信美訳、思索社、一九七七年

エドマンド・リーチはファン・ヘネップの議論を「時間とつけ鼻」で図式化した。E・リーチ『人類学再考』青木保／井上兼行訳、思索社、一九七四年、エドマンド・リーチ『文化とコミュニケーション――構造人類学入門』青木保／宮坂敬造訳（文化人類学叢書）、紀伊國屋書店、一九八一年

ヴィクター・W・ターナーは、境界に着目し、コムニタスに関する議論を展開した。ヴィクター・W・ターナー『儀礼の過程』冨倉光男訳、思索社、一九七六年、ヴィクター・ターナー『象徴と社会』梶原景昭訳（文化人類学叢書）、紀伊國屋書店、一九八一年

(13)『美少女戦士セーラームーン DVD-Collection』Vol.2、東映、二〇一〇年

(14) 前世の記憶、月と地球をめぐる物語、戦士、といった言葉で想起されるのは、八〇年代末より社会現象とも言えるスピリチュアル系の大ブームを引き起こした、日渡早紀の『ぼくの地球を守って』（白泉社、一九八七―九四年）である。ここで、『ぼくの地球を守って』と『セーラームーン』とのインター・テクスチュアリティという視点が必要になる。しかし、八〇年代末より以後、記憶――前世、時間、可能世界などの――、戦士や同志あるいはそれに類する言葉、精神世界やタイムリープを含めた時間と空間の移動、などといったアイテムで、『ぼくの地球を守って』とのインター・テクスチュアリティが想定できるテクスト群は、マンガ、アニメ、アダルトゲーム（エロゲー）も含めたゲーム、ドラマを含むラジオ番組、映画などの多くに見られる。この時代のスピリチュアリティにも関連させながら、今後の課題として考えていきたい。

(15) ネオ・クリスタル・トーキョーで衛とともに、王女ネオ・クイーン・セレニティーとして存在するうさぎは、銀水晶の力によって、千年の寿命を得る。すなわち、そこに至福千年の王国が成立する。

(16) 斎藤環『戦闘美少女の精神分析』太田出版、二〇〇〇年
(17) 石田美紀「「美」に抗うアニメーション――「セーラームーン」以後の少女アクション」、四方田犬彦/鷲谷花編『戦う女たち――日本映画の女性アクション』所収、作品社、二〇〇九年、三一一ページ
(18) 同論文三一三ページ
(19) 例えば、同論文三〇七―三〇八ページ
(20) 例えば、AV女優としては『炎神戦隊ゴーオンジャー』(東映制作、テレビ朝日系列放映、二〇〇八年)の及川奈央、グラビア・アイドルとしては『忍風戦隊ハリケンジャー』(東映制作、テレビ朝日系列放映、二〇〇二年)の山本梓などが挙げられる。
(21) 前掲「「美」に抗うアニメーション」三一八―三一九ページ
(22) 同論文三一四ページ
(23) 同論文三一九ページ
(24) 同論文三二〇ページ
(25) 千家和也作詞、渡辺岳夫作曲「魔女っ子メグちゃん/ひとりぼっちのメグ」(EP)、コロムビアミュージックエンタテインメント、一九七四年
(26) 大塚英志/サカキバラ・ゴウ『教養としての〈まんが・アニメ〉』(講談社現代新書)、講談社、二〇〇一年、五九―八四ページ
(27) 前掲「「美」に抗うアニメーション」三二〇ページ
(28)『セーラームーン』を一見しただけで、あるいはそのブームを表層的に捉えただけで、女性による正義のヒーローもの、戦隊物の登場と単純に讃美していた、一部のフェミニストだけは、おそらく違っていただろう。
(29) 例えば、宮台真司は、「「かわいい」の観念こそ、[大人(成熟)/子供(未熟)]というメインカルチャーのコードを意識的に無化する〈若者〉のサブカルチャーそのものだった。「子供のまま性的になること」の宣言。後代の「かわいいカルチャー」の出発点は実はここにある。「かわいい」を性的なものからの隔離と結び付ける八〇年代少女論は、この重要な出発点を完全に無視している」(宮台真司/石原英樹/大塚明子『増補 サブカルチャー神話解体――

少女・音楽・マンガ・性の変容と現在』〔ちくま文庫〕、筑摩書房、二〇〇七年、三〇ページ）と述べる。ただし、ここで彼らが想定している年齢層は若干高く、高校生から上である。

（30）真壁智治／チームカワイイ『カワイイパラダイムデザイン研究』平凡社、二〇〇九年

（31）同書三二―四八ページ

（32）同書四七ページ

（33）同書三三―四五ページ

（34）メアリ・ダグラス『汚穢と禁忌』塚本利明訳、思潮社、一九八五年

（35）ジュリア・クリステヴァ『恐怖の権力――〈アブジェクシオン〉試論』枝川昌雄訳（叢書・ウニベルシタス）、法政大学出版局、一九八四年

（36）本章注（26）参照

（37）例えば、前掲『増補 サブカルチャー神話解体』四二ページ

（38）二十四年組を「高踏派」として、彼女たちの試みと影響を狭くみる立場――端的には宮台たちを指しているが――に対する批判として、例えば、飯島耕太郎『戦後民主主義と少女漫画』（〔PHP新書〕、PHP研究所、二〇〇九年）を参照（特に九〇―九三ページ）。

（39）千家和也作詞、都倉俊一作曲、馬飼野康二編曲「ひと夏の経験」（EP）、CBSソニー、一九七四年

（40）千家和也作詞、都倉俊一作曲・編曲「青い果実」（EP）、CBSソニー、一九七三年

（41）本章注（24）参照

（42）日本では「イベント」と称されることが多いが、英語圏では通常 convention、略して「コン」と呼ばれ、開催地の地名と組み合わされて使われる。日本の場合も、「大コン」（大阪）や「東コン」（東京）と呼ばれるように、SF大会にその用法が見られるが、一般的には「イベント」と称されることが多い。

（43）ジョン・フィスク『テレビジョン・カルチャー――ポピュラー文化の政治学』（伊藤守／常木瑛生／小林直毅／藤田真文／吉岡至／高橋徹訳、梓出版社、一九九六年）を参照。第三次テクストには、ファン・フィクションだけではなく、噂話や井戸端会議のようなものも含まれる。

(44) 出版社による、同人誌アンソロジーの形式での出版の結果として、一般の書店流通網を経由するファン・フィクションも少なくはない。また、いわゆる「おたく」系と言われる書店や出版社への委託販売もかなりの程度見られる。けれども、一般的にこれらは例外であり、基本的にはアンダーグラウンドの市場を通じて流通している。もっとも、現在では、コミケなどに代表される大規模なイベントが非制度的であり、アンダーグラウンドである、ということに関しては疑問がないわけではない。ましてや、単純に表層を捉えて、コムニタス(ターナー、本章注(12)参照)に帰すような議論は問題外だろう。

(45) 大塚英志『定本物語消費論』(角川文庫)、角川書店、二〇〇一年

(46) 英語では一般的に「スラッシュ」と呼ばれる。この言葉が、『スタートレック』(最初のテレビシリーズの邦題は『宇宙大作戦』)のカークとスポックの間に引かれた線(すなわちK/S)に由来することを考えると、日本の「やおい」が——事実がそうであるかどうかは別として——意味している内容は、日本でのパロディのありようを示唆しているように思われる。「おち」があるかどうかがパロディのキーというわけではないが、この自嘲気味な呼称が示すように、日本のパロディが暗に「おち」を要求されていることがわかる。また、二次創作一般に言えることだが、パロディとパスティーシュの区別もなされずに、すべてが「パロディ」と総称される。しかし、パロディとパスティーシュの相違は批評性や批判性の有無であることを考えると、「やおい」の自嘲的な語源に見られる二次創作のありようはパスティーシュに属するように思われる。

ちなみに、日本でのスラッシュと同様なカップリングの表記は「×」である。ただし、一般的に、この記号の前後のキャラを入れ替えるだけで、双方のファンの間でコミュニケーションが成立しなくなるほど、意味に相違がある。それに対して、スラッシュにはそれほどの効果はないようだ。

(47) コミケなどの同人誌即売会に見られるようなファンダムの参加者は、メディアの取り上げ方も含めて、男性中心のものとして見られがちだが、実際には女性中心と言ってもいいほどに女性参加者の数は多い。そのあたりは、前掲「テレビ・アニメのメディア・ファンダム」でのコミケの年表を参照。

(48) 藤本由香里『私の居場所はどこにあるの?——少女マンガが映す心のかたち』学陽書房、一九九八年

(49) 以下、主に斎藤環「解説——「萌え」と批評、あるいは「関係」への配慮」(野火ノビタ『大人は判ってくれない

——野火ノビタ批評集成』所収、日本評論社、二〇〇三年）三一一—三二一ページ。ただし、斎藤環『関係する女所有する男』（〔講談社現代新書〕、講談社、二〇〇九年）も参照。

(50) 前掲『大人は判ってくれない』二二三—二七五ページ

(51) 同書二七〇—二七一ページ

(52) 天真楼亮一「九一年アニメ界になにが起きたか」『終わりなき二死満塁①どうにかしてくれ』（同人誌）夢屋花乃屋、一九九七年、五四ページ。天真楼亮一が指摘するのは、男性向け同人誌への「やおい」の影響であり、男性向け同人誌でもキャラクターを記号化し、自己のなかで作り替え、遊ぶようになったことを指す。この見解に呼応してかどうかはわからないが、男性を対象とした領域——コミケでもそれが集められている空間——に、制作者・読者ともに女性の姿が目立つようになった。

(53) 水野晶「男に生まれなかった私へ」『物語的やおい論』（同人誌）なぜ、一九九五年。水野晶は「やおい作家でセーラームーンからロリに移行する女性が多かったのは、セーラームーンが記号化された女の子を消費財として差し出す形式の作品だったからではないか」（九四ページ）と述べる。

(54) ヨコタ村上孝之『マンガは欲望する』筑摩書房、二〇〇六年、一〇三—一一六ページ。ただし、ここでヨコタ村上が議論しているのは、端的に「やおい」ではなく、女性向けの少年同性愛もの一般である。

(55) 同書一一三ページ

(56) 同書一一三ページ

(57) 同書一一四ページ

(58) 石子順造『戦後マンガ史ノート』（精選復刻紀伊國屋新書）、紀伊國屋書店、一九九四年

(59) 小谷真理『女性状無意識（テクノガイネーシス）——女性ＳＦ論序説』勁草書房、一九九四年

［付記］おそらくぼくは男性であり、性的にはストレートだと思う。それゆえ、女性の快楽自体を理解するわけではない。九〇年代にコミケの会場で出会ってインタビューさせていただいたレズビアニストの女性や彼女たちによる「ゆり系」同人誌などは、やはり理解に苦しむ。当然のように、かなりハードな内容の「やおい」もつらかったりする。そういった意

味で言えば、男性であるぼくが勝手に語っている部分は多い。それでも、この小論は、ぼくのこれまでのファンダム調査がもとになっている。けっこうぶしつけなことも聞いたかもしれないが、二十年近くになる調査の過程で出会った多くの方にここで感謝する。とはいえ、本章の議論自体はすべてぼくの責任である。彼女たちや彼らがいなければぼくの思考はなかったのだが、粗雑な議論の責はぼくにある。

第7章　彼女たちの憂鬱
――女性アイドル〝冬の時代〟再考

塚田修一

はじめに

アイドルが社会を回し始めている。

二〇一一年現在、その運動の中心には〝国民的アイドルグループ〟であるAKB48がいる。その傍らには、ももいろクローバーZを筆頭に、数多のアイドル（グループ）が控えている〝アイドル戦国時代〟と形容されるゆえんである。

しかしながら、過去に目を転じてみると、このような女性アイドル文化の隆盛は、少なくとも一九九〇年代には絶対にありえなかった現象である。一般的に言われているように、九〇年代は女性アイドルの〝冬の時代〟だったからである。その意味で、九〇年代は女性アイドル文化にとって〝失われた十年〟だったと言えるだろう。

しかし、本章では〝アイドル冬の時代〟と呼ばれる九〇年代のアイドル文化／文脈を丁寧に検討し直してみたい。顧みられることがないこの〝冬の時代〟にこそ、現在を〝アイドル戦国時代〟たらしめている「可能性の断片」が埋まっているように思われるからである。

だがここで、本章での作業は、筆者にとってまた別の目的を持っていることを告白しておかなければならないだろう。最近のアイドルブームのなかで、筆者は周囲の知り合い＝ヲタ友から、しばしば答えに窮する質問を投げかけられる。それは「最初にハマったアイドルは誰か？」という質問である。一九八一年生まれの筆者は、九〇年代に思春期を過ごしたが、先述のとおりそれは〝アイドル冬の時代〟だった。それゆえに、アイドルにハマることが当時はできなかったのである。――だから、筆者にとって本章は、何よりも「九〇年代のアイドル文化を取り戻す」ための作業でもあるのだ。

アイドル文化／文脈を年代順《クロニクル》にたどっていくうえで、まずは現在の分析から始めよう。エドワード・ハレット・カーが教えるとおり、「歴史とは現在との絶えざる対話である」のだから。

1　ＡＫＢ48という現在

メタ／ガチの同居

ある程度早い段階からＡＫＢ48が見せてきたパフォーマンスの特徴は、〝自己言及性〟である。もっと具体的に言えば、「受け手からのツッコミを先取りし、それを自らのネタとして消化＝昇華してしまう」というメタ的な振る舞いである。

例を挙げるなら、二〇〇八年にシングル曲「大声ダイヤモンド」の音源が公開前にネット上に流出してしまう事件があった。これは通常であれば、大きなダメージのはずである。しかし、この年、その事件後におこなわれたコンサートに「まさか、このコンサートの音源は流出しないよね？」というタイトルを付すのである。ドラマ『マジすか学園』（テレビ東京、二〇一〇年）の冒頭に「このドラマは学芸会の延長です」というテロップを流すのも、これと同様のツッコミの先取りだろう。

そして、こうした〝自己言及性〟の延長上に、メンバーの峯岸みなみの「(さほど人気がなく、テレビにあまり映らない自身への自虐を踏まえての)尺が欲しい」というネタや、裏方であるスタッフが積極的に表に出る、といったパフォーマンスが現出する。

ただし、AKB48のパフォーマンスは、メタな〝自己言及性〟だけに彩られているわけではない。彼女たちは、ところどころで〝ガチ〟である。それは、「神様に誓ってガチです」(二〇〇九年)、「母さんに誓ってガチです」(二〇一〇年)など、〝ガチ〟を名乗っている「選抜総選挙」が象徴的である。

すなわち、メタとガチの同居が、彼女たちのパフォーマンスの特徴なのである。

メタ/ベタの二重性

次に、AKB48の受け手、〝AKBヲタ〟たちに目を転じてみよう。筆者は、二〇〇八年頃から定期的にAKB48の握手会に参加しており、二〇一一年には明治学院大学社会学部での授業の一環として、AKB48界隈のフィールドワークをおこなってきた。そこで見いだされるAKBヲタたちのありようを、ここでは大きく二つに整理しておこう。

まず、一つ目のありようは、素朴にメンバーのことを応援している、言わばベタなヲタたちである。彼らは自分が応援するメンバー(〝推しメン〟)と握手をし、メンバーから認知してもらうために握手券付きのCDを何枚も購入し、また選抜総選挙などの〝ガチな〟ドラマに純粋に涙するのである。

しかしながら、このようなベタなヲタたちによってだけ構成されているわけではない。例えば、AKBの握手会では、メンバーとの握手はそっちのけで、フリースペースで仲間同士で話したり、写真を交換したりする多くの集団を目にする。また、公演に当選しているわけではないのに、ヲタ仲間と話したいがために劇場にやってくる者も多い。彼らは、友だち同士のコミュニケーションのネタ――より正確に言えば〝内輪ネタ〟――として、AKBを消費しているのである。このようなAKB48をネタとしたコミュニケーションは、ウェブ上でも盛んである。それは、宇野常寛が指摘しているように、AKB48メンバーに関する「Wikipedia」である「エケペディア」の記述を見ればいい。[1] そこは、随時投下されるメンバーについての情報を「ネタ」としたコミュニケーションの膨大な記録なのである。彼らは、先述の〝ベタなヲタ〟に対して、〝メタなヲタ〟と呼ぶことができるだろう。すなわち、AKB48受容の特徴としては、メタとベタの二重性を指摘することができる。

こうしたAKB48（周辺）の性格には、既視感を覚える部分があるのではないか。それもそのはず、実は八〇年代後半以降のアイドル文化に、すでに先述の性格の原型が見られていたのである。ここで我々は、まず八〇年代後半へと立ち返らなければならない。

2 〝アイドル〟殺害事件

容疑者①：秋元康

それまでの女性アイドル――具体的に言えば、南沙織から松田聖子まで――は、もちろん個々に差異はありながらも、アイドル自身の振る舞いにしても、さらにその受け手であるファンにしても、ある〈定型〉が共有されていた。それは〝アイドルらしさ〟と言い換えてもいい。それをあえて強引にまとめてしまうならば、〈「ファンの全面的な憧れ」を受ける、「（清純性＋歌手）×物語性」という存在〉ということになるだろうか。[2]

この〈定型〉を解体してしまったのが秋元康である。しかも、ただ〈定型〉からズレてみせる、というのではなく、まずはアイドル自身が〈定型〉に自己言及する、という相対化戦略によってである。

秋元は、作詞を手掛けた小泉今日子の楽曲『なんてったってアイドル』（一九八五年）で、旬のアイドルであるキョンキョン自身に、「恋をするにはするけど　スキャンダルならノーサンキュー　イメージが大切よ　清く正しく美しく」と歌わせた。

さらにこうした秋元の戦略は、おニャン子クラブでよりあらわになる。おニャン子クラブは、ほぼ素人《しろうと》である女子高生たちが、学校の「課外活動」としてアイドルをする、というコンセプトで生まれた。このこと自体がすでに〈定型〉への挑戦だが、さらに彼女たちのデビュー曲でもあり、代表曲である「セーラー服を脱がさないで」(一九八五年)では、「友達より早く　エッチをしたいけど　キスから先に進めない　臆病すぎるの　週刊誌みたいな　エッチをしたいけど　全てをあげてしまうのは　もったいないから……あげない」と歌わせてしまう。

そしてここでおニャン子クラブについて確認しておくべきなのは、その自己言及的なパフォーマンスだろう。稲増龍夫が正確に指摘しているように、このおニャン子クラブとはフジテレビというメディア、さらには秋元の自己相対化戦略によって駆動するアイドルシステムだったのである。(3) 質の変化はあるものの、同じ秋元プロデュースのAKB48が持つ「自己言及性」の起源はここにあると言える。

容疑者②：森高千里

このように、秋元康によってアイドルの〈定型〉が解体させられてきたが、その〈定型〉の息の根を止めるのは、やはりアイドル自身の手によってでなければならなかった。森高千里が一九八九年にリリースしたアルバム『非実力派宣言』は、その意味で象徴的な作品である。その自己相対的というよりは自虐的なタイトルもさることながら、〝アイドルの元祖〟である南沙織『17才』のカバーがおそらくは意図的に冒頭に配置されたこのアルバムに収録された楽曲は、その前年から直前にかけてリリースされた『ザ・ミーハー』や『ザ・ストレス』と同様に、いずれも彼女の自己言及的なパフォーマンスに満ちたものだった。

八〇年代後半に起こったこのような状況を、太田省一は、〝「アイドルしている」という自意識のゲーム〟という言い方で説明している。(4) 例えば、小泉今日子は、「アイドルしている」という自意識に対し開き直ることで小気味よさを生み出し、それを娯楽化する。すなわち、「アイドルは作られたものにすぎないが、それを承知のうえでファンに対し、アイドルというゲームへと参加するよう呼びかける」というわけだ。これが森高千里の

『ザ・ストレス』になると、「アイドルしている」という自意識だけではなく、その自意識の破綻までもが娯楽にされるのである。[5]

だが、その〝自意識のゲーム〟に耐えうるアイドルもごくわずかだったし、そもそもこのゲーム自体、そう長くは続かなかったように思える――事実、森高千里はそのゲームに早々に見切りをつけ、いつの間にか〝アイドル〟から〝アーティスト〟へと転身していく。[6] さらに一九九〇年前後には、アイドルにとって不可分だった歌番組『歌のトップテン』（日本テレビ、一九八六―九〇年）、『ザ・ベストテン』（TBS、一九七八―八九年）、『夜のヒットスタジオ』（フジテレビ、一九六八―九〇年）が相次いで終了し、またアイドル誌「Dunk」（集英社、一九八四―九〇年）が休刊するなど、象徴的な意味でも、現実の活動面でもアイドルたちの居場所が失われていく。

はしごをはずされたアイドルファンたち

アイドルたちの受け手にも目を転じてみよう。これも稲増龍夫が指摘していたように、[7] 先述の秋元康の戦略は、ある程度「先が読め」「裏が見え」てしまう、「相対化感覚を身につけたクールな受け手たち」をターゲットにしていたし、おニャン子に熱狂した若者たちのなかには、そうしたメタ的な遊戯を楽しむ感覚を身につけていた者も多かったことだろう。だが、実はそのようなリテラシーを持ったファン、つまり「ついてこられた」ファンは、秋元・稲増の予想よりもわずかだったのではないか。実際、「かつてプロデュースしたおニャン子（猫）の次はねずみだろう」という、秋元の「ねずみっ子クラブ」（一九九三年結成）という〝メタを踏まえてのネタ〟にはもはや誰もついていかなかった（いけなかった）のである。

あるいは、秋元自身はファンを残したまま、早い段階で手を引いていたのかもしれない。ライターの山下剛一はこのように述懐する。

八〇年代の屈折した高校生だった筆者〔山下：引用者注〕にとって秋元康は、ウソだらけのテレビの中から、

「どうせ世の中全部ウソなんだから、分かった上で楽しもうぜ」と挑発してくるクールな先導者だった。しかしその後、勝手な思い込みで「秋元が変わっちゃった！」と嘆く瞬間が訪れる。おニャン子の4thアルバム『SIDE LINE』の一曲目「STAND UP」。ストレートな8ビートに〝♪STAND UP 勇気出して〟って超王道の励ましソング。ネタもメタもない超ベタな曲なのである。メタな秋元詞が好きだった思春期の自分には、この曲はストレート過ぎた。リリースはおニャン子が解散する年である八七年の二月。そろそろ浮ついた80's感に終わりが見えつつあった時期である。(8)

確かに、森高の自己言及的なパフォーマンスを正しく解釈し、戯れるだけのリテラシーを有していたのも、やはり少数のコアなファン——彼らはそのうち〝オタク〟と呼ばれる——だけだったのだろう。最も有名なオタクの一人による、最も正確な森高評を引用しておこう。

かつての南沙織の名曲『十七才』をカヴァーするプロモーション・ビデオは鮮烈だった。ビデオ合成でモニター上に分身した、三人三色の超ミニ森高が微笑み、歌い踊る。カワイイッ!!（略）しかも、このレプリカント・アイドルは自らが〈ニセモノ〉であるコトを自覚し、本人作詞で〈非実力〉という魔法の呪文を唄うのだ！ ♪わたし、実力は興味ないわ。実力は人まかせなの。実力がないわ、いいわ〜♪ 実力と非実力とは何だろう。生身とレプリカ。ホンモノとニセモノ。現実と虚構。シニフィエとシニフィアン？……。〈非実力〉＝スカなるものが、より強い魅力をもつ時代。もお、スカって最高！(9)

こうして、居場所を失ったアイドルと、いわばはしごをはずされた格好になったアイドルファンが残され、アイドル〝冬の時代〟が到来する。

3　アイドル〝不遇の時代〟

居場所を失ったアイドルたち

アイドル〝冬の時代〟と称される九〇年代前半だが、決してアイドルの輩出数が減ったわけではない。八〇年代同様、この時代にも数多くのアイドルがデビューしている。ただ、八〇年代と異なるのは、九〇年代前半のアイドルたちは構造的に不遇だったということである。

彼女たちはまず、居場所から探さなければならなかったのだ。その意味で、『パラダイスGOGO!!』(フジテレビ、一九八九―九〇年)という居場所が確保されたうえでデビューしたribbonやCoCoはある程度は幸福だったとさえ言えるのかもしれない。そうでないアイドルたちは、CMに(例えば後述する3M――宮沢りえ、牧瀬里穂、観月ありさ)、ドラマに(例えば内田有紀)、あるいはバラエティー番組に(例えば『天使のU・B・U・G』〔フジテレビ、一九九四―九五年〕)、またある者はグラビアに(例えば雛形あきこ)、ライブハウスに(例えば東京パフォーマンスドール〔TPD〕、制服向上委員会〔SKi〕)、居場所を求める。

一九八一年生まれの筆者は、この〝冬の時代〟に思春期を迎えるわけだが、当時は内田有紀のファンだった。彼女が出演するドラマは欠かさずチェックし、ラジオ番組(ニッポン放送『夜空にYOU KISS』)もカセットテープに録音していた。そして、彼女の歌手デビューには素直に喜び、もちろんそのデビューシングル『TENCAを取ろう!内田の野望』(一九九四年)も発売日に購入した。

当時はまったく気づかなかったのだが、この曲はタイトルからして自己言及的である――同じく自己言及的なパフォーマンスをした小泉今日子や森高千里も、「コイズミ」「モリタカ」と名字で自らを呼称していた。そしていま聞き返してみると、広瀬香美によるこの曲の歌詞も、人気の絶頂期にあった内田有紀にとって多分に自己言及的である。

「絶好調　このまま　気ままに　生きてみたい　多分　絶対　なんとかなるさ」

「Lucky　Lucky　世の中　甘いよ　ヨ・ロ・シ・ク　天下取ってみせるよ」

しかしながら、当時、筆者を含めて、この曲に〝自己言及的な振る舞いの魅力〟を感じたファンほぼ皆無だったように思える。むしろ当時のファンはただベタに内田有紀が好きだったのだ。[10]

——八〇年代後半の「アイドルと一緒にメタに戯れること」から九〇年代の「アイドルをベタに愛でること」へ。

そしてここで重要なのは、「アイドルをベタに愛でる」場合、そこにはすでに〝物語〟が必要とされなくなってしまっている、ということである。事実、九〇年代にはアイドル自身の側にも〝物語〟の摩耗が生じていた。この事態は、村上裕一が中森明夫による西田ひかる評を例にして正確に指摘している。[11] その中森の西田ひかる評を引用しておこう。

西田ひかるは時代を象徴しない！　いや、時代どころか彼女は何も象徴しない。ただただ西田ひかる、なのだ。そこが、スゴイ！　一般的にスターは時代を象徴するモノと決まってた。（略）なのに西田ひかるは、なーんにも象徴しない。（略）つまり、西田ひかるは実は西田ひかるだったのだ！　これは相当すごいオチである。並みのスターは裏に廻れば何かある、だが、西田ひかるは裏に廻っても、ただただ西田ひかる、なのだった！[12]

ライブアイドル——距離の近さと内輪性

ファンにとって、〝物語〟による駆動抜きで、最も「ベタに愛でる」ことができるのは、ライブハウスや劇場に居場所を求めたアイドル——〝ライブアイドル〟たち、ということになる。彼女たちこそ、最もファンとの距離が近いアイドルである。

そうした東京パフォーマンスドールや制服向上委員会といったライブアイドルたちのもとには、おニャン子の元ファンが流れてきたという事実も示唆的である。[13] こうして居場所を失ったアイドルと、はしごをはずされた格好になったアイドルファンが、必然的にライブハウスで邂逅するのである。

そしてそこではアイドルとファンとの距離の近さゆえに、本来保つべき関係性を踏みはずし、アイドルのパフォーマンスの運営にまで口出しをする者も現れるほどになるくらいに――そのような者は周りからひんしゅくを買い、〝外道〟とさげすまれた――ある意味純粋だったファンたちは、やがてファンの〝仲間内〟での交流に楽しみを見いだしてしまうことになる。

金井覚『アイドルバビロン』には、TPDやSKiのライブに集うコアなファンたちへのインタビューが収められているが、彼らの多くに共通しているのは「ファン仲間同士でつるむのが楽しい」という感覚である。

昔から、アイドルにドカンとハマるのは〔自分の中では〕全体の中では半分ぐらいで。もしかしたら、〔興味関心の：引用者注〕比率的には客に九割か（笑）。こんなおもしろい人たちがいるんなら、というんで行き始めた。ま、基本的にアイドルは好きな方なんで、アイドルも観つつ、そういう交流もできつつ。だから、どっちかっていうと周りの人間とコピー誌を作る方が楽しかったんですね[14]

〔アイドルの趣味を：引用者注〕やめる気ないですね。やっぱり仲間の存在もあるんじゃないですか。〝外道〟連中の飲み会でクダらない、世間では通用しない話でも通用できるわけで。話し相手がいるのが一つの担保になってて、アイドルから離れないっていう。もともと（アイドルが）好きだっていうのも、もちろん大きいですけど[15]

さらに同書で金井は、ＳＫｉのコンサート会場で大声でやじを飛ばしたり、ときには乱闘騒ぎまで起こす、〝愚連〟と呼ばれる集団についても記述しているが、彼らはおそらくは、アイドルを応援したいというよりは、仲間とつるむほうに楽しみを見いだしていて、そうした〝内輪での悪ノリ〟が行き過ぎてしまった結果が乱闘騒ぎのように思われる。

そしてこれこそが、現在のＡＫＢ48――周知のように、彼女たちもまた、〝会いに行ける〟ライブアイドルだった――につながる〝内輪性〟の萌芽でもあった。(16)

オタクのアイテムとしてのアイドル

内田有紀の話に戻るが、当時の筆者は、友達はおろか家族にさえも、内田有紀ファンであることを知られるのが恥ずかしかった。当時は女性アイドルファンであることを公言するのははばかられるといった雰囲気が濃く存在していたのだ。すでにこの頃には、アイドルの〝ファン〟は〝オタク〟と呼ばれるようになり、ネガティブなイメージがラベリングされていた。

そしてアイドルたち自身も、いまやオタクのアイテムとなってしまった〝アイドル〟の肩書を積極的に採用することはしなくなっていった。ここまで、内田有紀を〝アイドル〟と呼んできたが、実はそれは正しくないのだ。彼女に付される形容詞は〝美少女〟であり、その肩書は〝タレント〟あるいは〝女優〟、〝アーティスト〟である。――だからこそ、筆者は「最初にハマったアイドルは？」との質問に、「内田有紀」と答えることができないのである。

グラビアアイドル

ところで、そんな九〇年代に〝アイドル〟の呼称を使い続けたのが、〝グラビアアイドル〟たちである。そして、彼女たちが幅広く活躍するのが九〇年代中盤である。この事情を理解するために、中森明夫の指摘を参照しておこう。

グラビアアイドルを語る上でもっとも重要なことは何か？　それは「グラビア界」なるものが、実は存在しないということなのだ。（略）「界」を形成するものとは何か？　恐らく批評や評価、権威といったもの。それによってサブカルチャーが「文化」と呼ばれるようになるものだろう。グラビアアイドルが「界」にならないのは、つまり賞もなければ批評もない（時折、雑誌に感想モドキのものが載ったりするが）（略）そこには生産者と消費者しかいないのだ。グラビア雑誌はいっぱいあっても、グラビアを批評する雑誌ってないだろう。「界」は存在しない。「現場」しかない。それがグラビアアイドルが生きる場所なのである。(17)

つまり、グラビアアイドルたちも、右の意味では、消費者＝ファンとの距離が近い、〝物語〟抜きで思い切り「ベタに愛でる」ことができる存在だったのである。

4　3Mの格闘

こうして九〇年代の女性アイドル文化／文脈を再検討していくうえで、どうしても気にかかるのが、3Mと称された三人のアイドル、宮沢りえ、観月ありさ、牧瀬里穂である。

彼女たち三人の共通点はイニシャルがMだということだけではない。アイドルの居場所だった歌番組が消滅していた時期に、三人はCMでブレークする。彼女たちは〝冬の時代〟の落とし子なのである。そして彼女たちには、九〇年代ゆえの不遇がつきまとっているように思えるのだ。

物語の失敗——宮沢りえ

3Mのうち、最初に頭角を現したのは宮沢りえである。ここで注目すべきは、彼女はアンチ・アイドルとしての意識が明確だったことである。事実、稲増龍夫は「宮沢りえ本人もアイドルだと思っていないようだし、彼女についていて何か書きたいというときに、アイドルとしての取材はお断りですって事務所にも言われるわけ[18]」と語っている。

宮沢りえは、先行する虚構・〝アイドル〟である森高千里に対抗するかのように、九〇年代初頭に生身の存在感を武器に世間の耳目を集めていく。例えば「ふんどしカレンダー」(一九九〇年)や、ヘアヌード写真集『Santa Fe』(朝日出版社、一九九一年)、貴花田(現・貴乃花親方)との婚約がそれである。こうしたパフォーマンスについて、中森明夫はこう評している。

宮沢りえのスゴイところは、そのつど全財産を賭けていることだ。セミヌードや交際宣言なんてケチな賭けはしない。いきなり全裸であり結婚なのだ。十代の少女アイドルが人気の頂点で全裸になること、結婚を発表することは、それまで積み上げた全財産を失いかねない危険な賭けである。ヘタをすれば日本中を敵にまわすことになる。だが、みごと彼女は勝利した。なぜか？　答えは一つ。私たち日本人もまた宮沢りえの賭けに賭けたからだ。[19]

ここで「賭け」と表現されている彼女のパフォーマンスを、本章に引き付けて言い換えるならば、「全身で〝物語〟を紡ぎ出している」ということになるだろう——事実、彼女には、ブレーク後の早い段階から、そのやや複雑な生い立ちや〝りえママ〟に関する〝物語〟が付着していた。

だが、貴花田との破局や、激痩せ・自殺未遂騒動を起こすようになると、彼女の過剰な〝物語〟は空転を余儀なくされるのである。そして、すでにその頃には、〝物語〟を持たないアイドルが台頭していた。

〝アイドル〟ではなく〝女優〟へ、しかし……——牧瀬里穂

牧瀬里穂もまた、早い時期に〝アイドル〟への違和感と〝女優〟へのこだわりを表明している。

性格的にアイドルは私にはできないなというのがありました。こういうと悪いかもしれませんけど、やっぱりアイドルというと凄く嘘の世界というイメージが強かったんです。高校のときも友だち同士で「この子、こんなこといってるけど、絶対、頭の中で考えてることは違うよね」って。だから、映画に出たから、「そら、今度は歌だ」と周りにいわれることに反発していたんです。（略）私は女優だし、だったら踊れなきゃいけないし、うたえなきゃいけないと思うんです。だからいまは強気の発言で「女優だからうたいます」っていっていっているんです。[20]

しかしながら、彼女にも、アンチ・アイドルゆえの不遇が運命づけられている。〝女優〟として主演したミュージカルで共演したのが東山紀之だったが、その後の彼女の軌跡については、辛酸なめ子によるエッセーを参照しておこう。

九〇年代頃から、牧瀬里穂はすっかり大人しく、というかどちらかというとネガティブな性格になってしまったようです。その要因だと思われるのは、九年間付き合い、牧瀬の二十代を捧げた東山紀之。芸能界では〝気配りフェミニスト〟として定評があるヒガシは、その反動で家では暴君に豹変し、半同棲している牧瀬に絶対服従を強いました。服を一枚一枚脱ぎながら部屋を歩いて行きそれを拾わせて一枚一枚畳ませたり、靴下をはかせたり、殿様気分で「オイ！」と呼びつけてマッサージをさせる日々で、最終的に耐えられなく

なった牧瀬から別れを告げたそうです。[21]

彼女たちの不遇は、拠って立つべき〈アイドル像〉なるものがすでに崩壊しているにもかかわらず、依然として「アイドルである／ない」という二分法にのっとってポジショニングせざるをえないことだった。これが九〇年代〝アイドル〟の呪縛なのである。

〝アーティスト〟になりきれなかった美少女――観月ありさ

観月ありさには、〝アイドル〟という自意識はそもそも希薄である。四歳ですでにモデルとしてデビューしていた彼女には、〝アイドル〟ではなく〝美少女〟という形容が付されたからである。

そして彼女に関して重要なことは、〝物語〟をまったく身にまとっていない、ということである。そのことは、彼女の出演するCMについての論評で、次のように指摘されている。

観月ありさのCMに彼女自身の強烈な個性と商品イメージのぶつかりあいを感じることはできない。むしろ、観月はそれぞれの商品にしたがって、自分のイメージを転換させる。〈スコレー〉で年齢不詳の女性を演じた彼女は、同時に、富士フィルムのCMでは年齢相応な明るい少女の役割を果たすのだ。結局、彼女はこのように独自の個性を持たないことによって、あらゆる層の人々の共感をまんべんなく得ることに成功したのだと思う。[22]

ここで述べられている〝没個性〟は〝没物語性〟と言い換えてしまっていいだろう。観月ありさは、強烈な〝物語〟を分泌する宮沢りえとは対照的である。しかし、〝没個性〟とは〝何者にもなりきれない〟と同義でもある。だから彼女は、何よりもなりたかった〝アーティスト〟にはなりきれなかったのだ。――その意味で、観月ありさもまた、九〇年代的な不遇に魅入られてしまった一人なのである。

ここまで何度か引用してきた中森明夫は、九〇年代のアイドルたちを、「時代と闘っていた[23]」と総括している。そのひそみに倣えば、この3Mたちこそ、つきまとう〝九〇年代の不遇〟と格闘していたアイドルである。

5 モー娘。という偶然

〝アイドル〟ではなく、〝アーティスト〟

稲増龍夫はSPEEDの考察をとおして、九〇年代の女性アイドルは女性ファンが自己を投影する同一化の対象となり、アイドルに自らの生を仮託していく構図が現出したと指摘している。[24] そうした傾向も手伝って、〝アイドル〟の〝アーティスト〟化が進んでいく。そのなかで、〝アーティスト〟にうまくなりきれなかったのが観月ありさであり、逆に、デビュー時にはきわめてアイドル的だったものの、〝アーティスト〟となることに成功し、まさに若者たちの生を仮託されるカリスマとなっていったのが、浜崎あゆみである。

ところで、九〇年代末に突如登場したのが、モーニング娘。(以下、モー娘。と略記)である。

モー娘。は、テレビ番組『ASAYAN』(テレビ東京、一九九五—二〇〇二年)内の「ロックボーカリストオーディション」という企画の敗者たち(優勝者は平家みちよ)で結成したグループであり、売れることはおそらく誰も想像していなかった、いわば偶然にブレイクした存在である。

彼女たちの誕生と成長については、『ASAYAN』のリアリティTV的な手法や、それによる〝物語〟の生産など、さまざまな論点が存在するが、ここではおいておく。ただし、ここではモー娘。メンバーたちの〝ガチ〟な物語《ドラマ》に、〝ベタに〟感情移入するファンの存在を確認するとともに、AKBメンバーの〝ガチ〟なパフォーマンスと、〝ベタなヲタ〟の構図を想起しておこう。

本章が注目するのは、彼女たちは〝アイドル〟を名乗ることを徹底的に忌避した、という事実である。そのあたりの事情については、中森明夫がこう語っている。

僕はつんく♂さんと対談をしたんですよ。彼は「モーニングコーヒー」にすごく自信があったらしい。だけど、これはダメだって思ったんですって。というのは「モーニングコーヒー」を出したあとにライブに行ったら本当にオタクっぽい男ばっかりだったと。あの時代は「ザ・ベストテン」とか「夜のヒットスタジオ」みたいな歌番組がなくなって、「HEY！HEY！HEY！」とか「うたばん」とか、いわゆるJ-POPの歌手が漫才師と絡むような番組が増えて、ガチのアイドルが出られない、アーティスト仕様にしなければならない、はっきり言うと女性ファンをいっぱいつけてカラオケで歌われるようにしなくてはいけない、そういう時代だったんですね。そういったところに「モーニングコーヒー」はガチの男のファンにいっちゃったから、これはまずいってことで「サマーナイトタウン」で方向を変えていったという経緯があった。アーティスト仕様にしたから大成功したと思うんですよ。だからつんく♂も、メンバーも「自分たちは絶対アイドルじゃない」って言いますからね。なっちと対談したときなんだけど「アイドルとは思いません」とはっきり言ってました。(25)

男性オタクがまとわりつく〝アイドル〟を避け、頑なに〝アーティスト〟であろうとする戦略をとったのだ。モー娘。のプロデューサーであるつんく♂は、「アイドルではない」選択をしたのである。

これについては、自身もアイドルファンだったというつんく♂も、「決して〝あのときのアイドルがこんなふうだったから、モーニング娘。もこうしよう〟っていう視点で考えることはないです。だって、アイドルって、基本的には〝失敗〟してる人たちがほとんどなんですよ。ものすごいビッグ・スターを抜かしては。で、アイドル・ファンっていうのは、どこかその〝失敗〟を楽しむというか……(26)」と語っている。

〝アイドル〟としての消費

しかしながら、こうしたつんく♂の発言を根拠に、モー娘。を「アイドルではない」と理解するべきではないだろう。なぜならば、モー娘。の受け取られ方は、アイドルのそれにほかならなかったからである。[27] 事実、このモー娘。という〝アーティスト〟は、つんく♂がまったく意図しない形で、〝アイドル〟オタクたちを呼び寄せてしまっていたのである。〝モーヲタ〟と呼ばれる彼らは、従来のアイドルオタクとは異なる仕方でモー娘。を消費していくのである。

彼らモーヲタの特徴の一つは、「2ちゃんねる」との親和性である。「2ちゃんねる」は一九九九年に開設されたが、その早い段階でモー娘。に関する板が設置された。以来、モー娘。に関する板は、「狼」「鳩」「羊」の三種類が設置され続けて現在に至っている。

そこでは、例えば「石川梨華はウンコするのか?」といったネタや、メンバー同士の関係性についての妄想が延々と語られるのである。[28] 〝モーヲタ〟を自称するRHYMESTERの宇多丸は、そうした営みを〝「モーヲタ」シーン〟と呼んでいる。すなわち、「楽曲や出演番組、コンサート、報道や噂話までをひたすら分析し、妄想を膨らませ、語り合うことで、モーニング娘。をファン主導の「物語」的エンターテインメントとして再構築してゆく営み[29]」である。

ここで重要なのは、モーヲタたちはモー娘。を「ベタに愛でる」というよりはむしろ、メタ的に〝物語〟を付与する、という仕方で消費している、ということである。

北田暁大は、「2ちゃんねる」がメタ（アイロニー）とベタ（ロマン主義）が共棲する、「巨大な内輪空間」であると指摘している。[30] これを踏まえて言えば、モー娘。は、この「2ちゃんねる」という空間のなかで、モーヲタたちが作り出す〝物語〟の壮大な内輪素材《ネタ》となっていた（いる）ということである。

またそのことは、モーヲタのお家芸とも言うべき〝ヲタ芸〟とも相関している。彼らのヲタ芸は――何度か間近で見聞きしたことがあるのだが――、はっきり言ってしまえば内輪ネタである。それは、モー娘。を（あるいはハロー！プロジェクトの〝アーティスト〟を）応援するためのものではもはやない。むしろ、ヲタ同士で盛り上がるためのものなのである。

そしてこうしたコミュニケーション作法と、ＡＫＢ48界隈のあの〝メタなヲタク〟たちのそれが相似であることは明らかである。

つんく♂のプロデュースに陥穽があるとすれば、思わぬところから醸成されてモー娘。に付着したこのモーヲタという偶然に対する目配りができなかったことだろう。[31] その意味で、彼もまた〝アーティスト〟なのである。さらに、モー娘。のメンバーたちも、こうしたヲタクたちの反応をうまく処理する術を持たなかった。それどころか、彼女たちは期せずして自らネタになってしまう〝痛い〟振る舞い――未成年での喫煙、恋愛スキャンダルなど――をしてしまうのである。こうした部分は、ヲタクたちの反応を積極的に吸い上げ、ときにはその反応を自らのネタとして取り込んでしまうようなＡＫＢ48とはきわめて対照的である。[32]

「アイドルである／ない」の乗り越え

偶然に憑かれた〝アイドル〟としてのモー娘。の軌跡を追ってきたが、彼女たちの最大の偶然とは、「アイドルである／ない」という二分法を偶然に乗り越えてしまった、ということである。彼女たちは国民に広く支持される〝アーティスト〟（＝アイドルではない）であると同時に、オ（ヲ）タクたちに愛でられる〝アイドル〟でもあったのである。

だから、Perfumeこそが、このモー娘。の後継者に位置づけられるべきなのだ。彼女たちがアイドルであるか／ないか、あるいは彼女たちの楽曲がアイドルソングであるか／ないか、などはもはやどうでもいいのである。Perfumeのイベント会場のレポートを引用しておこう。

これがアイドルソングかどうか、テクノかどうかなんて、会場に訪れた人にとってはどうだっていいことだった。誰もがただ笑ってPerfumeのパフォーマンスを楽しんでいる。音に合わせて体を揺らす者もいるし、振り付けを一緒に踊る者もいる。腕を組んでじっと黙って聴いていたって構わないし、今回はインストアライブイベントなのでごく控えめだったが、アイドルのコンサート会場で見られるオタ芸を打っている人もいた。誰もそれを咎めたりしない。誰がどんな風に楽しむべきなのかなんてことは言わない。どんなやり方でもPerfume自身によって許されている。Perfumeのアイドルとしての優しさは、そうやって発揮されているのだ。(33)

この偶然の乗り越えは、同時に〝アイドル〟をネガティブなイメージをまとったオタクのアイテムから解放した。こうして広げられた〝アイドル〟ファン／ヲタクへの間口が、現在の膨大なＡＫＢヲタを生む素地となったのである。

おわりに

九〇年代のアイドル文化／文脈をたどり、現在に帰ってきたが、最後に本章の議論を総括しておこう。アイドル〝冬の時代〟こと九〇年代に起こっていたのは、アイドルたちの自己規定の、そしてアイドルファンたちのコミュニケーション作法の必然的／偶然的な変質であり、それと相関した〝アイドル〟概念の伸縮運動だった。そこで産出された「可能性の断片」が流れ込んだことで、ＡＫＢ48がミリオンセラーを記録し、それに対抗して幾多のアイドルグループがしのぎを削り、また彼女たちに膨大なファン／ヲタクたちが熱狂するという現在が構成されているのである。

では、はたして本章の考察は、筆者にとって九〇年代のアイドル文化を取り戻す作業となったのか――。その問いにうなずくことができずにいるのは、本章で掘り起こしてしまった九〇年代のアイドルたちの不遇に筆者が当てられてしまったからかもしれない。あるいは、時代と格闘して傷ついた九〇年代のアイドルたちの姿が、選抜総選挙で心身ともにボロボロになって「何と闘っているんだろう……」とつぶやくＡＫＢ48の前田敦子の姿（映画『Documentary of AKB48 Show must go on 少女は傷つきながら夢をみる』から）と、重なってしまうからかもしれない。

注

(1) 宇野常寛『リトルピープルの時代』幻冬舎、二〇一一年

(2)「ファンの憧れ」については、長谷正人「ヴァーチャルな他者とのかかわり」（井上俊／船津衛編『自己と他者の社会学』〔有斐閣アルマ〕、有斐閣、二〇〇五年）が、また山口百恵・松田聖子・中森明菜がまとっていた物語性については、中川右介『松田聖子と中森明菜』（〔幻冬舎新書〕、幻冬舎、二〇〇七年）が参考になる。

(3) 稲増龍夫『アイドル工学』筑摩書房、一九八九年、第五章

(4) 太田省一『アイドル進化論――南沙織から初音ミク、ＡＫＢ48まで』（〔双書zero〕、筑摩書房、二〇一一年

(5) 同書一五八―一六〇ページ

(6) 具体的には、シングル「渡良瀬橋」（一九九三年）から、森高千里は〝アーティスト〟となった。

(7) 前掲『アイドル工学』

(8)「総特集 秋元康」『別冊カドカワ』（カドカワムック）、角川マーケティング、二〇一一年、八四ページ

(9) 宅八郎『イカす！おたく天国』太田出版、一九九一年、九九―一〇〇ページ

(10) 事実、内田自身、この曲に対する「ベタな解釈」に対し、「ベタな応答」をしている。「でもね、これ、友達に言われたことなんだけど、内田の野望とかいって、おまえ生意気だ！　タイトルだけで目立つんじゃねえ！って……言われたのね。でもね、歌を聴いてる人は思わないかもしれないけど、聴いてない子が、内田の野望とか言って、おま

えふざけんなって言ってもいいんだ。今に見てろ! だって、それが内田の野望なんだから」。内田有紀『内田有紀 夜空にYOU KISS!』ニッポン放送プロジェクト、一九九六年、一九九ページ
(11)村上裕一『ゴーストの条件——クラウドを巡礼する想像力』(講談社box)、講談社、二〇一一年、第一部
(12)中森明夫『アイドルにっぽん』新潮社、二〇〇七年、一八—二〇ページ
(13)金井覚『アイドルバビロン——外道の王国』太田出版、一九九六年
(14)同書一七ページ
(15)同書五六ページ
(16)ここで〝内輪性〟として描出したものを、辻泉はジャニーズ・ファンから析出している。辻泉「ポピュラー文化の危機——ジャニーズ・ファンは〝遊べているのか〟」、宮台真司/鈴木弘輝編『二十一世紀の現実——社会学の挑戦』所収、ミネルヴァ書房、二〇〇四年
(17)中森明夫「グラビアアイドル——「界」のない世界」「Quick Japan」第六十八号、太田出版、二〇〇六年、四四ページ
(18)「SPA!」一九九一年五月一—八日合併号、扶桑社、二六ページ
(19)中森明夫『女の読み方』(朝日新書)、朝日新聞社、二〇〇七年、八四ページ
(20)「週刊文春」一九九一年十二月十二日号、文藝春秋、九八—九九ページ
(21)辛酸なめ子『アイドル万華鏡』(河出文庫)、河出書房新社、二〇一〇年、九四ページ
(22)井田真木子「美少女「観月ありさ」の作られ方」「文藝春秋」一九九一年十月号、文藝春秋
(23)前掲『女の読み方』一五—一六ページ
(24)稲増龍夫「SPEEDにみるアイドル現象の変容——「異性愛」から「自己愛」へ」、北川純子編『鳴り響く〈性〉——日本のポピュラー音楽とジェンダー』所収、勁草書房、一九九九年
(25)『PLANETS SPECIAL 2011 夏休みの終わりに』第二次惑星開発委員会、二〇一一年、二六—二七ページ
(26)能地祐子『モーニング娘。×つんく♂』ソニー・マガジンズ、二〇〇二年、一四六ページ
(27)そもそも、つんく♂自身がどこかでアイドル的な匂い——しかも、自身のシャ乱Q同様の、きわめて昭和歌謡曲的

な味わいを持つ——を彼女たちに塗していたようにも思われる。実際、モー娘。からの派生ユニットであるタンポポは、きわめて八〇年代風の〝アイドル〟である。

(28)「SPA!」二〇〇一年十二月十九日号、扶桑社

(29) 宇多丸『ライムスター宇多丸のマブ論CLASSICS——アイドルソング時評二〇〇〇—二〇〇八』白夜書房、二〇〇八年、二一六ページ

(30) 北田暁大『嗤う日本の「ナショナリズム」』(NHKブックス)、日本放送出版協会、二〇〇五年

(31) つんく♂は、さまざまなところで自身のプロデュース哲学を語っているが、こうしたファンあるいはモーヲタたちについては何も語っていない。

(32) 事実、初期のAKB48のプロデューススタッフは「2ちゃんねる」などに現れるファンの反応をチェックしていて、例えば「2ちゃんねる」上のネタを取り込んだショートムービー『戸賀崎殺人事件——tgskイラネ』を作成している。AKB劇場支配人の戸賀崎智信は「いきなりクリスマス前に秋元さんに呼ばれて、こういうのやろうと思ってるって。内容的にけっこうドギツイというか、全部某巨大掲示板のネタですからね。ビックリしましたけど、面白いな〜さすがだな〜と思いました。お客さんがネタにしてることを僕らもわかってますからね、ってアピールでもある」(『48現象——極限アイドルプロジェクトAKB48の真実』ワニブックス、二〇〇七年、一四一—一四二ページ)と語っている。

(33)「二〇〇七・九・十七新曲「ポリリズム」発売記念イベントレポート」「Quick Japan」第七十四号、太田出版、二〇〇七年、二四ページ

第８章　「居場所」をめぐって
――浜崎あゆみに節合する時代の言葉

西田善行

はじめに

二〇〇三年に書かれた社会学者の北田暁大のエッセーは次のような一文で始まっている。

「浜崎あゆみでレポートを書きたいんですけど……」。こんな相談に来る学生が毎年二、三人はいる。例外なく女の子で、話を聞いてみるとこれまた例外なく浜崎の歌詞に対する熱い想いを切々と（時に実体験を交えながら）語ってくれる。「あゆの詩って、私の気持ちを代弁してくれているみたいなんです」「あゆって、きっとすごく人生経験が豊富なんだと思います」……。(1)

浜崎あゆみが何らかの時代性やある種の社会層の代表性を担っている（何より「私の気持ちを代弁してくれている」）と感じ、彼女の歌詞やパフォーマンスについてレポートや卒論を書く学生は少なからずいたようである。

私自身、大学でそうしたレポートや卒論を書いた一人であり、さらに浜崎のファンサイトを対象とした修士論文まで書いている。とはいえ私は浜崎の曲をはやりのJポップの一つとして日常的に耳にしていたものの、北田が描写した学生のように「あゆの詩が自分の気持ちを代弁してくれている」とは思っていなかった。ただそのような「熱い想いを切々と」インターネットの掲示板に書き込む人々の「想い」には関心があった。

後述するように、こうした人々の「想い」について、浜崎が有名になるにつれて複数の語り手が「社会」や「時代」と彼女とを結び付けて語ろうとした。いわば浜崎あゆみというアイコンが時代的言説へと節合したのである。(2) そこで本章では、浜崎を介して「社会」や「時代」を語ろうとしていた言説を読み返し、そこで何が結び付けられていったのか、その節合されていった言葉の変遷を見ていきたい。

一九九八年にデビューし、二〇〇一年前後に人気の絶頂にいた浜崎を、一九九〇年代論的アイコンとして語るのには多少の違和感があるかもしれない。しかし、九〇年代とゼロ年代の狭間に時代を代表するアイコンとされた浜崎にまつわる言説を見ることで、当時すでに潜在的に存在したはずのゼロ年代に表面化する問題が、九〇年代的視点からはどのような問題として捉えられていたのか、九〇年代とゼロ年代の視角の差異を浮き彫りにできるのではないかと考え、あえて浜崎をテーマに論じることにする。

1 「女子高生の教祖」「コギャルのカリスマ」――安室奈美恵との連続性と切断

女子高生ブームと渋谷

一九九八年にデビューした浜崎が知名度を上げるに従い、最初に付与されたのは「女子高生の教祖」という呼び名だった。

いまや流行の舵をとる〝時代の主人公〟女子高生。彼女たちにはファッションやライフ・スタイルなどを模倣する教祖的アーティストが常に存在している。それは安室奈美恵に始まり華原朋美、持田香織（Every Little Thing）へと継承され、いま新たに浜崎あゆみに引き継がれようとしている。(3)

これは一九九九年に音楽評論家の富澤一誠が浜崎に言及した際の一文である。安室奈美恵から始まる「女子高生の教祖」の系譜に、浜崎が位置づけられていることがわかる。

九〇年代をとおして、女子高生はマスメディアをにぎわす存在であり続けた。一方で女子高生は「性的記号」として視線を注がれていた。「ブルセラ」や「援助交際」といった形で自らの性を売る女子高生の拡大は社会問題となり、村上龍が小説の主題として取り上げたりもした。(4) 他方で女子高生はさまざまな流行を生み出すトレンド・メーカーとしても注目を集めた。「マーケッターたちは、新たな市場を求めて、消費者としての女子高生とその口コミ・ネットワークの結節点である渋谷に注目していった」(5)

難波功士が指摘するように、「性的記号」としてであれ「トレンド・メーカー」としてであれ、記号としての女子高生がまなざしを注がれる場が東京・渋谷だった。学校や家庭、地域とは別の「第四空間」としての都市、とりわけ渋谷はまなざしを向けられる女子高生にとっても、匿名的な記号になって浮遊することが可能な場だった。(6)

そして渋谷に集う女子高生たちに付与された呼び名が「コギャル」だった。「茶髪」で「ミニスカート」で「ルーズソックス」をはく「ガングロ」のコギャルというイメージは、雑誌などのメディアを通じて拡散し、「あたかも「コギャル＝女子高生」であるかのような様相を呈していき、さらには「コギャル＝ブルセラ＝援助交際」といったパブリック・イメージが形成されていく。(7)

安室奈美恵のイメージ

先の富澤の文章にあるように、九〇年代に女子高生やコギャルと結び付けて語られるようになったのは、まずは安室奈美恵だった。

　沖縄アクターズスクール出身で、一九九二年にSUPER MONKEY'Sとして十五歳でデビューした安室は、九五年に小室哲哉のプロデュースによる楽曲で、一躍人気歌手となる。一九九六年には彼女のファッションスタイルを模した人々を指す「アムラー」という言葉が流行語となった。「アムラー」は「サテンシャツにミニスカ、ロングブーツ、茶髪ロングのシャギー(8)」といったスタイルで、当時のコギャルのイメージと重なるものである。もちろん安室をまねてアムラーファッションを身にまとったファンもいたが、「女子高生たちは、安室奈美恵をマネしてるという感覚はありませんよ。あれはもともと原宿や渋谷あたりで流行りだしたもので、それを、安室が取り入れて大流行になったんです(9)」という指摘のほうが正しいだろう。

図1　安室奈美恵「Body Feels EXIT」（avex、1995年）

　大宅壮一文庫の雑誌記事索引検索で、「浜崎あゆみ」「安室奈美恵」「女子高生」「コギャル」「教祖」「カリスマ」といった語を検索し、記事件数の変遷を追った（表1）。これを見ると富澤が女子高生の「教祖的アーティスト」の「始まり」と位置づけていた「安室奈美恵」と、「女子高生」「コギャル」が非常に似通った上昇と下降を見せていることがわかる。また「安室奈美恵」を「コギャルの教祖」として語る記事も一九九六年に多く見られるなど、安室は女子高生＝コギャルブームと強く結び付いた象徴的な存在だったと言える(10)。

　安室の人気について社会的背景から語られることは、必ずしも多くはない。そのなかでライターの新郷由起は、安室の曲がカラオケで歌うと気持ちがいいコミュニケーションツールであることを、社会学者の小川博司の言葉を引いて指摘しながら、次のように述べている。

> 　親の世代が固く信じた「成功の神話」。いい学校を出て、いい会社に就職し、仕事に打ち込んで幸せな家庭を築く……といった神話は、完全に崩壊した。だからこそ、今を楽しみ、そのなかで自分だけの〝成功〟を

表１　大宅壮一文庫雑誌記事索引検索（Web版）での記事件数の変移

掲載年	1990	91	92	93	94	95	96	97	98	99	2000	01	02	03	04	05	計
浜崎あゆみ					6	9	8	0	20	74	112	191	179	133	105	84	921
安室奈美恵			1	2	0	20	213	244	157	164	52	53	67	51	45	35	1104
女子高生	149	77	67	260	331	211	327	515	452	228	152	130	105	169	184	205	3562
コギャル				24	86	80	249	360	157	137	85	47	19	18	24	16	1302
教祖	49	108	80	80	70	337	107	73	46	75	76	41	26	39	81	65	1353
カリスマ	33	29	27	31	49	77	67	60	140	467	467	335	392	414	570	653	3811
アダルトチルドレン							18	28	24	13	5	5	5	7	3	3	111
トラウマ				3	2	5	12	15	26	32	32	34	45	87	81	104	478
PTSD						13	7	7	3	3	2	36	14	14	20	14	133
ヤンキー	5	6	5	4	20	10	14	22	19	17	17	19	35	69	103	99	464
居場所	3	6	13	16	23	18	38	56	39	33	50	63	58	50	58	80	604

夢見る。だが自分に何ができるのか、何をすべきなのかは容易に見つからない。そんな若者にとって、若くしてプロとして自覚を持ち、成功した安室はまぶしい存在だ。

（略）

一九歳の女性のこんな発言は非常に象徴的だ。

「〝夢は叶えるもの〟なんてクサイ歌詞、安室が歌うから嫌みにも偉そうにも聞こえないで、説得力が出る[11]」

有名人が特定の層の人々と同一のスタイルをするのは、その層の代表性を帯びていると認識され、支持を得るために重要なことだが[12]、もちろん単に同一のスタイルをしていることだけで支持が得られるわけではない。そこでしばしば重要な要素として語られるのが、その有名人がどのような形で成功を収めているかである。安室の場合、自らがなりたい自分の姿を設定し、それを自らの力で十代のうちに実現させたこと（この刹那に自己実現を達成させ輝いていること）が、同じスタイルの同世代の女性の理想となったのではないかと新郷によって指摘されている。ここでは戦後に定型化された成功のモデルがすでに解体されたことが指摘されているものの、追い求めれば成功のモデルが必ず得られるというポジティブな社会観が感じられる。このように安室奈美恵や彼女を支持する層のイメージは、刹那的であれ（そして安室的な輝きを享受できる場所がカラオケボックスのなかだけであれ）、明るく前向きなものだった。

図2 『A Song for ××』（avex、1999年）

「教祖」から「カリスマ」へ

一九九九年、浜崎はファーストアルバム『A Song for ××』でミリオンセラーを記録し、知名度を高めていく。浜崎に関する雑誌記事件数は、安室や「女子高生」「コギャル」といった語の記事件数が減っていくのに反比例するかのように増えている。そのなかで彼女に付与されるようになった呼び名が、先述の「女子高生の教祖」[13]だった。「教祖」という言葉は、オウム真理教に関連する一連の事件があった九五年に突出して用いられているが、他の年でも一定数の使用が認められる。これに対し一九九九年以降急速に使用されるようになり、二〇〇〇年代に氾濫するようになったのが「カリスマ」という言葉だった。「カリスマ美容師」「カリスマ店員」といった形で、高い人気を持つが必ずしも遠い存在ではない、身近な対象に付与されるようになったこの言葉は、「教祖」よりも汎用性が高く、多くの対象に付与されるようになった。「教祖」から「カリスマ」へと頻用する言葉が変化するのに伴い、浜崎に対しても「カリスマ歌姫」などといった形で「教祖」よりも「カリスマ」が好んで用いられるようになる。[14]浜崎が「教祖」と呼ばれたのは一九九九年が最も多く、二〇〇二年以降にはなくなるのに対し、「カリスマ」は〇一年が最も多く、その後もたびたび用いられている。

浜崎は誰の「教祖」「カリスマ」か

浜崎の支持層とされる人々は、彼女の人気が定着するに従って拡大し、「女子中高生」「コギャル」だけではなく、「十代の女性」「十代から二十代の女性」「若者」、さらには「三十代のＯＬ」「サラリーマン」、果ては「国民全体」へと及ぶことになる。[15]

とはいえ、浜崎の人気が拡大したと言われたあとも、彼女を支持する主な層としては女子高生を中心とした十代の女性が挙げられ、[16]なかでも特に代表とされたのは「コギャル」と呼ばれるような人々だった。例えば二〇〇〇年五月二十二日に放送された『スーパーテレビ』（日本テレビ系列）では、夜の渋谷のハチ公前の交差点の映像を映しながら、以下のようなナレーションのあとに、カラオケボックスでインタビューに答える「少女たち」が登場する。

ナレーション「十代の少女たちが胸の奥に抱え込んでいる、凍えそうなほどの寂しさ。浜崎あゆみは、彼女たちの心にささやきかける。いま、カラオケボックスから浜崎あゆみの歌が聞こえてこない日はない」

（カラオケボックスで浜崎の曲を歌う金髪にピアスの女性、カラオケを歌って盛り上がる金髪でガングロ、厚化粧の「少女たち」）

ナレーション「訳知り顔の大人たちが語る人生は聞き流しても、浜崎あゆみの歌は、少女たちの胸にしみていく。壊れやすい心を厚化粧で守る少女たち」

少女1「あたし、初めて聴いたとき泣きそうになった。ホントホント！　歌詞いいよね」

少女2「悲しいこと多過ぎだよね」

少女1「多いよ、なにげに」

ディレクター「あっ、そー？」

少女3「なにげに孤独だよね」

少女1「そう！　それー！　それある」（盛り上がる少女たち）

少女3「いきなり落ち込むよね」

少女1「そう！　落ち込むよね。寂しくなる、そう」

少女2「なるなる」

（「バイバーイ」「ありがとうございます」と手を振りカメラから夜の街中へと消えていく「少女たち」）
ナレーション「「なにげに孤独」そんな言葉を口にして、街に溶けていった少女たち」

番組の作り手にとって、浜崎を支持する代表的存在が「コギャル」だとすることにはなんら違和感がないのだろう。また「街」の表象として、東京・渋谷を選ぶのも、「コギャル」がいる場として、渋谷が適切だと考えているからだろう。同様に編集者の本田珠男は女子高生への取材をもとに、「ギャル系浜崎支持主流派」として次のようなバーチャル・イメージを提示している。

図3　「ギャル系浜崎支持主流派」のイメージ
（出典：『音楽誌が書かないJポップ批評10』〔「別冊宝島」第552号〕、宝島社、2001年、19ページ）

ファッション　ギャル指数一〇〇パーセント。夏はキャミ。パンツは当然ベルボトム。靴は厚底。髪は金髪。洋服は原色が多い。マルキュー（＝109）に入っている「アルバ」「ミジェーン」などのギャル系ブランドが大好き。浜崎のファッションは当然好きで雑誌とか見て研究している。浜崎が着ていたブランドの服も買ったことがある。
好きな雑誌　「エッグ」「ポップティーン」(17)

このように浜崎は安室同様に、彼女を支持するコギャル層の「ファッションリーダー」とみなされた。しかし『スーパーテレビ』での「なにげに孤独」という語りは、安室をはじめ、富澤が女子高生の教祖的存在の系譜に位置づけた華原朋美や持田香織を支持する人々の間からは、マスメディアを通じて発せられることはない。先述のとおり、安室と彼女を支持する層に対する語りは、たとえ刹那的であっても明るく前向きなものだった。これに対して浜崎と彼女を支持する層については、「孤独」や「壊れやすい心」の問題が、しばしばその外見とのギャップのなかで語られたのである。その意味で浜崎は、安室らと同様に「女子高生≒コギャル」の「教祖」であっても、「女子高生≒コギャル」の内実が異なっていた。

一方で浜崎のファンとして浮上してきた層として、「コギャル」とはまったく違う素朴な外見の人々も登場する。例えば先述の『スーパーテレビ』には浜崎の握手会に訪れて感動で涙するファンの姿が映し出されているが、その姿はカラオケボックスで「なにげに孤独」と語っていた「厚化粧の少女たち」とは異なり、黒髪で化粧もせず、素朴ないでたちをしていた。これは本田が「非ギャル系浜崎支持非主流派？」とした「フツーの子」の外見と近いものである。

図４　「非ギャル系浜崎支持非主流派?」のイメージ
（出典：前掲『音楽誌が書かないJポップ批評10』20ページ）

> ファッション　いたってオーソドックスでさっぱりしたファッション。外人が一緒に記念写真を撮りたくなるようなギャル系の派手さとは正反対。優等生的で親が眉をひそめることはまずない（?）。髪は〝厳しい校則〟に引っかからない程度に染める。非厚底。
> 好きな雑誌　「プチセブン」「ポップティーン」(18)

本田が「非主流派？」とするこの層だが、二〇〇〇年に宮台真司が香山リカとおこなった対談で、宮台は浜崎のコンサートの観客の九割が「グロスどころか大半スッピン。髪も真っ黒で服装も地味」な「AC（アダルトチルドレン）系」だったとしている。(19) このような「コギャル」とはかけ離れた、宮台が言うところの「AC系」の人々に浜崎が支持されると指摘される場合、しばしばその理由として挙げられるのが、浜崎の歌詞や彼女のライフ・ストーリーであり、彼女の「内面」への共感だった。[20] そして彼女が支持される社会的背景の一端として用いられた言葉が、「AC」や「トラウマ」といった心理学的用語だった。

2 「アダルトチルドレン」「トラウマ」——「私のココロ」の問題から見る浜崎あゆみ

「心理学化する社会」のなかのAC

日本にAC概念を導入した中心的人物の一人である精神科医の斎藤学によれば、ACとは「安全な場所」としては機能しない家族のなかで育ち、「親との関係で何らかのトラウマを負ったと考えている成人」のことを指す。その特徴は「周囲が期待しているように振る舞おうとする」「何もしない完璧主義者」「尊大で誇大的な考え」「NO」が言えない」「しがみつきと愛情を混同」「被害妄想におちいりやすい」「表情に乏しい」「楽しめない、遊べない」「自己処罰に嗜癖」「フリをする」などが指摘される。[21]

定義にあるようにACに至る大きな原因として、親との関係のなかで発生する「トラウマ（心的外傷）」が挙げられる。家族内トラウマは幼少期に親から受けた身体的・心理的・性的な虐待に起因するものとされ、トラウマを受けた後遺症を「PTSD（心的外傷後ストレス性障害）」と呼ぶ。

九〇年代後半以降、こうした「AC」「トラウマ」「PTSD」といった心理学的・精神医学的用語が広く用いられるようになり、文化現象を語るうえでもしばしば利用されるようになる。精神科医の斎藤環は、文化現象や社会事象の背景理解に心理学的・精神分析的説明を求めるこうした状況を「心理学化」と呼んでいる。[22]

ただし「トラウマ」や「PTSD」という言葉がその後も使われ続ける一方で、「AC」は一九九七年から九八年がピークで、その後あまり用いられなくなっている。[23] 語の定義からすれば「AC」に該当する人々は現在でもいると思われるが、言葉としては一時の「ブーム」としてその後人気が後退している。「自称ＡＣ」と呼ばれる「現在の自分の問題は、すべて過去のトラウマに原因がある」と主張する人々が目立ち始め、ＡＣが「あたかも責任転嫁の論理であるかのような誤解と嫌悪感が育まれた」ことで起こったバッシングなどが、その要因として挙げられる。(24)

「居場所がなかった」——ＡＣ言説との節合

社会の「心理学化」を指摘した斎藤環が、その文化的事例として挙げていたのが浜崎だった。斎藤は浜崎と宇多田ヒカルを「ロッキング・オン・ジャパン」（ロッキング・オン）での二人のインタビューをもとに比較し、「ひきこもり系のヒッキー、自分探し系のあゆ」と図式化しながら、浜崎のＡＣ的な特性について次のように語っている。

> 浜崎は、アピールする方向は〔宇多田とは：引用者注〕対極で〝復讐〟なんて言葉を使っていますが、母親にネグレクト（無視）されて育ったというような話をしています。
>
> （略）
>
> 浜崎はアンドロイド化したり涙を流したり、ビジュアルなキャラクターを作って、演じる。片や宇多田はパーソナリティ勝負です。キャラクターとは換喩、つまり断片化した部分でその人を代表させるもので、パーソナリティは断片ではなくその人の全人格のことです。子どものときに例えば〝お前なんて一文の価値もない〟みたいなことを言われ続ける経験をすると、どんなに評価されても、明日になればみんなそっぽを向くかもしれない、という感覚が抜けなくなるんですが、そうして生まれた空虚さを浜崎はキャラクターの作り込みで埋めようとしている感じがする。「キャラ」ならば取り換え可能ですから、それを否定されても決定的に傷つくことがないわけです。(25)

図5　宇多田ヒカルのアルバムと同日に発売された『A Best』（avex、2001年）

このように幼少期に親との関係から生じたトラウマが、浜崎のキャラクターを生み出し、それが彼女の創作の源泉となるといった語りは、浜崎とACを結び付ける際の定型とも言える。[26]浜崎が幼い頃に両親が離婚し、父親に関する記憶がほとんどないことや、母親が「母親」らしいことをせず放任状態だったことなどは、ラジオやテレビ、そして斎藤環もふれた「ロッキング・オン・ジャパン」などで、たびたび本人の口から語られていて、雑誌でも浜崎のこうした素性についてふれられることは多かった。[27]

　浜崎が幼少期からデビュー当時までのことを歌にしたと言われているのが、ファーストアルバムの表題曲である「A Song for ××」である。ライターの見崎鉄はACの「癒しの歌?」としてこの曲を取り上げ、浜崎の経歴についてふれたうえで歌詞について詳しく論じている。「A Song for ××」の歌詞は次のようなものである。

　どうして泣いているの
　どうして迷ってるの
　どうして立ち止まるの
　ねえ教えて
　いつから大人になる
　いつまで子供でいいの
　どこから走ってきて
　ねえどこまで走るの

居場所がなかった　見つからなかった
未来には期待出来るのか分からずに

いつも強い子だねって言われ続けてた
泣かないで偉いねって褒められたりしていたよ
そんな言葉ひとつも望んでなかった
だから解らないフリをしていた

（略）

人を信じる事って　いつか裏切られ
はねつけられる事と同じと思っていたよ
あの頃そんな力どこにもなかった
きっと　色んなこと知り過ぎてた

（略）

一人きりで生まれて　一人きりで生きて行く
きっとそんな毎日が当たり前と思ってた
（「A Song for ××」一九九九年　作詞浜崎あゆみ）

この歌詞について、見崎は冒頭の問いかけ（「〜の」）とそれに続く過去形（「〜た」）の応答が、子供の頃の自分からの問いかけに答える大人の自分となっているとし、次のように述べている。

この歌は、心理療法のサイコドラマに似ている。サイコドラマでは自分以外の人の役を演じることでその人の気持ちがわかる。この歌では子供の自分を演じることでその時のつらさが体験できる。子供の頃は上手に表現できなかった気持ちを大人になった自分が代弁できる。

子供時代は無力な存在だったことは、〈あの頃そんな力どこにもなかった〉というようにはっきり歌われている。ＡＣ的に言えば、無力な存在だったことを認めることで自分の責任を軽減し、楽になろうとしていることになる。〈きっと　色んなこと知り過ぎてた〉というのはＡＣの過剰な適応力、つまり周囲との関係で自分がとらなければいけない役割を〈知り過ぎてた〉と言っているように聞こえる。ＡＣ系の人はこのあたりに特に共感しやすいのではないだろうか。[28]

このように浜崎のライフ・ストーリーや歌詞には、ＡＣの要因や特徴と結び付けうるいくつかの要素が存在し、この点がしばしば浜崎の特徴と見なされるのである。

宮台真司が精神科医である香山リカとの対談で、「ＡＣ系」という言葉で浜崎のファン層を評したのも、斎藤環が言う「心理学化」を背景としたものと言える。宮台と香山の対談では、まず神戸の連続児童殺傷事件（酒鬼薔薇事件）や、佐賀のバスジャック事件など一連の少年事件にふれるなかで、少年たちを「脱社会的」「統合失調症的」な「底の抜けた」世界観を持った存在とし、それに対して関係性のなかで生きることを期待される女の子は「底が抜け」にくい存在としている。こうした文脈のなかで宮台は浜崎のコンサートツアーについてふれ、ギャル系の子が「白いサイボーグ」である浜崎の「取り換え可能な身体モデル」に引かれるのに対し、浜崎が

「ＡＣ系の子」にも人気がある理由について次のように述べている。

ＡＣ系の子は浜崎あゆみの歌詞に惹かれているんです。彼女の歌詞は最近三作を見てもこんな感じです。今の自分を咲き誇ろうと歌ったと思ったら、どうせすぐ散るのだからと歌う。思い出を歌ったと思ったら、思い出はどうせ色あせると歌う。初恋を人は通過駅だと歌ったと思ったら、私にとっては終着駅だったと歌う。自分でもテーマは全て「絶望」だと言う。

かつてＡＣ系を惹きつけた中森明菜と比較すると、中森の暗さは「関係から受けたトラウマ」から来るんですが、浜崎の暗さは「こういうことがあったから」という事実に還元不可能な「理由なき絶望」です。[29]

宮台が言う中森明菜的な「関係から受けたトラウマ」というのは斎藤学によるＡＣの説明と合致するが、浜崎の暗さとして示されている「事実に還元不可能な「理由なき絶望」」は、もはやＡＣの説明から逸脱するものである。これについて見崎は「宮台真司もＡＣと言っているが、それは単に「暗い子」といった程度にまで希釈した使い方だ[30]」としている。宮台の語りを見るかぎり、浜崎がＡＣと結び付けられたのは、必ずしも彼女の家庭環境に関する認識だけではないように見える。むしろ家庭環境も含めた自らの境遇を、インタビューや歌詞でネガティブなもの（関係性の不調）として示す浜崎の自己開示の姿勢が宮台の目から見て「ＡＣ系＝暗い子」と結び付いていったものと考えられる。

表出する「私」

浜崎の人気の源泉としてしばしば指摘される点に「セルフ・プロデュース」というものがある。自らを開示するうえでの徹底した自己関与は、しばしば称賛の対象となっている。例えば「アエラ」編集部の藤生京子は、浜崎について次のように書いている。

最近見たテレビのドキュメンタリー番組などで知る限り、想像していたような甘ったれでもなければ、スタッフのあやつり人形でもない。むしろ、その逆。デビュー以来、全曲が「作詞・浜崎あゆみ」であることはよく知られているが、スタッフワークまで入念に指示を出し、女王様のごとく皆をぐいぐい引っ張っていく。しんどさからスケジュールに穴をあければ、素直に頭を下げる。深夜に仕事が及ぶのも厭わず、のめりこむ。きちんと筋を通す、男前な人だと思った。(31)

同じ記事では浜崎を「関心が他人へではなく、ひたすら自己演出に向かう「自分マニア」」とも評しているが、斎藤環は浜崎の自己演出の徹底について「彼女の創造行為は一種の「アクティング・アウト（行動化）」」だとして、次のように指摘する。

一生懸命頑張ることで、自分をネグレクトする母親を振り向かせようとしている、という見方もできるかもしれません。こっちを見て、という欲求がものすごく強い。（略）浜崎はアクティング・アウトが本当の創造行為じゃないことをよくわかっているから、演出的な部分をきっちりコントロールしようとしたりして、完全主義者みたいに言われることもあるでしょう。一種のクォリティ・コントロールですから、制作に時間もかかります。(32)

このように斎藤は浜崎の自己提示の徹底をAC的な要因から読み解いていく。一方で「AC系＝暗い子」的な一般化された意味合いでこの語を用いている宮台も、浜崎がコンサート中に歌詞を間違えたことに落ち込み、泣きだしたのを見て、「AC系の子はああいうイタい姿に自分を投影するんでしょう。AC系のヨワヨワの子が、ちょっとしたモビルスーツを着て、決して無敵じゃないけど何とかシノいでる感じ」と指摘し、浜崎が提示する自己を「脱社会的」存在とならずにとどまって「シノぐ」ための「ちょっとしたモビルスーツ」であり、「そこまでしないとシノげない」のだとしている。[33]

インターネットでの自己開示

モビルスーツと言うと外見的なイメージの提示だが、宮台が言うように「AC系の子」が歌詞に引かれているとすれば、彼女たちにとって重要な浜崎の自己提示は、外見よりもむしろ歌詞やインタビューに表れる内面のほうだろう。雑誌記事に載った浜崎のファンの言葉も、自らの境遇を浜崎の歌詞に重ねたものが見られる。「女性セブン」二〇〇一年四月五日号(小学館)では、幼い頃に両親が離婚した十三歳の女性が、「この曲を聴くと、あゆにも私と同じように寂しいときがあるんだって思う。寂しいのは私だけじゃないんだ、あゆがいるから生きていけるって勇気づけられるんです[34]」と語っている。

浜崎のインターネットのファンサイトでも、ファンがこのような自らのネガティブな境遇をつづり、「あゆの曲を聴くことで救われた」と語る自己開示がしばしばおこなわれていた。[35] 例えば一九九九年に開設された「浜崎あゆみはバカじゃないぞ」というファンサイトでは、「みんなのあゆへの感想文」というコンテンツが作られ「あゆと出会って変わったこと」というテーマで次のような投稿が寄せられていた。

私はあゆに出会って、考え方が少し変わりました。今まではすごく周りのことを気にしていたと思います。周りの目がすごく怖かったんです。私のことなんか言われてるんちゃうんかなぁとか、私嫌われてへんかなぁとか。考えれば考えるほど自分の世界に入っていました。ほんとはそんなこと思われてへんのに……。

でも、あゆの詞でそんな自分がすごく情けなくなりました。あゆは自分を持ってて、周りのことなんかこれっぽっちも気にしてませんでした。

「Trust」を聞いて私は周りを少し気にしなくなりました。自分は自分なんだと……

これから、もっとこの気持ちに正直になっていこうと思います。(36)

あゆの歌と出会ってから自分は、かなり変われたと思います。私は高校で部活動に入っていました。でもなかなかみんなの輪のなかに入っていけず、あゆの歌の歌詞にもあるように自分の居場所が見つかりませんでした。でもあゆは、今はあんなに輝いています。だから自分にも自信が持てるようになりました。あゆ本当にありがとう。(37)

このような「周りの目が怖かった」「自分の居場所が見つからなかった」といった語りは少なからず見られ、恋愛も含めた関係性の不調、つまり充足した関係を得られないことで浮上する「孤独」が、浜崎の歌を聴くことで「ひとりじゃないんだ」という思いによって解消されたと語られる。

ファンサイトに投稿する人々の、こうした孤独の解消にファンサイト自体が意味を持っていることは言うまでもないだろう。ファンサイトは浜崎を愛好する人々が自己開示をし、それを相互承認する空間となっている。浜崎が人気を得た一九九九年から二〇〇〇年頃は、インターネットの利用者人口が増加し、比較的容易に個人でウェブサイトが作成可能となった時期である。彼女の私的ファンサイトが多数現れ、互いに相互リンクを貼ってネットワークを形成した。自らがウェブサイトを作成しなくても、ファンサイトに設置される掲示板に書き込むことで、そのウェブサイトの「住人」として浜崎の情報だけでなく、私的な情報も交換し合う。浜崎のファンサイトのなかには、浜崎の歌詞に似せた詩に自らの境遇を仮託して投稿する掲示板もあり、やはり互いに共感を示す相互承認の場となっていた。(38)

ここまで「AC」をキーワードに、心理学的な言葉が、浜崎を語るうえでどのように結び付いていたのかを検討してきた。ACの定義として指摘される家族関係の破綻という要因は、宮台が「AC系」と呼ぶ人々の一部には、多少なりとも当てはまるかもしれない。しかし浜崎を語るうえで浮上する、「孤独」あるいは「絶望」といった言葉に表されているのは、何も家族関係だけでなく、恋愛や学校での人間関係など、自らを取り巻く関係性全般での不調や心的負担の感覚だろう。関係性の不調・負担による「孤独」が、浜崎が持つAC的な要素へと結び付いたものと言える。もちろん関係性の不調や心的負担自体は一般的なものだが、斎藤環が言う「心理学化する社会」のなかで、こうした問題は個人の「心の問題」として処理されるべきものになったと言えるだろう。また、顔を合わせない匿名の場での自己開示は、これまでにも雑誌などのメディアを介しておこなわれていたものの、インターネットの広がりがこうした自己開示をより容易にしたことは確かである。

3 「ヤンキー」「格差社会」——ゼロ年代的言説空間から見る浜崎あゆみ

先述の雑誌記事件数の推移（表1）でわかるように、浜崎についての語りは二〇〇一年から〇二年頃がピークであり、それを境に下降していく。特に彼女を介して「社会」を語るような語りは、〇三年以降ほどんど見当たらなくなる。本節では人気があった当時は節合しえなかった、いわば「ゼロ年代的言説空間」で浮上した言葉を用いて浜崎あゆみについて語ってみることにしよう。こうした言葉で浜崎を語ることで、むしろこうした言葉が浮上しなかった九〇年代末から二〇〇〇年代初頭の時代状況が、見えてくるのではないだろうか。

ヤンキー文化への節合——ケータイ小説への系譜

ライターの速水健朗は「ゼロ年代的言説空間」から浜崎を語り直した中心的な語り手と言える。速水は浜崎の歌詞世界をケータイ小説の系譜として位置づけ、これまで傍流として位置づけられ、文化的に周辺化したマイノリティだったヤンキー文化について、新たな文化を生み出す場として評価している。(39) 浜崎とヤンキーとを結び付けて語ることは以前からあったが、(40) 浜崎が人気絶頂にいた当時、その人気の背景を語る言葉のなかに、「ヤンキー」という言葉が登場することはなかった。いったい何が浜崎を「ヤンキー」と結び付けたのだろうか。

「ヤンキー」という言葉は九〇年代から雑誌記事のなかでも増えていく傾向にあったが、二〇〇〇年代に入りその使用頻度はさらに増している。(41) 難波功士は「ヤンキー」を「階層的には下（と見なされがち）」で「旧来型の男女性役割《ジェンダーロール》（男の側は女性に対して、性的《セクシャル》でありかつ家庭的であることを求める。概して早婚・早熟）」「ドメスティック（自国的）やネイバーフッド（地元）を志向」すると定義し、「ふだんは上下揃い（セットアップ）のジャージ姿で、いざというときは特攻服に固め……」という典型的ヤンキーは、八〇年代後半以降減少の一途をたどる一方で、「ヤンキー的」イメージを伝播するマンガなどのメディアは隆盛を保っていて、さまざまな「ヤンキー的な人・モノ・コト」が偏在していると指摘する。(42)

図6　秩父のレディースを写した「ティーンズロード」
（出典：「ティーンズロード」1992年5月号、ミリオン出版、7ページ）

速水はヤンキー女子向けの投稿雑誌「ティーンズロード」（ミリオン出版）の投稿と、携帯サイトからの投稿で成立するケータイ小説の「不幸のインフレ」との類似性を指摘している。

「ティーンズロード」の投稿欄とは、投降者たちの妄想の中の悲劇がインフレを起こした結果、誌上で繰り広げられた不幸自慢合戦に他ならない。（略）

この雑誌の投稿ページにおいて毎号と言っていいほど取り上げられるキーワードを挙げていくと、レイプ、シンナー、ドラッグ、万引き、自傷、妊娠、中絶などであり、まさにケータイ小説の主要なモチーフそのものと言っていい(43)。

九〇年代後半、「エッグ」（大洋図書）などのコギャル系雑誌が人気を得るなか、「ティーンズロード」は一九九八年に休刊する。速水はこの「ティーンズロード」と二〇〇〇年代中頃に人気を得るケータイ小説をつなぐものとして、浜崎の存在を挙げている。速水は浜崎の歌詞とケータイ小説に共通する特徴をいくつか挙げているが、まず文体の共通点として、「あの頃」といった形で過去を振り返るような「回想的モノローグ」が多いこと、具体的な地名などを示さない「固有名詞の欠如」、そしてどのような場にいて何をしているのかが具体的像をなさない「情景描写の欠如」の三点を指摘する。そしてこうした文体の特徴以上に共通性が高い点として取り上げられているのが「トラウマ語り」である。

図７　渋谷を背景に読者モデルを写す「エッグ」
（出典：「エッグ」1997年９月号、大洋図書、10ページ）

浜崎の書く詞は、自分の幼少自体の傷の存在を匂わせ、そこから違う自分を取り戻そうとする「トラウマ回復」のモチーフに溢れている。それは、短期間の間にレイプや恋人の病死・事故死などさまざまな不幸に見舞われながらも、最後は前に向かうことを決意するという、ケータイ小説に共通するプロットによく似ている。多くのケータイ小説の根底にあるのは「トラウマ回復」という物語なのだ(44)。

浜崎の歌詞には固有名詞や情景描写がなく、しばしば回想的なトラウマ物語であるという速水が指摘する特徴は、先に示した「A Song for ××」の歌詞に端的に表れている。これと「あの幸せだった日々は嘘じゃない、そう信じていたから。／でも、もう本当にダメなんだね。／もう本当に本当に二人はダメになっちゃったんだね」[45]などとつづるケータイ小説の文体や世界観には、確かに類似性が見いだせる。人気が広まった二〇〇〇年頃には、「コギャル＝女子高生」が支持する「カリスマ」と呼ばれた浜崎は、「ギャル系」からの外見的な人気だけではなく、「AC系」にも絶大な人気を得ていたが、その要因となっていた「トラウマ」の問題が、やがてケータイ小説へとつながることになる「ヤンキー」文化とも節合していたことになる。「ギャル系」とも「AC系＝暗い子」とも異なる「ヤンキー系」の支持層がいたことが、ここにきて浮上したのである。

このように見てくると、「AC系」的な自己開示の相互承認の場と見えたインターネットのファンサイトも、違った意味合いを帯びてくる。言うまでもなくファンサイトの掲示板は「ティーンズロード」やケータイ小説同様に投稿の場であり、「不幸自慢」とまでは言わずとも浜崎の歌詞と絡めて自らのネガティブな境遇を開示する場となっていた。つまり不幸を語るのは「暗い子」に限ったことではなく、「AC系」自体がそもそもの概念定義が多様であるように、外見が「ギャル」であろうと「ヤンキー」的であろうと「暗く」見えようとも、「AC的」な書き込みはすべてのタイプのファンがしうるのである。

また速水はケータイ小説の舞台として「東京」はほとんど登場せず、「描かれるのは、ファミレスやコンビニ、クルマで行くカラオケボックスや大型のショッピングセンターに併設されたゲームコーナーなど、均一化された地方都市のロードサイドの風景だ」[46]と指摘している。地域性がなく画一化され郊外化されたこのような風景を、三浦展は「ファスト風土」と名づけたが、「ヤンキー」はこの「ファスト風土」に適合的な表象である[47]。速水や難波が指摘するように、「ヤンキー」は地元志向であり、必ずしも「東京」に憧れを持たず、地元で「まったり」することを好むとされている。そして速水によって「ヤンキー的なもの」として位置づけられた浜崎の情景描写がない歌詞も、こうしたファスト風土化した空間に適合的なものと言える。ファスト風土化した空間の象徴として頻繁に引用される嶽本野ばらの『下妻物語』のなかで、舞台である茨城・下妻は、ヤンキーには住みやすく、東京に憧れるロリータには耐えられない空間として表象されている。作者の嶽本は浜崎あゆみのファンを公言しているが、『下妻物語・完』のラストシーンには浜崎の「No way to say」が脳内ＢＧＭとして流れているのだとして、次のように語っている。

東京へと一人、デザイナーとなる為に下妻から電車に乗って旅立つ桃子。餞別として渡された、イチゴが施した下手な刺繡入りの特攻服に毒づきながら袖を通した桃子が窓の向こうを観ると、電車を原付バイクでイチゴが追ってくる。ここで「No way to say」「残された遠い昔の／傷跡が疼き出してまた」で始まり「伝えたい想いは溢れるのに／ねぇ上手く言葉にならない」、サビにいくあゆちゃんの歌が鳴り響く。[48]

こうした「郊外・ヤンキー」的な表象は、先述の『スーパーテレビ』が渋谷の街角で捉えたような「都市・コギャル」的な表象とは対照的なものと言える。また本田珠男が指摘する浜崎ファンの女子高生像には「ヤンキー」は現れず、「元ヤンキーの脱ギャル」が必ずしも中心的ではない支持層として現れるだけである。[49] このように二〇〇〇年代中盤以降にしばしば語られるようになるヤンキー文化の視点を経由して、浜崎の人気が出た二〇〇〇年頃の語りを振り返ると、その視点がいかに都市的な表象に限定されていたかがわかってくる。

「格差社会」という視点から見た浜崎あゆみ的なもの

難波はヤンキーを「階層的・文化資本的にロウアー／早熟・早婚、旧来型の性役割を所与のものとしている／地元（でまったり）志向」と定義しているが、実態はどうあれ「ロウアー」と見なされがちなヤンキーが、特に二〇〇〇年代後半にさまざまな場で言及されるようになったのは、「下流」が広がる「格差社会」というゼロ年代的認識と無関係とは言えないだろう。[50]

そもそも暴走族のような地元に根差した典型的ヤンキー文化を可能にしていたのは、学校の先輩・後輩関係を前提とした職場紹介システムが機能していたことが大きかった。しかし九〇年代半ば、高校を媒介にした職業安定システムは崩壊し、もはや高校という場に身を置く必要性が低下して中退者は増加した。一方で高卒者の雇用を支えていた建設業や製造業の労働環境も、自営業者の減少や労働の非熟練化、低賃金化によって九〇年代以降悪化した。[51]

学校という場から離れた者は、渋谷のような都市に身を置くこともあるかもしれない。しかし東京郊外ならともかく、誰もがそう容易に渋谷に向かうことができるわけではなく、経済的な負担も大きい。一九九一年の大規模小売店舗法（大店法）の改正から広がりを見せ、二〇〇〇年の大規模小売店舗立地法（大店立地法）を経てさらに拡大・大型化したショッピングセンターもまた、渋谷同様に匿名性を確保できる流動的な場である。[52]

ACについても、その背景である家族内トラウマの要因としての親からの暴力や遺棄（ネグレクト）といった虐待は、しばしば貧困がその原因として挙げられる。山田昌弘は、九〇年代後半に十代後半から二十代前半での「できちゃった婚」が増加したのと並行する形で一九九八年以降の子供への虐待が増えていることから、両者の相関性を指摘している。[53] 早熟・早婚は難波が指摘するヤンキーの特徴の一つである。速水はケータイ小説には親密な関係間での暴力（DV）やAC的表象が描かれることが多いと指摘するが、こうしたケータイ小説が売り上げを伸ばしたのも、格差社会を背景とした家族関係の不安定化が一つの背景として考えられる。

これまで取り上げた浜崎の特性は、「格差社会」化が背景にあるものとして読み取ることもできるが、これは何も「ロウアー」と見なされがちな「ヤンキー」的世界に限ったことではない。中間層と見なされる層が目の当たりにしている「格差社会」的な状況とも、浜崎についての語りは節合可能である。先に、浜崎の徹底した「セルフ・プロデュース」をAC的自己開示として捉えた斎藤環や宮台真司の分析を取り上げたが、「セルフ・プロデュース」についてはは別の見方もできる。この「セルフ・プロデュース」は小室哲哉のプロデュースを受けて成功した安室奈美恵や華原朋美と浜崎との違いともなっているが、「男に依存し、あるいは男を利用することで成功を収める」のが安室や華原に投影された自己実現の姿だったとすれば、浜崎のそれは「男に依存せずに自らの力で成功を収める」自己実現の姿である。こうした違いは「格差」が語られるようになった二〇〇〇年代後半以降の視点から見ると、当時見えなかった側面に気づく。九〇年代後半から二〇〇〇年代前半と言えば、それまで一家の主として家計を支えていた二十五歳から四十四歳の男性の非正規雇用者が急増する時期である。[54] 夫の安定した収入により妻が専業主婦として家事と育児を担うような「サラリーマン―主婦型家族」を形成するのが困難になるなか、[55] 浜崎が自らの力で成功を収める女性のモデルとして、自活する三十代の独身女性の共感を得たのは理解可能と言えるだろう。[56]

おわりに

浜崎に節合した時代の言葉をたどってみると、「居場所」というキーワードが浮上するように思える。都会への近接が可能な東京やそれに類する大都市近郊の「コギャル」は、「居場所がなかった」から渋谷のような都会に居場所を求めた。一方郊外化した地方空間に住む「ヤンキー」は、大都市を志向せず「ファスト風土」化した地元のショッピングモールへと足を運ぶことでその「居場所のなさ」をしのいだ。しかしいずれにせよ、現実の空間に「居場所」を得ることができなかった「ＡＣ系」の人たちが向かったのは、インターネットのファンサイトという親密なウェブ空間だった。

「みんな居場所がなかった」というのは言い過ぎかもしれない。しかしこれまでの浜崎あゆみをめぐる言説を振り返ると、すべてに共通して九〇年代の居場所の問題が浮上しているのではないだろうか。西川祐子はかつて住宅の入り口に引かれていた公領域／私領域の境界線は移動中であるとして、その空間の再編成について論じるなかで、「居場所」に関して次のように語っている。

「居場所」というキーワードは、部屋の時代に新たな意味を充塡された新語だと考えられる。不安定な三字熟語であり、発音もしにくい単語であるにもかかわらず、一九九〇年代前後に定着し、継続して使用されている。「居場所のない子どもたち」「養護室を居場所とする中学生たち」「主婦の居場所はどこか」「夫の居場所のない3LDK設計」「居場所を求める高齢者」といった見出しが毎週のように新聞紙面を飾る。つまり、すべての人が人生のあらゆる段階で居場所を探している。(57)

「居場所」という言葉は九〇年代後半から雑誌記事のなかにも多く見られるようになったが、二〇〇〇年代に入りその使用頻度はさらに増えている。西川は居場所を「移動の時代にあって、とりあえず安全であり、現在の自分が自分として落ち着くことのできる心理的そして実存的空間」と定義している。こうした実存的空間である「居場所」の問題は、九〇年代は主に家族などの私的な問題として語られていた。しかしゼロ年代、こうした問題が経済的要因と深くつながった格差の問題として浮上したのである。これは浜崎あゆみに節合していた九〇年代的な視点が、実体としてすでに浮上しつつあり、場合によっては現実として向き合っていただろう格差の問題には鈍感だったことを意味すると言えるだろう。しかし一方で考えなければならないのは、格差の問題が浮上した二〇〇〇年代以降、九〇年代に問題とされてきた視点は、逆に不可視化されてきたのではないかという点である。九〇年代的な視点から、ゼロ年代を経た「現在」を見返していくことも、ときには必要だろう。

ところで九〇年代後半から二〇〇〇年代初頭にかけて、「時代の象徴」的存在として語られた浜崎は、デビューから十年を過ぎてもなお、かつてほどではないにせよ一定の売り上げを記録し、「結婚」や「離婚」といったプライベートな話題がスポーツ紙の一面を飾る「スター」である。しかしもはや浜崎という表象が、あるいは彼女がつづる歌詞が時代的な言葉へと節合することはないのかもしれない。時代の言葉から切り離された「スター」は、「時代を代表するがゆえのスター」なのではなく、ただ「スターであるがゆえのスター」というトートロジカルな存在へと変わっていくのである。

注

（1）北田暁大「ポピュラー音楽にとって歌詞とは何か——歌詞をめぐる言説の修辞／政治学」、「特集 Jポップの詩学——日本語最前線：歌詞というアポリア」「ユリイカ」二〇〇三年六月号、青土社、一七一ページ

（2）節合（articulation）とは、ステュアート・ホールによって展開された概念である。ホールは「節合」という言葉が持つ発話行為や発音といった言語活動・表現行為という含意と、トラックを「節合する」というように互いを切り離し、結び付ける連結の形態という含意の二重性を強調し、「言説のいわゆる「統合性」と言われているものは、実際には異質の、相違した諸要素の節合に過ぎないのでして、それはまた、必然的な「諸属性」を持たないため、別のあり方でいくらでも再節合しうるものなのです。問題とされる「統合性」は、その節合された言説と社会的な諸勢力を、特定の歴史的な諸条件の下で、必然的ではないながらも、結び付けることが出来るつながりのことなのです」と述べている（ステュアート・ホール／ローレンス・グロスバーグ編「ポスト・モダニズムと節合について——ステュアート・ホールとのインタビュー」甲斐聰訳、「総特集 ステュアート・ホール——カルチュラル・スタディーズのフロント」「現代思想」一九九八年三月臨時増刊号、青土社、三三ページ）。デイビッド・マーシャルが指摘するとおり、有名人は特定の歴史的条件のなかである言説が節合される典型的なアイコンである（P・D・マーシャル『有名人と権力——現代文化における名声』石田佐恵子訳、勁草書房、二〇〇二年）。

（3）富澤一誠「ISSEIのアーティスト解剖学 浜崎あゆみ——自分の正直な感情を詞に込めて歌う女子高生の新たな教祖的アーティスト」「THE21」一九九九年五月号、PHP研究所、一〇九ページ

（4）村上龍『ラブ&ポップ——トパーズII』幻冬舎、一九九六年。ブルセラや援助交際については、宮台真司『制服少女たちの選択——After 10 Years』（〔朝日文庫〕、朝日新聞社、二〇〇六年）。

（5）難波功士『族の系譜学——ユース・サブカルチャーズの戦後史』青弓社、二〇〇七年、三二〇ページ

（6）同書。第四空間については、宮台真司『まぼろしの郊外――成熟社会を生きる若者たちの行方』（〔朝日文庫〕、朝日新聞社、二〇〇〇年）。

（7）前掲『族の系譜学』三二二ページ

（8）「完全「アムラー」マニュアル！〝ここをチェック〟の十カ条「安室奈美恵」ファッションの女のコが急増中！」「女性自身」一九九六年四月九日号、光文社、五四ページ

（9）同誌五五ページ

（10）「教祖・安室奈美恵 堂々の恋人宣言にコギャルも大反響「超カッコイイって感じ」」「女性セブン」一九九六年三月二十一日号、小学館、富澤一誠「ＩＳＳＥＩのアーティスト解剖学　安室奈美恵の巻――コギャルに「アムラー」現象を巻き起こした沖縄生まれの十八歳にして大物のシンガー」「THE21」一九九六年六月号、ＰＨＰ研究所

（11）新郷由起「スタイル至上主義 時代の新・女王。安室奈美恵だけが愛される「理由」」「Bart」一九九六年三月十一日号、集英社、九五ページ

（12）Lawrence Grossberg, "Is There a Fan in the House? : The Affective Sensibility of Fandom," in Lisa A. Lewis, ed., *The Adoring Audience: Fan Culture and Popular Media*, Routledge, 1992.

（13）「発掘！　浜崎あゆみが「水着でアイドル」していた十五歳　いまや女子中高生の新教祖」「FRIDAY」一九九九年二月五日号、講談社、「独走する「女子高生の教祖」！　浜崎あゆみが初の本格ライブで見せた素顔」「女性自身」一九九九年六月一日号、光文社

（14）「カリスマ歌姫が女性に愛される理由は〝歌詞〟にあった！　浜崎あゆみ〝超共感〟の秘密！「心の傷」「孤独感」そして「祈り」！」「女性自身」二〇〇一年三月六日号、光文社、「話題美女　お父サン、知ってますか!?「レコ大」確実！　カリスマ歌姫・浜崎あゆみが若者に「激モテ」する理由」「週刊大衆」二〇〇一年十二月三十一日号、双葉社

（15）藤生京子「浜崎あゆみ「私」のリアリティー 三十代虜にする自分マニアの女王」「AERA」二〇〇〇年七月十七日号、朝日新聞社、「「男が［あゆ］に涙してもいいじゃないか!!」ハァー。」「SPA!」二〇〇一年六月六日号、扶桑社、「サラリーマンが浜崎あゆみに感動し、主婦が尾崎豊に癒される時代なのだ」「ダ・カーポ」二〇〇一年八月一日号、

マガジンハウス。ちなみに二〇〇一年に同日発売された浜崎のアルバム『A BEST』と宇多田ヒカルのアルバム『Distance』の年代・性別による売り上げデータを追った「日経エンタテインメント！」二〇〇一年六月号（日経BP社）には、宇多田と比べて浜崎は十代の少年層の売り上げが上回っていて、彼女が「意外にも男性ファンが多く、アイドル的な存在であることがわかる」と指摘している。ファンサイトやライブ会場をいくつか回った私の実感からしても、こうした男性ファンは人気が出た当初から相当数いたはずだが、「ファン」の表象として取り上げられるのはおしなべて十代の女性だった。

（16）「ねえ、お父さん、お母さん。私たちあゆがいるから生きていける」娘たちを癒し続けるカリスマ・浜崎あゆみの物語」「女性セブン」二〇〇一年四月五日号、小学館

（17）本田珠男「現役女子高生による浜崎あゆみのここが好き、ここが好きここが大好き」、『音楽誌が書かないJポップ批評10』（「別冊宝島」第五百五十二号）所収、宝島社、二〇〇一年、一九ページ

（18）前掲「現役女子高生による浜崎あゆみのここが好き、ここが好きここが大好き」二〇ページ

（19）宮台真司／香山リカ『少年たちはなぜ人を殺すのか』（ちくま文庫）、筑摩書房、二〇〇九年、七四ページ。初出は二〇〇一年。

（20）前掲「カリスマ歌姫が女性に愛される理由は〝歌詞〟にあった！浜崎あゆみ〝超共感〟の秘密！「心の傷」「孤独感」そして「祈り」！」、前掲「話題美女　お父サン、知ってますか!?「レコ大」確実！カリスマ歌姫・浜崎あゆみが若者に「激モテ」する理由」、前掲「ねえ、お父さん、お母さん。私たちあゆがいるから生きていける」娘たちを癒し続けるカリスマ・浜崎あゆみの物語」

（21）斎藤学『アダルト・チルドレンと家族――心のなかの子どもを癒す』学陽書房、一九九六年

（22）斎藤環『心理学化する社会――なぜ、トラウマと癒しが求められるのか』PHP研究所、二〇〇三年

（23）表1のとおり、大宅壮一文庫雑誌記事索引検索での雑誌記事件数の推移では、「アダルトチルドレン」は一九九七年の二十八件がピークで二〇〇〇年以降、一桁にとどまっているが、「トラウマ」や「PTSD」はむしろ同年以降のほうが、多くの雑誌記事に用いられている。

（24）前掲『心理学化する社会』七四―七五ページ

(25) 斎藤環「ひきこもり系のヒッキー、自分探し系のあゆ――サイコバブルな時代のヒロインたち」、『音楽誌が書かないJポップ批評13』(「別冊宝島」第五百八十四号)、所収、宝島社、二〇〇一年、一一五―一一六ページ

(26) 同様な語りとして、藤原信也「「千年少女」は浜崎あゆみの分身である」、同書所収

(27) 「浜崎あゆみ 音楽誌に衝撃の告白! 〝父の蒸発〟が「孤独」の原点! 〝カリスマ歌姫〟が初めて明かした「幼少時代」「家族」「デビューの苦悩」!」「女性自身」二〇〇一年四月十日号、光文社

(28) 見崎鉄『Jポップの日本語――歌詞論』彩流社、二〇〇二年、三四ページ

(29) 前掲『少年たちはなぜ人を殺すのか』七六ページ

(30) 前掲『Jポップの日本語』三三ページ

(31) 前掲「浜崎あゆみ「私」のリアリティー三十代虜にする自分マニアの女王」四四―四五ページ

(32) 前掲「ひきこもり系のヒッキー、自分探し系のあゆ」一一七ページ。ちなみにアクティング・アウト(行動化)とは「精神科の治療場面で、患者が言葉ではなく暴力や自傷行為などで、自分の気持ちや訴えを表現しようとする行為を指す」(同記事一一六ページ)。

(33) 前掲『少年たちはなぜ人を殺すのか』八〇ページ

(34) 前掲「「ねえ、お父さん、お母さん。私たちあゆがいるから生きていける」娘たちを癒し続けるカリスマ・浜崎あゆみの物語」四六ページ

(35) 詳しくは、西田善行「聴取者の「読み」としてのファンサイト――「みんなのあゆへの感想文」の分析」(大学院紀要編集委員会編「法政大学大学院紀要」第五十四号、法政大学大学院、二〇〇四年)、西田善行「ファンによる歌詞受容の考察――浜崎あゆみファンサイトにおける投稿詩の分析」(大学院紀要編集委員会編「法政大学大学院紀要」第五十七号、法政大学大学院、二〇〇五年)。

(36) H・Aシスターズ『For A――すべては浜崎あゆみのために』アートブック本の森、二〇〇二年、一八五―一八六ページ。ファンサイト「浜崎あゆみはバカじゃないぞ」はすでに閉鎖されているため、本章では同書に掲載された同ファンサイトへの投稿を引用した。

(37) 前掲『For A』一九三ページ

(38) 前掲「ファンによる歌詞受容の考察」
(39) 速水健朗『ケータイ小説的。──〝再ヤンキー化〟時代の少女たち』原書房、二〇〇八年
(40)「コギャル教祖・浜崎あゆみ。中学時代のワー、ヤンキーじゃん!? せめてチーマー系だったら……」「FOCUS」二〇〇〇年六月二十一日号、新潮社
(41) 大宅壮一文庫雑誌記事索引検索での雑誌記事件数を見ると、表1のように「ヤンキー」は一九九四年から二〇〇一年までは二十件前後で推移しているが、「ヤンキー先生(義家弘介)」がブームとなった〇三年以降は常に六十件以上の記事で用いられるようになっている。
(42) 難波功士『ヤンキー進化論──不良文化はなぜ強い』(光文社新書)、光文社、二〇〇九年
(43) 前掲『ケータイ小説的。』九三─九四ページ
(44) 同書六八─六九ページ
(45) 美嘉『恋空』上、スターツ出版、二〇〇六年、二〇六ページ
(46) 前掲『ケータイ小説的。』一一六ページ
(47) 三浦展『ファスト風土化する日本──郊外化とその病理』(新書y)、洋泉社、二〇〇四年、前掲『ヤンキー進化論』
(48) 嶽本野ばら「脳内BGM浜崎あゆみで読む『下妻物語・完──ヤンキーちゃんとロリータちゃんと殺人事件』」「小説宝石」二〇一〇年二月号、光文社、八一ページ
(49) 前掲「現役女子高生による浜崎あゆみのここが好き、ここが好きここが大好き」
(50) 前掲『ヤンキー進化論』
(51) 阿部真大『居場所の社会学──生きづらさを超えて』日本経済新聞出版社、二〇一一年、メアリー・C・ブリントン『失われた場を探して──ロストジェネレーションの社会学』池村千秋訳、NTT出版、二〇〇八年
(52) 前掲『ファスト風土化する日本』
(53) 山田昌弘『希望格差社会──「負け組」の絶望感が日本を引き裂く』(ちくま文庫)、筑摩書房、二〇〇七年
(54) 橋本健二『「格差」の戦後史──階級社会日本の履歴書』(河出ブックス)、河出書房新社、二〇〇九年

(55) 前掲『希望格差社会』

(56) 前掲「浜崎あゆみ「私」のリアリティー 三十代虜にする自分マニアの女王」

(57) 西川祐子「「私」の居場所/居方」「思想」二〇〇一年六月号、岩波書店、一六六ページ

あとがき

西田善行

「一九九〇年代の社会学」というサブタイトルから、本書とは違った内容を想像した読者もいると思う。例えば、さまざまな統計や調査、インタビューなどから得られた知見をもとに、九〇年代を社会学の視点から総括するような書物である。しかし序章でもふれたとおり、そういった志向を持つ試みはすでに複数の著者がさまざまな視点からおこなっている。テクスト読解に重きを置く私たちとしては、こうした総括的・俯瞰的な九〇年代論に屋上屋を架すことよりも、むしろさまざまな形でその時代に生まれたテクストを読み取っていくほうが、その時代性をより微細に解き明かすことができ、「失われた十年」の「失われざる記憶」を浮上させられると考えた。

本書の企画の経緯について少し説明しておきたい。本書を作り上げるさいの母体となっているのは、二〇〇四年に始めた「〈自己・表象〉研究会」である。大塚英志の『「おたく」の精神史——一九八〇年代論』（「講談社現代新書」、講談社）が刊行されたのもその年だったが、二〇〇〇年代も半ばに入り、九〇年代とはいったい何だったのかを、「自己」と「表象」をキーワードに振り返ることが研究会のコンセプトだった。毎月の研究会は、九〇年代を振り返るようなテーマだけでおこなっていたわけではないが、本研究会の継続なくして本書の成立はなかっただろう。

そして本書の企画が本格化したのは二〇一〇年の秋である。我々は隔月で研究会を重ね、執筆者それぞれの構想を検討してきた。執筆者間で九〇年代にまつわる認識をすり合わせることはあえてせず、むしろ各執筆者が持つ九〇年代像をそれぞれの視点から提示することにこそ意味があるものとして、その多様性から九〇年代に迫った。

その一方で、どの章もほかの章との関連性を見いだすことができるようになっている。例えば「トラウマ」

「心理主義」などといった問題群は直接的・間接的に多くの章で取り上げられているし、それに関連して「居場所」や「アイデンティティ」の表出・表象についてもいくつかのアプローチから議論されている。また「郊外」や「都市」におけるバブル崩壊後の社会空間の変容にも複数の章で言及している。本書ではほかの章との参照関係を明示することはしなかったが、こうした関係のネットワークを本書全体をとおして提示していくことこそが、ある時代をモザイク状に浮上させるために重要なものだと思う。そして本書が「九〇年代」という時代を浮き彫りにする端緒となり、今後の研究の広がりとともにその像が輪郭を結んでいくことになれば幸いである。

本書の企画は、〈自己・表象〉研究会の企図に青弓社の矢野未知生さんが興味を持ったことで具体化することになった。矢野さんには企画段階から相談に乗ってもらい、研究会でも貴重なアドバイスをいただいた。本当にありがとうございました。

二〇一二年五月

［著者略歴］

佐幸信介（さこう・しんすけ）
1966年、長野県生まれ
日本大学法学部准教授
専攻は社会学、メディア論
共著に『空間管理社会』（新曜社）、『触発する社会学』（法政大学出版局）、論文に「ジャーナリズムにとって相対的自律性は可能か」（「ジャーナリズム&メディア」第4号）など

松下優一（まつした・ゆういち）
1980年、長野県生まれ
慶應義塾大学大学院社会学研究科博士課程
専攻は文化社会学
共著に『戦後・小説・沖縄』（鼎書房）、論文に「作家・大城立裕の立場決定」（「三田社会学」第16号）など

加藤 宏（かとう・ひろし）
1957年、千葉県生まれ
明治学院大学社会学部非常勤講師
専攻は文化社会学、沖縄文学・文化論
共編著に『戦後・小説・沖縄』（鼎書房）、共著に『ソシオロジカル・イマジネーション』（八千代出版）、論文に「映画『アコークロー』沖縄表象の新しい可能性」（「明治学院大学社会学部付属研究所年報」第39号）など

山家 歩（やまか・あゆむ）
1969年、埼玉県生まれ
大学非常勤講師
専攻は社会理論、社会思想、カルチュラルスタディーズ
共編著に『戦争と近代』（社会評論社）、共著に『政治経済学の政治哲学的復権』（法政大学出版局）、論文に「破局的災厄と「天皇制的生－権力」」（「流砂」第4号）など

小林義寛（こばやし・よしひろ）
1961年、神奈川県生まれ
日本大学法学部准教授
専攻は文化社会学、ポップ・カルチャー
共著に『それぞれのファン研究』『ポピュラーTV』『レッスル・カルチャー』（いずれも風塵社）など

塚田修一（つかだ・しゅういち）
1981年、東京都生まれ
慶應義塾大学大学院社会学研究科博士課程単位取得
専攻は歴史社会学、文化研究
共著に『ライトノベル研究序説』（青弓社）、『戦争社会学ブックガイド』（創元社）、論文に「日露戦争の記憶の“敗戦後”史」（「人間と社会の探求」第69号）など

［編著者略歴］
鈴木智之（すずき・ともゆき）
1962年、東京都生まれ
法政大学社会学部教授
専攻は理論社会学、文化社会学
著書に『村上春樹と物語の条件』（青弓社）、共編著に『ケアとサポートの社会学』（法政大学出版局）、訳書にアーサー・W・フランク『傷ついた物語の語り手』（ゆみる出版）など

西田善行（にしだ・よしゆき）
1977年、千葉県生まれ
法政大学社会学部非常勤講師
専攻はメディア文化論、ポピュラー文化論
共著に『メディアの卒論』（ミネルヴァ書房）、『プロセスが見えるメディア分析入門』（世界思想社）、共訳書にブライアン・マクネア『ジャーナリズムの社会学』（リベルタ出版）など

失《うしな》われざる十年《じゅうねん》の記憶《きおく》　一九九〇年代の社会学

発行――2012年6月24日　第1刷
定価――2400円＋税
編著者――鈴木智之／西田善行
発行者――矢野恵二
発行所――株式会社青弓社
〒101-0061 東京都千代田区三崎町3-3-4
電話 03-3265-8548（代）
http://www.seikyusha.co.jp
印刷所――厚徳社
製本所――厚徳社

ISBN978-4-7872-3342-4 C0036